심각한 위기를 맞고 있는 오늘의 한국 교회를 이 책만큼 정확하게 그리고 솔직하고 용감하게 지적하고 분석한 글은 없을 것 같다. 대형 교회, 교회 건축, 목사, 신학교, 설교, 설교 준비, 전도 등에 나타난 잘못뿐 아니라 소형 교회에 대한 신화와 평신도들의 잘못까지 지적한 점은 매우 적절하다. 그의 비판과 대안은 성경과 정통 교리에 든든히 기초해 있기 때문에 권위가 있다. 한국 교회에 대해 갖고 있던 평소 내 생각과 매우 유사하기에 이 책을 기꺼이 추천한다.

_손봉호 고신대 석좌교수

지난 50년간 한국 교회는 놀라운 성장을 경험하였다. 우리 사회가 '잘 살아 보세' '하면 된다'는 구호를 외치면서 전쟁으로 초토화된 땅 위에 경제 대국을 건설하는 동안 한국 교회는 대형 교회의 꿈을 꾸며 성장해 왔다. 그런데 그 성장이 건강하지 못했다는 사실이 이제 사람들 눈에 분명하게 드러나기 시작하였다. 겉으로는 영적인 가치를 말하고 거룩을 추구한다지만 교회가 이제는 맛을 잃은 소금처럼 사람들의 발에 밟히는 존재가 되었다. 박영돈 교수의 책은 이러한 한국 교회의 일그러진 얼굴을 보여 주는 거울이자 교회가 나아가야 할 방향을 보여 주는 좋은 지도 같다. 전국 각처, 각 교파 교회를 좀더 발로 뛰면서 한국 교회 특유의 종교 현상을 좀더 자세히 보고 신학적으로 깊은 반성을 하였더라면 하는 아쉬움이 있지만 교단 신학교에 속한 신학자들이 왜곡된 교회 얼굴을 보고서도 대부분 침묵으로 일관하는 현실을 고려하면 이 책은 너무 늦게 나왔다고 말하지 않을 수 없다. 넘사에 그리스도에 이르기까지 자라서 그리스도를 따라, 그리스도처럼 사는 것이 그리스도인의 삶의 목표이며, 성도를 준비시켜서 이런 그리스도인으로 만드는 것이 목회의 목표이고 설교의 목표임을 이 책은 분명히 하고 있다. 목회자, 신학생, 그리고 일반 성도들이 함께 읽고, 함께 생각하고, 토론하여 삼위 하나님이 원하시는 '그리스도의 몸' '하나님의 백성' '성령의 전'으로서의 얼굴을 한국 교회가 회복하기를 다 같이 소망하기를 바란다.

_강영안 서강대학교 철학과 교수

박영돈 목사는 보기 드물게 예언자적 전통에 서 있는 귀한 신학자다. 그의 저서 「일그러진 한국 교회의 얼굴」은 브니엘(하나님의 얼굴)의 은총을 잃어버린 한국 교회를 회복시키기 위한 그의 신학적 고뇌와 목회적 사랑이 함께 녹아 있는 역작이다. 특히 5장(한국 교회 설교, 이래도 되는가)과 6장(아름다운 성령의 얼굴이 나타나는 설교)은 우리 설교자들로 하여금 깊은 자기 성찰에 이르게 하는 예언자적 통찰로 가득하다. 위기 가운데 있는 한국 교회 목회자들의 필독서라 할 만하다.

_이문식 광교산울교회 목사

본교 교의학 교수인 저자는 성령론 분야에 탁월한 학자이자 이 시대에 깨어 있는 예언자다. 본서에서 저자는 영적 바벨론 포로기를 통과하고 있는 한국 교회 위기의 실체를 심도 있게 해부하면서 아울러 책임 있는 대안을 제시한다. 절망의 벼랑 끝에 선 오늘의 한국 교회를 향해 애통과 희망을 노래하는 예언자의 외침이 목회자와 신학도는 물론, 한국 교회 모든 성도를 흔들어 깨우기를 기대한다.

_김순성 고려신학대학원 원장

저자가 보는 조국 교회 문제의 핵심은 목회자들의 교회에 대한 관점과 목회에 대한 생각이 너무나 세속화되어 있는 것이다. 교회는 자신의 본분에 충실하여 교회가 아니면 어떤 공동체도 세상에 줄 수 없는 것을 주어야 하며 목사들의 설교는 목사 자신이나 설교 은사가 두드러지게 나타나는 것이 아니라 성령님의 얼굴이 묻어나야 한다. 오늘 조국 교회를 향한 마음 아픈 그러나 꼭 필요한 고언을 담은 이 책이, 조국 교회가 성령의 복락강수(福樂江水)를 세상으로 흘려보내는 하나님의 특별한 공동체로 회복되는 데 귀하게 사용되리라 믿는다.

_화종부 남서울교회 목사

일그러진 한국 교회의 얼굴

IVP(InterVarsity Press)는
캠퍼스와 세상 속의 하나님 나라 운동을 지향하는
IVF(InterVarsity Christian Fellowship)의 출판부로서
생각하는 그리스도인을 위한 문서 운동을 실천합니다.

일그러진 한국 교회의 얼굴

박영돈

차례

머리말 9

1_ 한국 교회가 실패한 자리가 다시 시작해야 할 자리 13
2_ 무너진 곳에서 다시 시작하는 건설 45
3_ 교회의 새로운 청사진 85
4_ 목사가 문제이자 해답이다 119
5_ 한국 교회 설교, 이래도 되는가 165
6_ 아름다운 성령의 얼굴이 나타나는 설교 207
7_ 월요일 아침의 강단 247

맺음말 281
부록_ 한국 교회의 설교 비평을 비평하다 283
주 317

머리말

2년 전 출간한 「일그러진 성령의 얼굴」(IVP)의 후속편으로 '아름다운 성령의 얼굴'을 구상하고 쓰던 중에 책 제목이 다르게 정해졌다. 원래는 아름다운 성령의 얼굴이 나타나는 교회, 즉 성령의 영광이 가득한 교회를 직접 찾아보며 신학적으로 조명하고자 계획했었다. 교회의 성경적 청사진에 비추어 한국 교회 문제를 진단하고, 대안을 제시해 보려고 한 것이다. 그런데 이 과정에서 성경의 이상과 한국 교회의 현실 사이에 메울 수 없는 무한 간극이 존재하는 듯한 괴리감을 느끼며, 절망과 희망이 끊임없이 교차하는 분열된 사유의 세계를 헤매야만 했다. 성경이 증거하는 영광스러운 교회의 비전에 심취했다가 그와는 너무도 다른 교계의 암울한 현실을 접하며, 절망과 비애에 빠지기를 반복하는 고통스러운 과정을 거쳤다.

이 책은 이런 심적 갈등과 진통 속에서 빚어진 산물이다. 아름다운 성령의 얼굴이 나타나는 교회의 청사진에 비추어 본 한국 교회의 일그러진 얼굴을 드러내지 않을 수 없었던 것이다. 말씀 앞에 드러난 우리의 부끄러운 모습을 직시하는 것이야말로 회개와 치유와 새로운 도약을 위해 반드시 감내

해야 할 일임을 확신했기에, 이 같은 고역스러운 작업을 시작할 수 있었다.

이 책에서 지적한 한국 교회의 문제는 특정 사람들에게만 국한된 것이 아니다. 이는 한국 교회에 속한 어느 누구도 그 책임에서 제외될 수 없는 공동의 문제다. 우리 모두가 깊이 자성하고 회개해야 할 죄악이다. 이러한 문제를 지적하고 비판한 목적은 한국 교회를 허무는 데 있지 않다. 한국 교회를 다시 진리의 바탕 위에 세우며 후진들에게 한국 교회의 나아갈 길을 제시해 주려는 간절한 소망이 담긴 비판이다.

심상치 않게 전개되는 한국 교회의 위급한 상황에 대한 우려의 목소리가 비등(沸騰)하면서, 심히 불안하고 불투명해 보이는 한국 교회의 미래를 예측하는 책까지 등장하였다. 얼마 전 미래학을 전공한 최윤식 박사가 한국 교회의 현실을 다각적으로 분석하여 다가올 위기를 예측한 「2020-2040 한국 교회 미래 지도」(생명의말씀사)라는 책을 냈다. 그는 "앞으로의 10년이 한국 교회의 운명을 바꾼다"라는 급박한 처방을 내렸다. 그의 주장대로 21세기에 접어들어 우리나라가 세계적인 경쟁력을 갖추게 되면서 벤치마킹 전략이 아닌 미래 예측과 미래 연구가 필요해졌듯, 한국 교회도 마찬가지였다. "지난 100년의 교회 성장기가 끝나고, 교회들이 새로운 패러다임 전환기를 맞게 되었다. 미래의 통찰력이 필요한 시기, 새로운 100년, 지속 가능한 한국 교회를 위한 지혜로운 대안이 필요한 시기였다."[1]

이런 미래학적 연구가 아니더라도 지금 한국 교회가 처한 상황이 얼마나 긴급하고 절박한지 파악하는 일은 그리 어렵지 않다. 한국 교회의 사회적 신임과 이미지는 복구가 불가능할 정도로 파손되어 한국의 선교는 이제 끝난 것이 아닌가 하는 회의까지 들 정도다. 자칫하면 한국 교회가 교회 역사에 그 유례를 찾을 수 없이 급성장했다는 명성과 함께 '초고속으로 몰락해 버린 교회'라는 오명까지 안게 될 위기에 봉착한 것이다.

상황이 이런데도 여전히 모범적인 교회들이 존재하고 빛도 이름도 없이 신실하게 살아가는 하나님의 백성이 있기에 한국 교회에 아직 희망이 있다는 식의 안일하고 무책임한 생각만 하며 현실적인 대처를 등한시하고 있을 수만은 없다. 한국 교회가 실패한 자리가 바로 한국 교회가 다시 시작해야 할 자리다. 총체적인 부패와 붕괴의 조짐은 새로운 건설과 생성의 기회다. 새로운 출발을 위해 과거의 실패를 반성해야 한다. 한국 교회의 타락과 세속화의 근원이 무엇인지를 밝히 드러내는 심층적인 분석이 필요하다. 한국 교회가 급속하게 붕괴해 가고 있는 상황에서 앞으로 우리 교회는 어디로 나아가야 하는가? 이 실패의 바닥에서, 이 영적인 폐허의 거름 위에서 우리가 다시 세워야 하는 새로운 교회의 청사진은 어떤 모습이어야 하는가?

그동안 한국 교회에는 교회의 온전한 설계도가 없었다. 성령의 인도하심을 따라 성경 말씀에 충실하게 작성된 것이 아닌, 성공 신화의 영감을 받아 세속적인 가치관에 의해 고안된 청사진이 교회 성장을 주관해 왔다. 성장주의 패러다임의 문제와 한계가 여실히 드러나 용도 폐기되어야 할 시점에서 한국 교회가 대안으로 택해야 할 성장의 패러다임은 무엇이며, 추구해야 할 교회의 청사진은 어떤 것인지를, 너무 늦은 감이 있지만 지금이라도 속히 재정립해야 한다.

지금까지 한국 교회의 문제를 분석하고 비판한 책과 글이 많이 나왔다. 책마다 나름 특색과 장점이 있을 것이다. 이 책만의 독특성이 있다면 오랫동안 교회의 신학을 가르쳐 오면서 동시에, 교회 성장이 정체되었던 지난 10년 가까이 작고 열악한 교회를 목회한 나의 경험을 바탕으로 신학과 목회 현장이라는 두 세계를 한데 아우르는 시각에서 한국 교회를 진단하고 나아갈 길을 제시했다는 점이다. 그동안 신학 연구를 통해 확신한 교회관과 한국 교회의 척박한 목회의 현장을 체감하여 터득한 지혜가 함께 응축되어 한국 교회 문제에 적실한 처방책을 제공하며, 후진들을 위해 한국 교회가 지향해야 할 교회의 청사진을 그리는 데 미력하나마 이 책이 도움이 되었으면 한다.

   이 책이 나오기까지 기도로 후원해 준 많은 교인과 동역자에게 깊이 감사드린다. 이 책이 조금이라도 한국 교회에 선한 기여를 한다면 그것은 그분들의 기도 덕분이다. 교수들의 연구와 책 집필에 지원을 아끼지 않는 고현교회와 이 책이 탄생하는 데 산실 역할을 한 작은목자들교회 교인들에게 감사드린다. 원고를 미리 읽고 교정을 도와준 김태길 목사와 권율 강도사, 그리고 수고한 IVP 이종연 간사와 여러 좋은 제안을 해주신 신현기 대표에게 감사한다. 오늘은 아내의 생일이다. 그럼에도 책을 마무리하느라 책상 앞에 죽치고 앉아 있는 무심한 남편에게 싫은 기색 한 번 안 하는 아내에게 고마움을 표한다.

1

한국 교회가
실패한 자리가
다시 시작해야
할 자리

"갈 만한 교회가 없어요"

"교회는 많은데 갈 만한 교회가 없어요." 어느 '가나안 교인'('교회를 안 나가는 교인'이라는 뜻으로, '안 나가'를 뒤집은 말)의 푸념이다. 어떻게 보면 그의 말이 한국의 수많은 영혼이 느끼는 갈등을 대변해 주는지도 모르겠다. "주일마다 진정한 교회를 찾지 못해, 눈물 나오려는 걸 참으며 교회를 정하지 못하여 거리에서 헤매는 처량한 성도를 한 번쯤 생각해 주셨으면 합니다."[1] 김응교 시인이 한국 교회의 지도자들에게 던지는 뼈아픈 고언이다. 이렇게 진정한 교회를 찾지 못해 배회하는 수많은 영혼에게 소개할 만한 아름다운 교회는 어디에 있는 것일까?

전작 「일그러진 성령의 얼굴」을 쓰기 위해 여러 현장을 탐사했듯, 이번에도 '아름다운 성령의 얼굴'을 엿보고 싶어 교회를 직접 찾아 나섰다. 교계에 좋은 평판이 난 몇 교회를 탐방해 보았다. 가장 먼저 찾아간 곳은 서울의 '한국기독교선교 100주년기념교회'(이하 100주년기념교회)다. 의식 있는 목사가 참신한 목회를 한다고 소문나 있기에 전부터 한 번 가 보고 싶은 교회였다.

'아름다운 성령의 얼굴'을 볼 수 있을 거라고 기대하며 부푼 가슴을 안고 천안에서부터 먼 거리를 운전하여 교회를 찾아갔다. 예배가 시작하기 20분 전인 11시 10분에 도착했는데, 본당은 다 차서 들어갈 수 없었고 별관으로 들어가 스크린에 비치는 영상 앞에서 예배를 드려야만 했다. 그곳마저 입추의 여지없이 사람들로 꽉 들어찼다. 사회자도 설교자도 없는 공간에서 모두 벽 앞에 설치된 스크린을 바라보며 예배를 드렸다. 고작 이런 예배를 드리기 위해 먼 거리를 수고하고 달려왔는가 생각하니 속이 상했다. 차라리 집에서 인터넷으로 동영상 예배를 드리는 것이 나을 뻔했다는 생각까지 들었다.

요즘 큰 교회들이, 몰려오는 교인들을 유치하기 위해 별관에서 스크린으로 예배를 드리는 것을 예사로 행하고 있다. 이것은 교인들에게 심히 무례한 행위일 뿐 아니라 예배의 중요한 요소인 인격적인 교류가 배제된 기형적인 예배다. 성령 안에서 드리는 예배의 본질적인 요소는 설교자와 인도자 그리고 회중의 인격적인 교감과 성도 간의 교제다. 그 가운데 삼위 하나님도 인격적으로 임재하신다.

한 시간 동안 벽을 쳐다보며 따분하고 삭막하기 그지없는 영상 예배를 드리며, 하나님의 임재를 조금이라도 느껴 보려고 했으나 성령의 영광스러운 임재와의 조우는커녕, 회색빛 콘크리트 벽과의 희한한 독대만 체험했을 뿐이다. 설교자와의 인격적인 교류는 물론 교인들 간의 친밀한 교제도 없었다. 교인들이 벽만 쳐다보고 예배드린 후에 옆 사람과 가벼운 인사 정도 나누고 뿔뿔이 흩어져 버린다.

광고 시간에 교인들이 교회 주변 상가와 주택가에 무단 주차하는 문제가 그 교회가 안고 있는 큰 골칫거리라고 했다. 그로 인해 주민의 불만이 많다는 것이다. 예배를 마치고 길가에 세워 둔 차를 빼서 100미터 남짓의 거리를 빠져나오는 데만 30분이 걸렸다. 주차 전쟁을 치르고서 참여한 예배에서 약간의 천국이라도 맛보았으면 좋으련만, 인격적인 교통이 빠진 삭막하고 썰렁한 예배에 내 영혼은 심히 답답했다.

그런 교회에 끝없이 모여드는 사람들의 심리를 어떻게 이해해야 할까? 왜 스스로 비인격적인 대우받기를 자초하는 것일까? 왜들 그렇게 대형 교회로만 몰려드는 것일까? 그날 아침 서빙고 온누리교회 앞을 지나가는데 교회로 들어가는 차들로 인해 도로가 마비될 정도였다. 그것은 어쩌면 많은 영혼이 좋은 교회를 찾고 있다는 방증인지도 모른다. 그들도 나처럼 성령이 충만히 임재하는 아름다운 교회를 보기 위해, 그 수고와 불편을 감수하고 그 교회를 찾아왔을 것이다.

100주년기념교회를 담임하는 이재철 목사는 여러 면에서 교인들이 흠모할 만한 모범적인 목사다. 그는 자신이 부흥시킨 '주님의교회'를 미련 없이 떠남으로써 사심 없이 교회를 섬기는 깨끗한 목사의 이미지를 보여 주었다. 나도 그가 쓴 「회복의 목회」(홍성사)를 읽고 그의 자기 비움의 자세에서 큰 감명과 도전을 받았고 요즘 보기 드문 청렴하고 진실한 목회자상을 발견하였다. 지금 예배당이 비좁아 별관에서 예배드리는 고초를 겪는 것도 교회 건물을 짓는 데 전혀 투자하지 않는다는 그의 확고한 목회 철학 때문이다.

100주년기념교회는 교회 재정을 매달 교인들에게 세밀하게 공개하여 일체의 투명성을 유지하며 재정을 최대한 바람직한 방향으로 집행하려는 남다른 노력을 기울인다. 그런 면에서 무리한 건물 건축이나 세습, 재정 비리, 무한 대형화 등의 문제에 휩싸여 있는 여느 대형 교회들과는 분명 다르다. 이런 참신한 면 때문에 사람들이 그 교회에 끌리는 것 같다. 그래서 나도 100주년기념교회에서 '아름다운 성령의 얼굴' 보기를 기대했던 것이다. 그러나 기대가 컸던 만큼 아쉬움도 컸다.

스크린 앞에서 예배드리고 돌아온 후 속이 상해 쓴소리를 잔뜩 담은 이메일을 이재철 목사에게 보냈다. 며칠 후 그에게서 답신이 왔다. 교회의 어쩔 수 없는 현실적인 상황에 대한 설명과 함께 내 비판을 겸허히 받아들이며 자신을 돌아보는 계기로 삼겠다는 내용이었다. 예상했던 대로 그는 거친 비판에도 진지하게 귀 기울일 수 있는 도량을 갖춘 사람이었다. 이 목사는 자신은 결코 대형화를 추구하지 않으며, 교회는 창립 10주년을 맞이하여 교회 분립을 시작할 계획을 이미 가지고 있다고도 했다. 그의 답신에서 위로와 희망을 얻었고, 머지않아 100주년기념교회에서도 '아름다운 성령의 얼굴'을 볼 수 있을 거라는 기대가 부풀었다.

대형 교회가 망해야 한국 교회가 산다?

100주년기념교회 방문을 통해 한 가지 확인한 사실은, 교회가 다른 면에 문제가 없을지라도 또 목사의 인격과 자질이 뛰어나고, 설교가 은혜로우며, 재정 관리가 투명하고 교회 운영이 민주적일지라도, 인격적인 교제가 불가능할 정도로 교회 규모가 비대해지면 교제의 영이신 성령의 충만한 임재가 실현되기 어렵다는 점이다. 너무도 분명한 교회론적인 진리를 목회 현장에서 다시 한 번 확인한 셈인 것이다. 여기서 우리는 성령의 교제가 이루어지는 아름다운 교회를 이루기 위해서는 공동체의 규모가 적정해야 한다는 사실을 되새기게 된다. 성령론적인 관점에서 볼 때 교회의 크기는 교회의 본질과 무관한 것이 아니라 오히려 직결되는 요소라고 할 수 있다. 이런 면에서 대형 교회가 목회 성공의 증거이자 이상적인 교회라는 인식은 심각한 교회론적 오류이며 탈선이다. 결국 '대형 교회 현상'은 교회의 본질에 대한 기초적인 이해조차 없는 부실한 교회관에서 비롯된 것이다.

최근 몇 년간 대형 교회에 대한 논의가 활발했다. 그러나 그 논쟁은 몇몇 논의를 제외하면 문제의 핵심에서 벗어나 겉돌았다. 대형 교회를 비판하는 이들도 대부분 교회가 크고 작은 것은 교회의 본질과는 무관하다고 보았다. 대형 교회에서 나타나는 문제와 비리들, 즉 성장 제일주의, 물량주의, 세속적인 마케팅 원리 수용, 무리한 건물 건축, 세습 등을 그들은 지적하지만, 이 모든 문제의 근원에 기형적인 교회 규모가 있다는 점을 규명해 주지 못했다.

대개 대형 교회가 구조적으로 여러 문제를 야기할 수 있는 취약성을 안고 있긴 하지만, 큰 교회만이 할 수 있는 다양한 사역들이 있다고 생각한다. 사역의 효율적인 면에서 대형 교회의 필요성과 정당성을 주장하는 것이다.

그런가 하면 무차별적으로 대형 교회가 한국 교회를 망하게 하는 원흉이라고 매도하는 경우도 있다. 일전에 미국을 방문했을 때 뉴저지에 있는 한인 서점에 들렀다가 제목이 너무도 도발적이고 자극적이라 그냥 지나칠 수 없는 책을 발견했다. 「대형 교회가 망해야 한국 교회가 산다: 파문을 각오하고 쓴 한국판 95개조 항의문」(들소리)이라는 책이었다. 참으로 발칙한 제목이다. 기국에 거주하는 한 목사가 쓴 것인데 그는 대형 교회가 한국 교회를 물량주의로 부패하게 한 주범이며 종교 지도자들의 탐욕의 온상이라고 거침없이 일갈하였다."[2] 그는 "공룡을 죽이라!"고 외친다. 교단이 나서고 국가의 공권력을 빌려서라도 이 괴물들을 박멸해야 한다는 것이다. 그가 쏟아내는 쓴소리와 거친 비판이 다 틀리진 않지만 이런 식의 표현은 불필요하게 감정을 자극함으로, 사안을 객관적으로 바라보는 데 도움을 주지 못한다. 또한 그의 비판은 지나친 단선 논리와 비약으로 치우쳐 대형 교회 현상에 대한 종합적인 검진과 분석에는 현저히 못 미치며, 그가 제시한 대안이란 현실 가능성이 없을 뿐 아니라 건설적이기보다는 파괴적이다.

대형 교회 현상이 한국 교회 세속화에 일조한 것도 사실이고 목사들의 탐욕, 즉 성스러운 명분으로 위장된 종교적인 야망에서 촉발되었다는 점도 일정 부분 부인할 수 없다. '욕망의 세속화'가 모든 문제의 근저에 깔려 있다는 심층적인 분석이 한국 교회의 타락을 진단하는 데 꼭 필요한 것은 사실이지만, 대형 교회 현상을 욕망의 역학으로만 푸는 것은 지나친 단순화다. 한국의 대형 교회 목회자들이 모두 교회를 성장시켜, 성공한 목사라는 인정과 영광을 얻으려는 야망에 사로잡혀 사역했다고 볼 수는 없다. 그중에는 비록 이런 부패성에서 완전히 자유하지는 못했을지라도 그보다는 좀더 순수한 동기와 욕망, 즉 복음의 열정과 하나님과 영혼에 대한 사랑에 이끌려 주의 일을 해 온 이들도 적잖을 것이다.

구체적인 예로 '복음주의 4인방'이라고 불리는 옥한흠, 하용조, 이동원, 홍정길 목사가 그런 범주에 속한다고 볼 수 있지 않을까. 물론 이들 외에도 순수하게 사역해 온 대형 교회 목사들이 있을 것이다. 사람마다 보는 관점이 다르고, 누구도 그들 마음속 깊은 동기까지 다 알 수 없으니 속단할 수는 없다. 하지만 드러난 사실로 판단해 볼 때 그들이 외적 성장을 지상 목표로 추구하지는 않은 것 같다. 그들이 가진 탁월한 설교의 은사나 인격적인 감화력에 끌려 사람들이 모여들면서 교회가 크게 성장했다고 볼 수 있다.

또한 그들이 왕성하게 사역한 시기인 1970~80년대는 한국 교회가 맞은 영적인 대수확기였다고도 볼 수 있다. 목회 현실이 말할 수 없이 척박해진 지금과는 사뭇 다르게 그 당시의 영적 토양은 비교적 비옥했다. 순수한 복음의 열정에 사로잡힌 목사들과, 열렬하게 기도하며 헌신하는 교인들의 동역이 한국 교회 성장에 강력한 견인차 역할을 했다고 본다. 그때만 해도 개신교에 대한 사회적인 신임과 이미지는 지금과는 현격하게 달랐다. 통계만 보아도 개신교가 불교와 비교해서 훨씬 높은 신임도를 누렸다. 그러나 얼마 전 실시한 설문 조사에 의하면, 개신교의 신임도는 불교에 비해 절반에 지나지 않을 정도로 급하락하였다. 그 당시에는 다양한 측면에서 영적 수확기였던 것이다.

'복음주의 4인방'의 한계

많은 대형 교회는 1970~80년대에 영적 추수가 한창일 때 태동하였다. 그렇게 거둔 영적 수확으로 자체 교회 몸집 불리기에만 매진하지 않고 이 사회의 빛이 되는 아름답고 건강한 교회를 세우는 데 주력했다면, 지금 한국 교회 상황은 확연히 달라졌을 것이다. 이것이 대형 교회를 이룬 목사들에게 갖는 아쉬움이다. '복음주의 4인방'도 예외는 아니다. 얼마 전 목사들을 상대로 한 조사에서 가장 존경받는 목사로 꼽힌 옥한흠 목사는 나름의 목회 철학을 가지고 '사랑의교회'를 건강한 교회의 모델로 세워 보려고 아낌없이 투신하였다. 그는 결코 교회의 대형화를 추구하지 않았다고 한다. 그의 목표는 외적인 팽창이 아니라 교인들의 영적 성숙이며 건강한 교회 성장이었다. 제자 훈련을 통하여 평신도를 깨우고 교회 안에서 그들의 역할을 활성화하여 목회자와 함께 평신도가 주축이 되어 그리스도의 몸 된 교회를 세워 가는 건전한 목회 비전을 제시하였다. 이것은 교회 성장에 기여할 수 있는 잠재력과 은사를 사장한 채 피동적인 자리에서 잠자고 있던 교인들을 일깨워 적극적으로 그리스도의 몸을 세우는 사역에 동참하게 함으로써, 신약성경에서 바울이 제시한 교회론을 구현하려는 혁명적인 시도였다고 평가할 수 있다. 물론 이런 노력이 얼마나 성공적이었는지에 대한 평가는 다른 차원에서 이루어져야 할 것이다.

옥 목사는 미국 칼빈 신학교에서 실천신학을 전공했지만 원래는 조직신학, 교회론을 공부하고 싶어 했을 정도로 성경적 교회관을 정립하는 데 관심과 고민이 많았다. 사랑의교회는 이런 교회에 대한 신학적인 반성과 확신에서 산출된 열매라고 할 수 있다. 그래서 사랑의교회는 교계에 신선한 바람을 불러일으켰고 건강한 교회 모델로 부상했다. 옥 목사 또한 한국 교회 개혁에 앞장서는 올곧고 청렴한 목사의 본이 되어 주었다.

하지만 그가 꿈꾸던 건강하고 아름다운 교회의 이상이 현실로 구현되기까지의 길은 너무 멀었다. 성숙한 평신도들이 목회자와 함께 그리스도의 몸으로서 유기적이고 생명력 있는 공동체로 세워져 가는 비전은 교회가 커 가면서 점점 사그라질 수밖에 없었다. 대형화되면서 교회는 집단화되고 그 속에서 교인들은 서로 소외되는 파행으로 치닫게 된 것이다. 일전에 사랑의교회에서 오래 신앙생활을 해 온 분이 교회가 커지니 공동체를 전혀 체험할 수 없다고 한탄하는 것을 들었다. 옥 목사도 이런 점을 우려하였다. 그는 결코 대형화를 추구하지 않았으나 자신을 찾아오는 양들을 뿌리칠 수 없었고 그들을 섬기다 보니 대형 교회가 되었다고 했다. 그는 말년에 교회를 대형화한 과오를 솔직히 인정하며 많이 자책하였다.

너무도 아쉬운 점은 옥 목사가 대형 교회가 교회론적으로 잘못됐다는 것을 알면서도 그것을 적극적으로 방지하려는 노력을 기울이지 않았다는 점이다. 그는 교인들에게 대형 교회의 문제를 일깨우려고 하지도 않았고, 교회 분립을 적극적으로 시도하지도 않았다. 물론 그런 일을 실행하는 데 얼마나 많은 난관과 문제가 산적해 있는지 모르는 바 아니다. 그러나 사랑의교회는 옥 목사가 독특한 교회관을 가지고 세운 교회이기에 그의 결연한 의지만 있었다면 얼마든지 가능했던 일이다. 그랬다면 그는 명실공히 한국 교회에 길이 모델이 될 교회를 유산으로 남기고 간 목사로 칭송받았을 것이다. 다른 면에서는 그렇게 개혁 정신으로 투철했던 옥 목사가 유독 대형화에 대해서만은 미온적인 태도를 취함으로써 신앙의 후손들에게 참으로 개혁된 아름다운 교회를 물려주는 데 실패한 것이 안타깝다. 최근 사랑의교회에서 벌어지고 있는 불미스러운 사태는 바로 그 쓴 열매를 고스란히 거두고 있는 것이라고 할 수 있다.

옥 목사마저도 대형 교회에 대한 유혹과 미련은 떨쳐 버리기가 힘들었는지도 모른다. 사실 옥 목사가 대형 교회를 이루었기에 유명해졌지 그가 개척한 교회가 시원찮아 보이는 작은 교회로 남아 있었다면 그가 누렸던 명성은 결코 얻지 못했을 것이다. 그런 면에서 대형화는 그에게 성공한 목사라는 계급장을 달아 주었고 그 유명세를 입고 그는 개혁적인 목사의 포즈까지 멋지게 취해 한국 교회를 대표하는 목사로 존경받게 되었다고 볼 수도 있다.

그러나 그는 결정적인 순간에 그동안 취해 온 개혁적 목사라는 제스처를 접고 몇천억 원짜리 교회 건물 건축을 교인들에게 독려하는 일에 참여하는 이율배반적인 행동을 보임으로써 한국 교회를 크게 실망시켰다. '교인들에게 호소한 옥 목사의 영상 메시지가 편집된 것이다' 혹은 '그것은 교회의 분란을 막기 위해 어쩔 수 없는 행보였다'는 여러 구설이 떠도는 것도 사실이다. 그러나 옥 목사의 괴로웠을 심경을 충분히 이해하면서도 그가 이에 대한 책임에서 온전히 자유로울 수 없음은 부인할 수 없다. 옥 목사가 교회론적인 확신을 결행하지 못한 우유부단함이 결국 무한 대형화의 비극을 낳는 밑거름을 제공한 셈이다. 고인이 된 분을 이렇게 혹독하게 비판하는 것이 죄송스럽지만, 한국 교회의 미래를 위해 이쯤에서 한 번 짚고 넘어가야 할 문제라고 생각한다.

옥 목사를 비롯한 '복음주의 4인방'은 한국 교회 발전에 기여한 점이 많다. 그러나 그들은 대형화의 폐단을 막지 못하고 그 대세에 안일하게 편승하여 부흥하는 교회를 일구어 낸 성공한 목사라는 입지를 굳히는 데 머물고 말았다. 또한 아쉽게도 한국 교회의 미래를 여는 새로운 교회 운동의 물꼬를

트는 데는 공헌하지 못했다.

　교계에 사도행전적인 교회를 확산시킨다는 웅대한 포부와 비전을 실현시키기 위해 불철주야 애썼던 하용조 목사는 서빙고와 양재 두 곳에 대형 교회를 이룬 것으로 성이 차지 않았던지, 전국 각 지역에 마치 대기업이 문어발식 확장을 하듯 '온누리 브랜드 교회'를 세웠다. 그래서 주변의 작고 열악한 교회들을 강생약사(强生弱死)의 척박한 목회 현실로 내모는 데 동조하였다. 이동원 목사 또한 두 지역에 대형 교회를 이룬 후에야, 타 교회에서 오는 기존 신자를 받지 않는다는 식으로 상당히 어설프게 참신한 이미지를 연출하였다.

　욕심이 없기로 유명한 홍정길 목사는 그래도 몇 번의 교회 분립을 시도했다는 점에서 다른 이들보다 낫다고 볼 수 있지만 홍 목사마저 그에게 부여된 특권, 즉 한국 교회의 대표적인 목사라는 위치에 걸맞게 한국 교회가 대형화 일변도로 치닫는 현상에 강하게 제동을 걸어 미래의 참신한 교회상을 제시하지는 못했다. 그것은 아마도 홍 목사가 항상 탐탁지 않게 여겼던 신학에 대한 깊은 관심과 연구의 결여에서 비롯한 교회론의 부재 때문인지도 모른다. 성경적인 교회에 대한 신학적인 확신과 그에 대한 분명한 청사진이 없으니 교회가 대형화될수록 교회의 참된 본질은 상실되어 간다는 불편한 진실을 교인들에게 확실히 깨우쳐 주기에는 역부족이었을 것이다. 교회의 진리에 대한 확신이 없는데 어찌 개혁의 기치를 높이 들 수 있겠는가. 이 책의 초고를 마무리한 직후에 홍 목사는 CBS 〈크리스천 NOW〉에 출연하여 자신의 40년 목회 생활을 회고하면서 대형 교회를 본으로 삼아 성장주의를 추구해 온 것을 후회하였다. 그는 목표를 잘못 설정하고 그동안 허상을 좇아 왔다고 했다. "그런 점에서 실패예요.…속아서 여기까지 왔습니다. 우리는 모르고 여기까지 왔어요. 다음 세대는 속지 않았으면 좋겠어요." 그러면서 홍 목사는 자신의 실패를 후배들이 넘어서길 바란다는 뼈아픈 고언을 남겼다.[3] 자신이 평생 일구어 온 목회의 과업을 실패로 규정한다는 것이 쉽지 않은 일인데, 늦게나마 이런 진솔한 고백을 했다는 점은 매우 고무적이다. 결국 홍 목사도 인정했듯 그들에게 대형 교회 모델 외에는 달리 추구할 교회상이 부재했던 것이 문제의 근원이었다.

만약 '복음주의 4인방'에게 바른 교회관과 그를 실행에 옮기려는 확고한 개혁 의지가 있었다면, 그들이 가진 인격적 감화력과 설교의 설득력으로 충분히 교인들과 다른 목사들을 계몽하고 깨우쳐 대형화를 적극적으로 막을 수 있었을 것이다. 그랬더라면 대형 교회의 온갖 비리뿐 아니라, 크고 작음을 망라하고 대부분의 한국 교회가 '성장 지상주의'라는 광기 어린 비전 추구에 매진한 데서 비롯한 무수한 일탈 현상으로 인해 교회의 이미지가 이렇게까지 손상되지는 않았을 것이다. 이 점이 '복음주의 4인방'에게 느끼는 가장 큰 아쉬움이다. 그들이 존경받는 목사들이었기에 어쩌면 한국 교회에 미친 선한 영향 뒤에 가려져 무형적인 해악도 컸을지 모른다. 그들의 본을 통해서 큰 교회를 이루는 것이 성공한 목회라는 인식이 교계에 편만해져 한국 교회가 하나님 나라의 가치관보다 세상의 가치관에 휘둘리는 것을 막아 내지 못하고 오히려 기여한 꼴이 된 게 아닌지 자문해 보아야 할 것이다. 왜냐하면 젊은 목사들에게 그들의 발자취를 따르도록 상당한 영감을 불어넣었기 때문이다. 많은 목사가 그들을 모델 삼아 별 비판 의식 없이 그들의 목회 방식을 그대로 답습하고 있다.

사랑의교회 오정현 목사의 논문 표절 사건이 불거져 교계가 시끄러울 때, 예수마을교회 이승장 목사는 복음주의 4인방의 이런 과오를 용기 있게 저지하지 못한 통절한 회한을 담은 글을 그의 페이스북에 올렸다.

> 전병욱, 오정현에게 부러움과 경쟁심과 야망을 심어 준, 후배 목회자들의 사표 역할을 했던 한국 교회 복음주의 4인방의 초대형 교회 정책을 정면에서 용기 있게 비판하지 못한 점을 회개합니다. 오히려 영국에 있던 나를 한국의 청년 대학생들과 해외 유학생들의 목자로 초청해 주고, 복음주의 연합 사업에 후원해 준 그들을 은인처럼 고마워하며 우정을 즐기기만 했던 인본주의적이고 기회주의적 태도를 통렬히 회개합니다. 주여, 우리가 잘못 길을 만들어 후배들에게 잘못된 길 따르게 한 우리 세대의 죄를 회개합니다. 제가 자격이 안 된다고 스스로 비하하면서 한국 교회의 파수꾼 역할을 기피하고 침묵했던 죄를 회개합니다.[4]

얼마 전 그들에게 영향을 받은 목회자가 참신한 목회를 한다는 소문이 자자한 어떤 교회를 방문했다. 그 교회가 하고 있는 지역사회를 위한 구제와 사회 봉사 활동은 지금까지 여느 교회에서 구색 맞추기 식으로 하는 수준을 훨씬 뛰어넘는 조직적이고 헌신적인 것이었다. 목회자도 사심이 전혀 없이 진실하며 소탈해 보였다. 그럼에도 교회가 대형화되는 것에 큰 문제의식 없이 어쩔 수 없는 현상으로 받아들이는 것 같아 집으로 돌아오는 내내 마음에 걸렸다. 어쩌면 교회가 대형화되는 데 대한 찜찜함은 있으면서도 마음 한편에는 그것을 은근히 반기는 것이 모든 목사의 마음인지 모른다. 좋은 교회로 소문이 나서 유명해지면 사람들이 몰려와 대형 교회를 이루는 것이 자동 수순처럼 되어 버린 현실에 무기력하게 순응하는 모습이 너무 안타깝다. 그러다 보면 처음의 순수함은 점점 퇴색하고 만다.

그들이 실패한 자리가 우리가 다시 시작해야 할 자리

'복음주의 4인방'을 비롯한 의식 있는 선배 목사들의 공헌과 한계를 동시에 직시함으로써 그들이 내어 준 어깨 위에 설 때만 그 후예들은 전진할 수 있다. 그분들이 보여 준 모본을 따르며 그들의 기여와 수고에 깊이 감사하며 그분들이 미처 이루지 못하고 남긴 과제를 이어받아야 한다. 그들의 실패를 답습하지 않고 그들이 쓰러진 바로 그 자리에서 다시 시작하는 것이 우리에게 주어진 사명이다. 선배 목사들은 항상 존경받는 위치만을 고수하려고 하지 말고 아프더라도 비판의 자리로 끌어내려지는 굴욕까지도, 교회의 발전을 위한다면 기꺼이 감수해야 할 것이다. 그분들이 그럴 만한 큰 그릇이기에 이런 비판도 가능할 것이다. 앞으로는 그들의 한계를 뛰어넘어 한국 교회에 참된 교회상을 보여 주는 목회자들이 많이 등장해야 한다. 지금 한국 교회는 그런 교회와 목사의 출현을 학수고대하고 있다.

옥한흠 목사의 뒤를 이어 사랑의교회를 담임하고 있는 오정현 목사의 박사 학위 논문 표절 사건이 불거지면서 옥한흠 목사의 아들 옥성호 대표(도서출판 은보)가 아버지의 편지를 공개해 파문이 일었다. 편지를 공개하는 시기가 적절하지 못했다거나 동기가 순수하지 못했다는 등의 논란이 있을 수 있으나, 그가 한 가지 중대한 사실을 지적했다는 점을 놓치지 말아야 한다. 옥성호 대표는 자신의 아버지가 정당하게 평가받기 원하는 심정으로 편지를 공개했다고 취지를 밝혔다. 동기의 진위를 떠나 그의 행위는 자기 아버지의 공적만을 내세워 그를 미화하기보다 오히려 그 치부를 드러내 사랑의교회와 한국 교회가 나아갈 좌표를 제시해 주었다는 점에서 상당히 고무적이다. 그는 자기 아버지가 실패한 바로 그 지점이 사랑의교회와 한국 교회가 새롭게 시작해야 할 출발점이어야 한다고 힘주어 말했다. 올바른 지적이다. 신앙의 선진들의 공적뿐 아니라 과실까지도 공정하게 평가하여 새로운 도약을 위한 발판으로 삼는 것이 우리에게 주어진 역사적인 책무다. 앞서 간 이들의 과오로부터 뼈아픈 교훈을 배우지 못하는 세대는 결코 발전할 수 없고 퇴보만을 무한 거듭하는 비극을 맞을 것이다.

옥한흠 목사가 이끌었던 사랑의교회는 영적으로 혼탁하고 어두운 교계에 그나마 건강한 교회의 이미지를 보여 주었기에 그만큼 기대도 컸고 그에 따른 염려와 비판도 많았다. 사랑의교회를 한국 교회 모델로 우뚝 서게 할 차세대 지도자들의 역사적 사명은 무엇인가. 그것은 옥 목사의 철학이나 목회 스타일을 그대로 답습하는 것이 아니라, 옥 목사가 실패한 그 자리에서 출발하여 그의 한계와 약점을 뛰어넘는 것이다. 그것은 바로 옥 목사가 그의 말년에 가장 후회하고 자책했던 과오, 즉 교회를 대형화하여 한국 교회가 올바르지 못한 야망에 사로잡히게 함으로써 교회의 세속화를 조장하게 만든 죄악을 답습하지 않는 것이다. 이는 단순히 옥 목사 개인의 회한에 그치는 것이 아니라 성령의 깨우침에 예민한 살아 있는 신앙 양심을 가진 교회 지도자의 한 맺힌 고백이며, 한국 교회를 염려하는 선배 목사가 후배들에게 남긴 간절한 소원이 담긴 유언이라고 할 수 있다. 또한 옥 목사를 통해 성령이 한국 교회를 향해 말씀하시는 음성이기도 하리라. 그러나 사랑의교회 현실은 이런 바람과는 정반대로 옥 목사의 실패를 극대화하여 무한 대형화로 치닫고 있다. 옥 목사가 그토록 고뇌하며 혼신을 다해 모범적인 교회로 세워 보고자 한 사랑의교회가, 아버지의 뜻과는 달리 한국 교회 역사에 씻을 수 없는 오점을 남기는 교회로 전락해 가는 것을 가만히 두고만 볼 수 없어 그의 아들은 이렇게 아우성쳐 보는 것일 게다.

담임 목사의 논문 표절 문제가 불거지기 전 사랑의교회는 한 해 무려 6천 명이 등록했다고 한다. 그것을 무조건 주님의 선한 인도하심이라고 볼 수 있을까. 성령으로 인한 부흥이라고 볼 수 있을까. 오히려 주님이 매우 안타까워하실지 모른다. 한국 교회가 전체적으로 급성장하고 있는 상황에서 교인 수가 늘었다면 어느 정도는 이해할 수 있지만, 한국 교회가 급속도로 침체하고 있고 수많은 작은 교회가 문을 닫고 있는 와중에 이런 현상이 나타나는 것은 한국 교회의 몰락을 예견하는 불안한 사인일 수 있다. 대형 교회의 유명한 목사가 되어 한국 교회를 대표하는 이처럼 행세하면서 한국 교회가 처한 총체적인 위기 국면에 대한 통렬한 자성 없이 자체 교회의 확장을 자축하는 것은 참으로 안타까운 모습이 아닐 수 없다. 대형 교회 목사들은 여전히 사람들이 자신들의 교회로 몰려와 교회가 부흥하는 것 같으니 영적으로 침몰해 가는 한국 교회의 형편을 제대로 파악할 수 없는 영적 사각 지대에 있다.

대형 교회 해체의 서곡

이런 와중에 최근 두드러지게 성장하고 있는 대형 교회인 '분당우리교회'를 담임하는 이찬수 목사가 앞으로 계속 교회를 분립하고 해체하겠다고 선언함으로써 교계에 신선한 충격을 주었다. 이는 대형화 일변도로 치닫던 한국 교회의 광란의 질주에 제동을 걸고 새로운 교회상을 모색하는 서곡이라고 할 수 있다.

"변화를 향한 갈망"(2012.8.19.)이라는 제목의 설교에서 이 목사는 매년 분당우리교회 교인이 3,500명씩 늘고 있고 그 수는 점점 많아지는 추세인데 이렇게 특정 한 교회로 교인들이 몰리는 현상을 도저히 방치할 수 없다고 하였다. 모든 교회가 다 같이 부흥한다면 춤을 출 일이지만 수많은 작은 교회가 문을 닫거나 존립이 위태로운 상황에서 분당우리교회로 사람들이 대거 몰려오는 것을 축하하고 즐길 수만은 없다는 것이다. 이 목사는 이런 현상을 한국 교회가 몰락해 가는 사인으로 보았다. 특정 교회로 교인들이 몰리는 현상은 마치 타이타닉호가 침몰하기 전 사람들이 한쪽으로 쏠림과 같고, 쏠리고 나면 그다음에는 배가 가라앉는데 교인들이 자신이 섬기는 교회로 몰리는 것을 즐긴다면 자신은 삯꾼이 아니겠느냐고 반문했다.

대형 교회 목사가 이처럼 한국 교회에 대한 깊은 위기의식과 염려를 가지고 희생을 감수하면서까지 아픔을 분담하려는 마음을 가졌다는 것은 매우 고무적이다. 그는 교인들을 늘리지 못해 안달하는 판국에 교인들이 저절로 늘어나 대형 교회의 모든 영광과 기득권을 누릴 수 있음에도 그 교회를 오히려 축소시키려고 사서 고생하는 힘난한 길을 택했다. 개혁 정신이 투철한 목사로 알려졌던 옥한흠 목사도 엄두를 내지 못한 일을 그가 시도한 것이다. 이런 면에서 이 목사는 자신의 멘토였던 옥 목사가 못 이룬 염원을 성취하는 셈이다. 그는 앞선 세대가 실패한 자리가 바로 이 세대의 교회가 다시 시작해야 하는 출발점이라는 역사의식을 가진 사람이다.

앞으로 이 목사가 그의 소신을 관철시키기 위해서는 교인들에게 왜 교회가 대형화되어서는 안 되는지 신학적인 근거를 분명하게 제시해야 한다. 교회가 수적으로 일정한 크기 이상이 되면 교회의 본질을 구현하기 불가능하다는 점, 즉 교인들이 성령 안에서 친밀하게 교제하고 섬김으로써 그리스도의 몸을 구체적으로 체험하고 구현할 수 없다는 사실을 교인들에게 일깨워 주어야 한다. 수천수만 명이 모이는 교회에서 대부분의 교인은 담임 목사가 이름조차 모르는 '이름 없는' 군중이니 어찌 정상적인 목양이 가능하겠으며,

성령 안에서 교인들 간에 친밀한 교제와 섬김을 통해서만 이루어지는 성화와 영적인 성숙이 어떻게 진행될 수 있겠는가? 한국 교회가 안고 있는 치명적인 병폐, 즉 그리스도인들에게 참된 구원의 증거인 성화의 열매가 보이지 않는 문제는 대형화의 부산물이라고 할 수 있다. 제자도의 삶을 회피하고 무리 속에 안일하게 묻혀 신앙생활하는 익명의 그리스도인들, 교회 생활을 오래 해도 도무지 변화되지 않는 미성숙한 교인들을 양산해 온 주범이 대형 교회라고 해도 과언이 아니다. 이 목사는 대형 교회가 성경적으로 부흥하고 성공한 교회의 모델이 아니라, 오히려 정상적인 목양과 영적 성숙이 어려우며 그리스도의 몸을 구현하기에 심대한 제약을 안고 있는 비정상적인 교회의 형태라는 점을 교회론적으로 밝혀 주어야 한다.

그렇지 않고 단순히 대형 교회를 포기하겠다고 선언하면 오히려 더 많은 교인을 끌어들이는 역효과를 불러올 수 있다. 교인들은 이 목사의 '내려놓음' '욕심을 비움'에 매료되어 교회를 떠나기가 무척 아쉬울 것이다. 그 결과 이 목사는 사심 없고 참신한 목사로 더 추앙받고 그의 선언은 사람들을 끄는 홍보용으로 둔갑할 것이다. 진정한 마음에서 우러나온 그의 결연한 의지가 결국 그의 참신함을 돋보이게 하여 그가 대형 교회를 이룰 정도로 실력이 있을 뿐 아니라 그것을 과감하게 내려놓을 정도로, 개혁적이라는 칭송과 영광을 받는 것을 이 목사 자신은 결코 원치 않을 것이다. 그렇다면 그는 지금부터라도 부지런히 교인들을 계몽하는 일에 힘써야 한다. 대형 교회를 축소하는 것이 정당한 것을 포기하는 고귀한 희생으로 존경받아야 할 일이 아니라, 부당한 것을 거부하는 당연한 일, 잘못된 것을 바로잡는 이 시대의 긴급한 과제로 인식되게 해야 한다.

더불어 대형 교회를 해체하는 것보다 더 중요한 일은 교계에 편만하게 퍼져 있는 세속적인 가치관, 대형 교회를 이루는 것이 목회 성공의 척도라는 은연중의 암시를 해체해 버리는 것이다. 앞으로 대형 교회로 인한 폐단을 극복하기 위해서는 의식의 대전환이 필요하다. 대형 교회를 세우는 것이 성공한 목회의 기준이며 그 야망을 실현한 목사를 이상적인 목사로 떠받드는 희한한 교계 풍토가 쇄신되어야 한다.

다행히 이 목사뿐 아니라 다른 대형 교회 목사들 중에 개혁 의지를 가지고 교회를 분립하며 대형화의 폐단을 극복하려고 몸부림치는 이들이 점점 늘어나고 있다. 앞으로 이런 움직임이 한국 교회에 미치는 파장이 클 것이다. 지금까지 '자체 교회 몸집 불리기'로 치달았던 한국 교회가 이제는 '몸집 줄이기'로 돌이키는 획기적인 전환점이 될 것이다.

대형 교회 존재 자체를 인위적으로 막을 방안은 없다. 그렇다면 대형 교회의 장점은 최대한 살리고 폐해는 최소한으로 줄이는 방책을 강구해야 한다. 지금까지 대형 교회가 많은 사람을 끌어모아 거대한 교회 건물을 건축하는 데 주력했다면, 이제는 모인 교인들을 잘 양육하고 흩어지게 하여 작고 연약한 교회들을 돕게 하는 데 역점을 두도록 패러다임 전환이 이루어져야 한다. 그리하면 대형 교회가 세속화로 치우칠 수밖에 없는 자생적인 한계와 위험성을 극복하고, 작은 교회들을 섬김으로 쇠락해 가는 한국 교회 전체 갱신에 기여하는 참신한 변혁을 불러올 수 있을 것이다. 더 이상 전도가 안 되는 상황에서도 사람들이 여전히 몰리는 대형 교회는 새로운 전도와 양육의 장으로서의 잠정적인 역할을 할 수 있다고 본다. 모이는 이들로 인해 한없이 대형화를 꾀하기보다 그들을 잘 양육하고 계몽하여 분립 교회나 주변의 작은 교회로 다시 파송하는 목회를 지향한다면, 대형 교회는 예루살렘 교회가 핍박으로 인해 흩어지기 전에 했던 것과 조금이라도 유사한 역할을 하게 될 것이다. 비록 대형 교회가 이상적이거나 정상적이라고 볼 수는 없지만, 한국 교회 현실에서 교회들이 더 성숙한 단계로 나아가는 데 한시적으로 기여할 역할이 있다.

목사가 변하더라도 교인들의 의식이 깨이고 교회관이 바뀌지 않는 한, 교회의 대형화 현상은 막을 길이 없다. 민주주의 사회에서 더 좋은 목사와 설교, 더 좋은 시설과 프로그램이 있는 교회에서 신앙생활하기 원하는 신앙의 자율성을 인위적으로 규제할 방안은 없는 것이다. 대형 교회보다 모든 것이 열악한 작은 교회를 선택하는 것은 오직 성숙한 신앙에서 우러나오는 자발적인 헌신이 있어야 가능하다. 그러나 한국 교회 현실에서는 그만한 신앙 인격과 의식을 갖춘 이들을 찾아보기 힘들다. 교회 시설과 환경이 열악하고 설교가 세련되지 못하며 모이는 사람들이 초라할지라도, 성령 안에서 교인들 간에 인격적이고 영적인 교통함이 있는 작은 교회를 찾아가 그리스도의 몸을 세우는 교회 생활을 하겠다는 의식이 투철한 교인들이 얼마나 될지 의문이다.

앞으로 교인들의 의식이 전환되어 대형 교회보다 작은 교회에 다니는 것에 더 큰 자부심을 가지고 작은 교회에 자발적으로 헌신하는 날이 속히 도래해야 한다. 그러기 위해서 무엇보다 대형 교회를 등진 교인들이 마음 놓고 선택할 수 있는 대안적 공동체, 즉 교회의 본질을 구현하기에 알맞은 규모의 건강한 교회들이 등장하는 것이 중요하다. 그런 교회가 이 땅 도처에 점증하기까지 대형 교회로의 쏠림 현상은 완화되지 않을 것이다.

누가 작은 교회가 아름답다고 했나

그러면 작은 교회가 대형 교회의 대안이 될 수 있을까? 언제부턴가 대형 교회는 문제라고 비난하는 반면, 작은 교회는 아름답다고 찬양하는 반작용이 일어나기 시작하였다. 그러나 교회가 작아진다고 해서 건강한 교회가 된다는 보장은 없다. 큰맘 먹고 찾아갔다가도 실망하고 돌아설 수밖에 없는 이유들로 가득한 흉물스러운 작은 교회가 우리 주위에 얼마나 많은지 모른다. 대형 교회 못지않게 중소 교회들도 많은 문제를 안고 있다. 작은 교회들도 큰 교회를 본받아 교회 확장을 위해 교인들을 닦달하며 과도한 헌신과 봉사를 요구하니, 교인들이 버티지 못하고 좀더 부담 없는 신앙생활을 하기 위해 큰 교회로 옮기는 경우가 많다.

대부분의 작은 교회는 규모만 작다 뿐이지 그 정신은 대형 교회와 별반 다르지 않다. 한국 교회는 크나 작으나 모두 잠재적인 대형 교회라는 말이 있을 정도로 '성장 지상주의'를 추구한다. 이미 대형화된 교회들은 최근 들어 대형 교회로의 쏠림 현상이 두드러져 교인 자동 증가의 덕을 톡톡 보니 구태여 전도하라고 교인들을 닦달하지 않아도 되는 느긋한 형편이지만, 교인 수가 급속히 감소해 존폐 위기에 처한 작은 교회는 교인 수 늘리기에 목을 맬 수밖에 없는 절박한 실정이다. 이런 부담이 고스란히 교인들에게 돌아오니 교회 생활이 말할 수 없이 고역스러워진다. 대형화를 갈망하는 작은 교회는 대형 교회보다 훨씬 못한 최악의 교회가 될 수 있다. 이런 작은 교회들의 문제가 교인들을 대형 교회로 몰리게 하는 큰 요인이다. 그러니 딱히 갈 만한 교회가 없다는 푸념이 나오는 것이다.

대형 교회에서는 목사와의 인격적인 접촉이 힘들다는 점이 단점이라면, 작은 교회에서는 목사와의 친밀한 관계가 장점인 동시에 치명적인 약점으로 작용할 수 있다. 대형 교회에서 교인들은 목사를 강단에서 전달되는 말씀으로만 접하니 그의 인격적인 모자람은 베일 뒤에 가려지나, 작은 교회에서는 목사의 부족한 모습이 노출되기 쉬워 그만큼 교인들이 힘들어질 가능성이 높다. 작은 교회 목사가 말씀도 은혜롭게 전하고 인격까지 크게 흠잡을 데 없다면 교인들이 신앙생활하기에 더할 나위 없이 좋은 교회가 될 수 있다. 그러나 시원치 않은 설교뿐 아니라 목사의 볼썽사나운 인격과 삶이 자아내는 불협화음까지 감수해야 하는 이중고에 시달리게 되면 교회 생활이 즐거울 수 없는 노릇이다. 게다가 목사가 권위 의식에 사로잡혀 교인들 위에 군림하려고 한다면 교회 생활은 더 견디기 힘들어진다.

 적은 수의 교인들 간에 가족같이 끈끈한 유대 관계라도 형성된다면 그나마 교회 생활 할 맛이 날 것이다. 성도 간의 친밀한 교제가 가능하다는 것이 대형 교회가 가질 수 없는 작은 교회만의 장점이다. 하지만 기본적인 신앙 인격도 갖추지 못한 교인들 간의 교제는 서로에게 상처만 안겨 주는 갈등의 장으로 둔갑하기 일쑤다. 모나고 미숙한 교인들이 서로 부대끼는 교제의 장은 인간의 부패성이 찌꺼기까지 드러나 갈등과 고통의 도가니가 될 수 있다. 작은 교회가 안고 있는 가장 큰 장점이 아이러니하게도 교인들을 못 견디게 하여 쫓아내는 최대의 단점으로 작용할 수 있다. 이런 이유로 많은 교인이 작은 교회에 염증을 느끼고 그럴 바에는 차라리 친밀한 교제가 없어도 상처받지 않고 마음 편하게 신앙생활을 하는 것이 낫다고 생각해 대형 교회를 찾는 것이다.

 작은 교회가 아름답고 행복하다는 생각은 너무 단순한 생각이다. 작은 교회가 성령 안의 교제와 공동의 삶을 통한 영적 성숙을 구현하기에 대형 교회보다 훨씬 유리한 영적 토양을 제공하는 것은 분명한 사실이다. 이를 위해 목사와 교인들이 다 함께 교회의 본질에 충실한 공동체를 지향하는 분명한 목표와 사명 의식을 가지고 거기에 헌신해야 한다. 무엇보다 성령이 충만해야 작은 교회가 진정 아름다운 교회가 될 수 있다. 이런 교회를 세우기 위해 목사는 더 목사다워져야 한다. 설교의 탁월한 은사가 있으나 인격에는 문제가 있는 목사는 대형 교회에서는 인의 장막에 가려져 보호받음으로 어느 정도 성공적으로 사역할 수 있을지 모르나, 작은 교회에서 사역하기는 힘들다. 작은 교회에서는 그의 됨됨이가 금방 들통 나서 번듯한 설교보다는 오히려 그의 모순된 인격과 삶이 교인들에게 더 크게 설교하기 때문이다. 작은 교회에서 목회하는 이는 설교의 은사가 있을 뿐 아니라 기본적으로 교인들을 시험 들게 하지 않을 만한 신앙 인격을 갖추어야 하며, 끊임없이 이런 자질을 겸비한 이로 성숙하기를 힘써야 한다. 그의 말씀과 삶의 본을 통해 교인들 또한 성령 안에서 진정한 교제와 섬김이 가능한 신앙 인격자들로 자라 갈 때 작지만 아름다운 교회가 구현될 것이다.

대형 교회 성공 신화를 넘어서

한국 교회는 크나 작으나 모두 많은 문제를 안고 있다. 이 총체적인 위기의 원인은 무엇인가? 최근 한국 교회의 위기를 진단하며 그 해결책을 모색하기 위해 책과 심포지엄, 신학 포럼 등 여러 방면에서 의식 있는 목소리가 나오고 있다.[5] 2013년 4월, 생명평화마당 교회위원회가 주관한 "대형 교회, 그 신화를 넘어서!"라는 포럼에서 한국 교회에 만연한 대형 교회의 신화들—'교회는 성장해야 한다' '큰 교회가 큰일을 할 수 있다'—의 허구성을 지적하였다.[6] 이러한 신화들이 성경적으로 검증되지 않은 채 마치 복음적인 것처럼 받아들여지고 있는 '대형 교회 이데올로기'에 한국 교회가 포로가 되었다는 것이다. 발제에 나선 연세대 박영신 명예교수는 1960년대 이후 군사정권이 주도한 경제개발 정책의 견인차 역할을 했던 성장 지상주의 가치관이 교회에도 그대로 유입되었다고 했다. "교회가 '성장 제일주의'라는 이데올로기에 지배당하면서 '성장'이라는 가치가 하나님의 자리에 앉는 대신 하나님은 성장이라는 우상을 돕는 존재로 전락한 '성장의 혼합 종교'가 됐다는 것이다."[7] 결국 성장의 혼합 종교에 의해 왜곡된 교회론이 문제라는 것이다.

신광은 목사도 한국 교회가 크나 작으나 모두 대형화를 추구하는 까닭은 "메가처치 이외의 교회상을 알지 못하며" "메가처치 말고는 따르고 본받을 모델이 없기 때문"이라고 분석했다."[8] 그러므로 우리는 교회론과 다시 씨름해야 하며 대형 교회를 대체할 만한 "성서적이고도 건강한 교회상을 개발해 내야 한다"고 그는 역설했다. 올바른 지적이다. 한국 교회가 안고 있는 핵심 문제와 해결책이 무엇인지를 잘 밝혀 주었다. 물론 그의 주장에 지나친 비약과 단순화의 약점이 있는 것도 사실이다. 신광은 목사는 "한국 교회는 '메가처치 현상'이라는 거대한 블랙홀에 빠져 있으며 전체 교회의 99퍼센트인 비메가처치도 전부 전체 교회의 1퍼센트에 불과한 메가처치를 지향한다는 점에서 '잠재적 메가처치'"라고 했다.[9]

그러나 이런 말은 성장 지상주의의 대세에 휩쓸리는 것을 결연히 저항하며 지방의 척박한 현실 속에서도 묵묵히 복음의 빛을 밝히고 있는 교회가 많다는 사실을 충분히 감안하지 못한 주장이다. 아직도 이 땅에 성장이라는 우상 앞에 절하며 그 장단에 맞추어 춤추지 않는 교회가 많이 숨어 있다. 대형화 현상과 그 문제에만 몰입하여 한국 교회를 단선적으로 진단하다 보면, 전체를 아울러 조망하는 객관적이고 종합적인 진단이 어려워질 수밖에 없다.

이런 약점에도 불구하고 그들의 지적은 한국 교회에 만연한 병적 현상에 대한 올바른 진단과 처방이었다. 한국 교회가 보편적으로 성장 지상주의에 매몰된 문제의 핵심에는 잘못된 교회론이 자리 잡고 있다. 성경 말씀이 아니라 오히려 성공 신화에 근거한 교회론이 마치 복음적인 교회관인 것처럼 왜곡되어 한국 교회를 오염시키고 변질시켰다. 큰 교회가 성령의 능력으로 부흥한 교회이자 바람직하고 건강한 교회의 모델로 제시되었다. 자연히 교회를 성장시킨 목사는 하나님이 함께한 목사, 하나님이 크게 사용하는 목사다. 그러나 오랜 시간이 지나도 양적 성장이 없는 경우 그 교회는 하나님의 능력이 함께하지 않는 교회이며, 목사는 무능하고 실패한 목사로 낙인찍힌다.

천막 교회로 시작하여 70-80만 교인이 모이는 '세계 최대 교회'를 일구어 냄으로써 성공 신화가 현실로 바뀌는 기적을 창출해 낸 조용기 목사는 '영산제자교회 독립 1주년 기념 예배'에서 "열매를 많이 맺어야 한다. 작은 교회가 아름답다는 말을 믿지 마라. 목회에 실패한 이들이나 하는 변명이다. 주님 보기에 큰 교회가 아름답다"고 말해 물의를 빚었다. 그러나 그것은 그가 결코 무심코 내뱉은 말이나 단순한 실언이 아니다. 거기에는 그가 신봉하고 추구해 온 신화적 교회론의 핵심이 고스란히 담겨 있다. 작은 교회는 실패한 것이고 큰 교회가 아름답고 성공한 것이라는 사고는 대기업이나 추구하는 자본주의 경영 논리이지 교회가 따라야 할 하나님 나라의 가치관과는 정면으로 충돌된다. 교회가 추구해야 할 성장은 세상의 대기업을 닮은 성장이 아니라 그리스도를 닮은 성장이다. 교회가 과연 성경적으로 건강하게 성장하고 있는지를 가늠하는 척도는 숫자가 아니라 거룩함이다. 열매를 많이 맺은 교회가 아름답다는 조용기 목사의 말은 맞다. 그러나 주님이 찾으시는 열매는 조 목사가 말한 수적 열매가 아니고 성화의 열매다. 주님 보시기에는 그리스도의 형상을 본받는 열매를 많이 맺는 교회가 아름답다. 아무리 수적으로 거대한 교회를 이루었을지라도 그리스도를 닮은 거룩함의 열매가 없는 교회는 주님 보시기에 추할 뿐 아니라 악하다. 만약 그 큰 교회와 많은 교인이 주님의 이름으로 행하면서도 그리스도의 아름다움을 반영하기보다 세상의 탐욕스러운 모습을 본받는다면, 복음의 영광을 가리고 주님의 이름을 심히 욕되게 할 것이다.

성공 신화가 현실이 되는 기적이 일어날 때 임하는 재앙

한국 교회가 선교 100년 만에 세계 최대의 교회와 세계에서 제일 큰 장로교회, 감리교회, 순복음교회로 성장하는 쾌거를 거두었다는 허황된 자랑의 뒤안길에는 온갖 비리와 부작용과 폐해가 가득하다. 대형 교회들에서 연이어 터지는 재정 비리, 세습, 성추행, 논문 표절 등 낯 뜨거운 문제들은 한국 교회 얼굴에 씻을 수 없는 오점을 남겼다. 이것이 무한 대형화의 허욕이 불러온 결말, 즉 부끄러운 영광이다.

　경제 성장의 기적에 심취해 축배를 드는 분위기가 무르익은 사회 상황에서 교회 성장의 기적은 별 거부감 없이 또 하나의 축하할 일로 받아들여졌다. 그러나 국가 경제에서 성공 신화가 실현된다면 한강의 기적이라는 식으로 기뻐할 수 있으나, 교회 안에 그런 일이 일어난다면 사태는 완전히 달라진다. 복음과 대립되는 성공 신화가 기이하게도 초대형 교회를 이루는 기적 같은 현실로 환원되면, 그것은 사람들을 홀리는 무서운 마력을 발휘한다. 사람들 안에 그런 놀라운 성장의 기적은 하나님의 역사가 아니고는 도저히 일어날 수 없다는 확신을 강화한다. 자연히 그런 성장은 하나님이 능력으로 함께하신 증거이며 하나님을 영화롭게 하고 기쁘시게 하는 것이라는 인식이 교계에 보편화된다. 대형 교회를 이룬 사실 자체가 강력한 성공 신화적 복음의 메시지가 된다. 신화도 현실이 되는 기적이 일어났으니 능치 못할 일이 어디에 있겠는가. 따라서 하면 된다는 긍정의 메시지가 잘도 먹혀들게 된 것이다.

성공 신화가 기적적으로 실현될 때 그 신화는 절대 진리의 위치로 승격되어 교회의 모든 가치관과 목표를 재설정하고 교회의 모든 사역과 자원을 거기에 맞추어 가동하는 전횡을 휘두른다. 결국 성공 신화가 하나님의 말씀을 대신해서 교회를 주관하는 권위를 행사하며 하나님의 말씀은 성공 신화의 목표를 이루기 위해 섬기는 시녀 역할로 전락하는 것이다. 한국 교회에 만연한 번영 신앙과 기복 신앙의 메시지가 이렇게 성공 신화에 의해 각색되고 변질된 것이다. 일부 대형 교회들이야말로 성공 신화가 기적처럼 실현된 산증인으로서 신화적 교회관의 강력한 메신저 역할을 한다. 그래서 대형 교회를 이루는 것이 목회 성공의 척도라는 가치관이 교계에 편만해지는 데 지대한 영향력을 미쳤다. 이런 교계 문화와 풍조가 목회자들의 마음을 유혹하고 자극하여 서로 경쟁하듯 교회 성장을 추구하는 일종의 모방 욕망을 고조시켰다.

성공 신화가 하나님 나라의 가치관을 대신하여 교회를 주관하면, 교회가 추구하는 지상 목표가 성장이 되며 교회의 모든 사역, 즉 설교와 목회와 전도는 이 목표를 성취하기 위한 방편으로 동원된다. 이 목적을 달성하기 위해 교인은 물론이고 하나님의 말씀과 성령까지 도구화된다. 교회는 하나님의 말씀을 대중의 기호와 욕구와 취향에 맞추어 상품화한다. 교인들을 영적 필요를 가진 소비자로 취급하고 그들을 최대한 끌어모으기 위해서 설교와 예배도 소비자 중심으로 전환한다. 자연히 복음의 효율성과 대중성, 시장 점유율을 중시하는 자본주의적인 가치관이 교회를 지배하면서 복음은 심각하게 변질될 수밖에 없다. 설교가 그리스도의 복음에서 나온 생명의 말씀을 전하는 것이 아니라, 이 세상 문화 코드와 기호에 은밀히 맞추는 죽음의 언어로 전락하는 것이다.

교회는 교인들을 천박한 자본주의가 지배하는 문화에서 해방시켜 천국의 시민으로 살게 하는 것이 아니라, 오히려 세상의 가치관과 체제에 무기력하게 순응하는 제국의 시녀가 되게 한다. 하나님을 전하여 그의 뜻대로 살게 하는 설교가 아니라 기독교 신앙을 이용하여 세상에서 원하는 것을 얻어내는 성공의 비결과 지혜를 가르치는 설교를 전한다. 한국 교회의 양적 성장은 복음과 교회의 본질을 희생하고 훼손시킨 대가로 성취한 것이라고 해도 과언이 아니다.

그동안 성공이라는 우상을 숭배하고 이것을 모실 성전을 건축하는 것이 대형화의 교두보 역할을 하였다. 대형 교회들이 앞다투어 수백 억, 수천 억을 들여 '성전 건축'이라는 명분으로 교회 건물을 지었다. 주님은 십자가에서 죽으심으로써 인간이 지은 성전을 폐하시고 건물 성전 시대의 막을 내리게 하셨다. 그런데 주님이 십자가로 허무신 것을 다시 세우는 것은 십자가의 고난을 헛되게 하고 구원 역사를 후진시키는 것이다. 주님이 가장 혐오하시는 성전 건축을 주님이 가장 기뻐하시는 일이라고 속여서 가난한 교인들의 헌금을 갈취하는 것은 하나님의 뜻을 빙자한 무서운 사기 행각이며 사악한 범죄 행위다.

더 이상 건물을 성전이라고 할 수 없다는 사실을 잘 아는 목사들이 교회 건물을 건축하면서 성전 건축을 한다는 대의명분을 내거는 이유는 교인들의 물질적 헌신을 끌어내기에 효과적이기 때문이다. 성전 건축은 교인들의 개인적인 요구와 관심을 잠재우고 그들의 에너지와 관심과 자원을 총집결하는 공통의 목적의식을 부여한다. 그래서 하나님의 성전을 짓는 것을 일생일대의 염원으로 삼고 먼저 하나님의 집을 짓기 위해 자신의 집을 파는 등의 "눈물겨운 희생과 헌신의 드라마를 연출한다."[10] 언론에 따르면 교회가 금융권에서 건축과 관련하여 대출받은 액수가 9조 원에 달하는 것으로 추정된다. 교회가 성장하고 건물이 커질수록 빚도 더 많아진다. 세상에 사랑의 빚 외에는 빚을 지지 말아야 할 교회가 세상 맘몬에게 빚지고 있는 것이다. 성장주의는 결국 맘몬주의와 결탁된 셈이다. 무리해서 거대한 건물을 지어 놓고 빚이 산적해 있으니 최대한 교인들을 끌어모아야 하고 헌금을 끌어내야 한다. 결국 교회는 이 자본주의사회를 지배하는 성장 제일주의, 물량주의, 힘의 논리에 포로가 되고 말았다.

교회가 삼위 하나님의 구속의 뜻이 실현되는 그리스도의 몸이 아니라 성공에 대한 인간의 야망이 성취된 것을 기념하는 전당이 되어 버렸다. 교회가 하나님의 말씀을 따라 그리스도의 아름다운 형상으로 지어져 가는 것이 아니라 성공 신화를 따라 탐욕으로 일그러진 기업의 모습으로 변해 버렸다. 성령의 뜻보다 인간의 종교적인 야망이 앞선 성장, 하나님 나라의 가치보다 자본주의 시장의 원리로 작동되어 온 교회 성장의 바벨탑은 결국 와해될 수밖에 없다. 성령의 불이 아닌 헛된 야망의 불길은 거세게 타오르며 잠시 현란한 불꽃놀이를 연출하고 메케한 냄새와 연기만 남기고 사그라질 뿐이다. 지금 한국 교회가 그 후유증을 경험하고 있지 않은가.

한국 교회가 급속히 침체하고 있다는 진단은 한국 교회가 그동안 괄목할 만한 영적인 성장을 이루었다는 전제를 깔고 있다. 그러나 한국 교회에 진정한 성숙이 있었는지 매우 의문스럽다. 현재의 급속한 몰락은 그동안 한국 교회를 외형적으로 한없이 부풀게 했던 거품과 헛바람이 빠진 것에 불과한지 모른다. 사실 교회가 성경적인 가치를 저버리고 성장 지상주의로 치우쳐 외형적으로 팽창하기 시작하면서부터 그리스도를 닮은 성장은 멈추어 버리고, 세상을 닮은 세속화는 가속화된 것이다.

한국 교회가 총체적인 위기에 직면했다고들 한다. 그러나 위기의 실체가 무엇이며 그 위기를 몰고 온 근본 요인이 무엇인지에 대한 정확한 진단이 없으니 그것을 타개할 수 있는 방안은 요원하기만 하다. 교인 수 감소와 교회 성장 둔화를 위기로 보고 교회를 활성화할 부흥의 비결을 강구하는 것은 문제의 핵심에서 벗어나 외연만을 맴도는 것이다. 여전히 외적 성장을 교회의 핵심 가치로 보고 성장이 멈추어 버린 것을 위기로 생각하는 구태의연한 교회론의 패러다임에 갇혀 있는 것이다. 이는 마치 컴퓨터 하드웨어가 고장 났는데 새로운 소프트웨어만 갈아 끼워 프로그램을 작동하려는 시도와도 같다.

한국 교회가 직면한 몰락 위기는 교회의 하드웨어에 근원적인 문제가 있음을 여실히 드러낸다. 삼풍백화점이 붕괴된 참사를 보고도 부실 건축의 허점과 비극을 되새기지 못하는 것보다 더 큰 어리석음은 없다. 이처럼 한국 교회가 작금의 실패를 통하여 성공 신화라는 모래 위에 교회를 건설하려고 했던 어리석음을 통렬히 깨우치지 못하는 것보다 더 개탄스러운 일은 없다. 한국 교회의 시급한 과제는 교회를 작동하게 하는 하드웨어, 즉 '중심 가치 시스템'을 교체하는 일이다. 그동안 한국 교회를 주관해 온 성장 제일주의 가치관과 패러다임을 대신할 새로운 가치 체계의 도입이 시급하다. 지금이야말로 성장주의가 초래한 영적 폐허 속에서 새로운 교회의 꿈을 꾸어야 할 때다.

토론을 위한 질문

1. 주위에 다닐 만한 좋은 교회가 없다고 푸념하는 이들을 보면 어떤 생각이 드는가?
2. '복음주의 4인방'으로 불리는 훌륭한 목사들의 한계는 무엇인가?
3. 한국 교회가 다시 시작해야 할 자리는 어디인가?
4. 최근 대형 교회를 해체하려는 움직임이 고무적인 이유는 무엇인가?
5. 대형 교회의 해체에 앞서 해체해야 할 가치관은 무엇인가?
6. 현실적으로 대형 교회가 존재하는 것을 막을 길은 없다. 앞으로 대형 교회가 한국 교회의 발전에 기여할 수 있는 방법은 무엇인가?
7. 작은 교회는 큰 교회보다 나은가?
8. 교회 규모가 크나 작으나 한국 교회의 총체적인 문제는 무엇인가?
9. 성공 신화가 한국 교회의 교회관에 지대한 영향을 미치게 된 이유는 무엇인가?
10. 한국 교회가 앞으로 나아갈 길은 무엇인가?

2

무너진 곳에서
다시 시작하는
건설

새로운 교회를 꿈꾸다

탁월한 건축물이 실제로 존재하기 전에 그것은 건축가의 머리에 구상으로 존재한다. 마찬가지로 좋은 교회가 탄생하기 전에 그 교회는 목사와 교인들의 마음속에 잉태된다. 목사는 말씀과 성령의 인도하심을 따라 하나님이 원하시는 교회의 비전을 가슴에 품어야 한다. 그런 교회를 꿈꿔야 한다. 그리고 교인들과 함께 그 꿈을 실현해 가야 한다.

그런데 교회의 문제는 지도자들이 성경 말씀과 성령으로부터 받은 비전과 꿈이 없다는 점이다. 꿈이 없는 백성이 망한다고 했듯, 한국 교회 몰락은 성령이 원하시는 교회에 대한 꿈이 없는 데 있다고 보아도 과언이 아니다. 성경 말씀을 통해 성령에 의해 감동된 비전과 꿈이 아닌 성공 신화에 도취되어 허황된 꿈을 꾸는 것은 심각한 문제다. 한국 교회에는 성장주의 교회관 밖에 없다는 지적처럼 성경적인 교회관이 부재하다. 성경적 교회에 대한 청사진이 없는 것이다. 한국 사회에 비쳤던 일그러진 교회의 얼굴을 쇄신하고 아름다운 얼굴을 보일 수 있는 교회의 청사진을 발견하는 일이 무엇보다 시급하다.

그렇다면 우리가 지향해야 할 참된 교회상은 어떤 것인가? 교회는 하나님이 우리를 부르시고 교회를 세우신 목적을 이루어 가야 한다. 삼위 하나님이 우리를 부르시고 구원하신 목적은 아들의 형상을 이루어 가는 것이며, 교회를 세우시고 성령을 보내신 것은 이 뜻을 실현하시기 위함이다. 그래서 교회를 그리스도의 몸이라고 했다. 그리스도의 몸이라는 말은 교회가 그리스도가 자신의 피로 사시고 친히 머리가 되사 주관하시는 공동체라는 뜻이 있을 뿐 아니라, 그리스도가 우리가 지향해야 할 목표이자 교회의 척도라는 의미도 내포한다. 그래서 바울 사도는 "그리스도의 장성한 분량이 충만한 데까지 이르는" 것을 교회가 추구해야 할 이상으로 제시하였다(엡 4:13). 그리스도의 장성한 분량까지 성장하는 이상이 실현될 유일한 가능성 또한 그리스도에게 있다. 이를 위해 그리스도가 우리 가운데 거하시고 행하셔야만 그의 은혜와 능력으로 이 목표가 이루어질 수 있는 것이다.

그래서 그리스도의 몸인 교회는 그리스도가 임재하고 일하시는 현장, 그리스도의 1차 활동 반경이다. 물론 그리스도는 만물 안에 충만히 거하시지만 일차적으로 그의 몸인 교회 안에 거하시고 그 몸의 성장을 위해 특별한 은총으로 역사하신다. 그 피로 성취하신 새 언약의 은혜를 교회에 전달하신다. 곧 성화론적으로 일하신다. 그리스도는 교회를 세상과 구별된 거룩한 무리가 되게 하신다. 자신의 몸 된 교회가 세상을 본받지 않고 머리이신 그리스도를 닮아 가게 하신다.

또한 교회가 그리스도의 몸이라는 것은, 부활하신 그리스도가 다시 세상 속에서 존재하고 활동하는 방식을 뜻한다. 과거 주님이 인간의 몸을 입고 존재하고 활동하셨듯 이제는 교회라는 유기적인 공동체를 새로운 몸으로 입으시고 세상 속에서 다시 일하신다. 주님이 성령을 통하여 우리 가운데 거하심이 비가시적이고 무형적이라면, 교회는 보이지 않는 그의 영적인 임재를 유형화하는 몸인 셈이다. 주님은 우리 각자의 몸뿐 아니라 우리의 모임, 공동체를 당신이 거하고 활동하실 몸으로 사용하기를 원하신다. 우리의 민첩한 순종과 협력을 통해 그리스도는 우리 안에 다시 사시고 그의 사역을 계속하신다.

그리스도와 연합한 교회가 세상을 닮는 것은 교회를 거룩하게 하는 그리스도의 역사하심을 거스르고 반역하며 그 성화의 풍성한 은혜를 모두 헛되게 하는 일이다. 세속화된 한국 교회는 그리스도를 교회 밖으로 내몰고 그리스도를 닮게 하는 성령의 은혜를 소멸하고 있다. 그리스도가 거하시고 주관하실 수 없을 정도로 세속적인 가치와 사고와 욕망이 교회를 장악하고 있어 교회에 그리스도의 왕국이 임한 것이 아니라 오히려 세상이 확장되어 가는 형국이다. 세상의 가치관과 세속의 원리가 판을 치고 그리스도의 말씀과 뜻은 뒷전으로 밀려나며, 성령보다 세상 가치관이 가득한 교회에서 그리스도를 닮은 영적인 변화와 성숙이 일어날 리 만무하다.

그리스도의 몸인가, 목사의 몸인가?

신약성경에 나타나는 가장 중요하고 대표적인 교회 이미지가 그리스도의 몸이다. 그런데 한국 교회에는 이에 대한 기본적인 인식조차 결여된 듯한 행태들이 난무하고 있다. 교회가 그리스도의 몸이 아니라 목사의 몸이라는 생각이 들 정도로 목사가 교회를 자기 소유처럼 여기는 경우가 비일비재하다. 세습이 그 대표적인 예다. 김창인 목사가 충현교회를 아들에게 세습한 것을 선두로 여러 대형 교회가 그 뒤를 이어 세습을 감행해 왔고 최근 들어 세습이 '역병처럼' 번져 가는 추세다.[*1]

    세습을 비난하는 여론을 의식하여 몸을 사리고 있는 목사들과는 달리 대형 교회를 아들에게 물려준 어떤 목사는 대담하게도 세습을 비판하는 이들을 오히려 비난하며 세습을 정당화하는 전면 광고를 「조선일보」에 실어 한국 교회를 말할 수 없이 우세스럽게 만들었다. 그 목사는 광고문에서 교회 세습을 비난하는 자들을 '좌파'로 규정하고, 그렇게 반대하는 것은 독한 시기심에서 나온 것이라고 했다.[*2] 또 아들이 후임이 되면 시기할 일이 없어 교회의 분란을 막을 수 있다고 주장했다. 후임 목사가 설교를 너무 잘하면 전임 목사가 질투가 나는데, 아들이나 사위가 후임이 돼서 설교를 잘 하면 오히려 더 흐뭇해 갈등의 소지가 없어진다는 것이다. 참으로 궁색하고 유치하기 짝이 없는 논리다. 세상 사람들이 그 글을 읽고 뭐라 할지 생각하면 낯이 뜨거워진다. 이 글에서 그의 인격과 의식과 영성의 수준이 여실히 드러난다. 높은뜻연합선교회의 김동호 목사가 이 광고에 대해 자신의 페이스북에서 "이건 영적 치매 수준의 발언"이라고 비판했다가 그 목사 측으로부터 명예훼손으로 고소하겠다는 내용증명을 통보받기도 하였다. 웃지 못할 해프닝이 아닐 수 없다.

아무리 해괴한 논리로 세습을 정당화해도 그것은 손바닥으로 하늘을 가리는 것처럼 명백한 진실을 눈가림하려는 소위에 불과하다. 혹 탁월한 설교와 목회의 자질을 갖추어 얼마든지 유명한 교회에서 청빙을 받을 수 있음에도, 후임을 모실 수 없을 정도로 상황이 열악한 작은 교회에서 아버지의 뒤를 이어 목회를 한다면 아름다운 사례라고 볼 수도 있을 것이다. 그러나 그런 경우는 거의 존재하지 않는다. 대부분 여러 혜택과 기득권을 누릴 수 있는 안정된 교회나 대형 교회에서 세습이 이루어지고 있다. 그것을 아무리 그럴싸한 명분과 논리로 정당화할지라도 그 저변에 깔린 동인은 그리스도의 몸보다 자기 일가의 유익을 더 챙기려는 이기적인 탐욕이다. 이는 교회가 그리스도의 몸이라는 인식이 현저히 결여된 데서 비롯한 것이다. 교회를 세우신 주님의 뜻을 따라 그리스도를 닮는 성장을 이룬 것이 아니라 자신의 야망을 따라 대형 교회를 건립했으니, 자신이 힘써 일구어 놓은 왕국을 털썩 남에게 넘겨줄 수 없는 일이다. 애초에 그는 그리스도의 몸이라는 허울 아래 주님이 다스리는 교회가 아니라 자신이 마음대로 주관하는 왕국을 건설한 것이다. 세습은 그 열매일 뿐이다.

목사들의 권위주의와 독단주의는 모두 교회가 그리스도의 몸이라는 확고한 의식 가운데 목회하지 않는 증거다. 목사와 장로들이 그리스도의 자리에 앉아 교회를 주관하는 머리 역할을 하니, 교회가 그리스도의 몸이 아니라 그리스도의 무덤이라고 해도 무색하지 않을 정도로 교회에서 주님의 뜻은 묵살되며 주님의 임재는 소멸되고 그 은사는 사장되는 것이다. 교회가 그리스도의 몸으로 부활하기 위해서는, 십자가가 교회 지도자들의 심장을 깊숙이 관통하여 그리스도 대신에 왕노릇 하려고 하는 옛 자아를 꺾어, 온유하신 어린 양의 발 앞에 영원히 엎드리게 하는 철저한 죽음의 역사가 선행되어야 한다. 교회가 그리스도의 무덤이 아니라 먼저 목사와 장로의 무덤이 되어야 한다. 목사와 장로가 죽으면 교회는 주님이 살아 역사하는 그리스도의 몸이 되고, 목사와 장로가 살아 교회를 주관하면 교회는 그리스도를 다시 십자가에 못 박아 매장시키는 무덤이 되고 말 것이다.

　그래서 목사가 죽어야 교회가 산다는 말처럼 그리스도의 몸을 세우기 위해 목사의 죽음은 필수적이다. 그리스도 대신 군림하려는 목사의 독단과 권위주의, 주님의 뜻보다 앞서는 목회 성공에 대한 야망이 그리스도와 함께 매장되어야, 주님의 뜻을 겸손히 받들어 그리스도의 몸을 세우는 목사로 부활하게 된다. 참된 목회에 가장 우선되어야 하는 것이 이 죽음이다. 이런 의미에서 교회는 목사뿐 아니라 모든 교인들의 무덤이어야 한다. 목사와 교인들이 그리스도와 함께 십자가에 못 박히고 장사 지낸 바 된 무덤에서 그리스도의 몸인 교회가 태어나고 자란다. 성령은 우리를 이 죽음으로 인도하는 위대한 장의사며, 세례는 이 죽음을 기념하는 장엄한 장례식이다. 성령은 우리를 그리스도와 함께 장사 지내시고 그 무덤에서 우리를 그리스도의 몸의 지체로 부활하게 하신다.

그리스도의 몸과 성령의 전

한국 교회가 지향해야 할 그리스도의 몸으로서의 교회는 인간의 비전과 목회 철학과 노력만으로 결코 세워질 수 없다. 그것은 오직 성령의 충만한 임재 속에서만 구현될 수 있다. 그렇기에 절망인 동시에 희망이다. 인간이 도저히 이룰 수 없는 일이니 절망이며, 하나님의 영으로만 가능한 일이니 희망이다. 교회가 주님의 몸인 것과 성령의 전인 것은 긴밀하게 연결되어 있다. 교회가 그리스도의 몸이기에 과거 주님의 육체에 성령이 충만했던 것처럼 주님이 택하신 새로운 몸인 교회에도 성령이 충만하게 된다. 역으로 교회에 성령이 충만히 임재하기에 그리스도의 몸이 구체적으로 실현된다.

그래서 신약성경, 특별히 바울 서신에서 그리스도의 몸과 함께 등장하는 중요한 교회의 메타포가 '성전'이다. 성경에는 그리스도의 몸과 성전이라는 교회의 이미지가 한데 어우러져 우리가 지향해야 할 아름다운 교회상을 그려 주고 있다. 바울 사도가 교회의 청사진을 제시하고 있는 에베소서에서 교회를 성전의 이미지로 묘사한 것이 특이하다. 이는 신약 교회의 특성을 구약 성전과의 연계성에서 살펴보게 할 뿐 아니라 신약 성전의 탁월성과 영광을 돋보이게 하는 기발한 착상이다. 바울 사도는 교회를 '주 안에서 성전' '성령 안에서 하나님이 거하실 처소'라고 하였다(엡 2:21-22). 그는 교회 안의 성령의 임재는 구약의 성막과 성전에 성령을 상징하는 구름이 가득했던 구약 모티브의 실현이며,[3] 하나님이 말세에는 손으로 만든 성전이 아니라 친히 성령으로 우리 가운데 거하시겠다고 하신 새 언약이 성취된 것으로 보았다(고전 3:16-17; 6:19-20; 고후 6:16). 성령으로 충만함을 받으라는 말씀(엡 5:18)도 이런 에베소서의 전체 구도 속에서, 그리고 구약 배경을 통해 이해해야 한다. 바울은 구약 성전의 이미지를 떠올리며 이렇게 말했다고 볼 수 있다. 즉 구약 성전에 성령의 임재를 상징하는 구름이 가득했던 것처럼, 새로운 성전인 교회에 하나님의 성령이 충만해야 한다는 것이다.

여기서 '충만'이라는 단어는 '가득 채워짐'을 뜻할 뿐 아니라 '흘러넘침'이라는 의미도 내포한다. 바울 사도가 구약적 용례를 따라 충만이란 단어를 자주 사용한 것은 그가 제시하는 교회의 청사진이 구약을 배경으로 작성된 것임을 알 수 있다. 새로운 성전인 교회에 성령이 충만하여 흘러넘치는 형상은 구약에 등장하는 또 하나의 성전 이미지를 연상하게 한다. 구약에 예언자 에스겔이 성전 문지방에서 생명수가 흘러나와 강을 이루며 바다를 이루고 그 물이 흘러가는 곳마다 생명의 역사가 일어나고 나무에 과실이 풍성히 맺히는 환상을 본 것이 기록되어 있다(겔 47:1-12). 이 비전은 성경의 맨 앞부분, 창세기 2장에 기록된 에덴동산과 성경의 맨 마지막에 기록된 새 예루살렘 성(계 22:1-2)과도 긴밀하게 연결된다. 이는 성경 전체를 관통하는 성전의 비전이라고 할 수 있다. 바울 사도가 성령으로 충만함을 받으라고 말한 것은 에스겔이 환상에서 본 성전에서 생명수가 흘러나오듯, 새로운 성전인 교회로부터 성령의 생수가 흘러넘쳐 온 누리를 적시고 만물을 충만하게 하는 비전을 제시한 것이다. 그래서 그는 교회를 정의하기를 "교회는 그의 몸이니 만물 안에서 만물을 충만하게 하시는 이의 충만함이니라"고 하였다(엡 1:23).

바울 사도는 교회를 그리스도로 충만할 뿐 아니라 하나님으로 충만한 성전으로 보았다. 그래서 그는 교회가 하나님의 모든 충만으로 충만해지기를 소원하였다(엡 3:19). 교회가 성령으로 충만해질 때 바울이 소원한, 하나님과 그리스도로 충만함이 동시에 구체적으로 실현된다. 교회는 성령으로 충만함으로 삼위 하나님이 충만히 거하시는 영광스러운 성전이 되었다. 비록 현실 교회의 모습이 초라하기 그지없을지라도 교회는 본질적으로 말할 수 없이 영광스러운 공동체다. 교회는 삼위 하나님이 그 구속 사역의 첫 열매로 세우시고 친히 거하시며 다스리시는 천국 공동체다. 교회의 영광에 대한 바른 인식이 회복되어야 하고 교회의 모든 활동, 즉 예배와 교제와 설교와 기도와 선교는 교회의 삼위일체적인 본질을 구현하고 잘 반영해야 한다. 예배의 본질은 삼위 하나님이 우리 가운데 충만히 임재하여 영광을 받으시고 우리에게 삼위 하나님의 은총을 베푸시는 것이다. 교회가 전파하는 메시지는 삼위 하나님이 이루신 놀라운 구원 사역과 경륜, 그로 인해 우리에게 허락하신 은혜의 풍성과 영광을 밝히 드러내는 복음이어야 한다. 또한 우리의 기도는 삼위 하나님의 뜻이 우리 가운데 그리고 이 땅에 이루어지기를 구하며 삼위 하나님과의 깊은 연합과 교제를 누리는 것이어야 한다.

성전 건축은 적그리스도적인 행위

성령으로 충만함을 받으라는 말씀은 명령이기 전에 비천한 우리가 하나님이 거하는 성전이 되었다는 놀라운 사실을 밝혀 주는 말씀이다. 이는 구약에서 오래 대망했던 하나님의 약속 성취다. 구원 역사가 점진적으로 발전함에 따라 성전 형태가 변천하는 것을 볼 수 있다. 솔로몬이 성전을 짓기 전 성전의 전신은 모세가 지은 성막이었다. 구약에서 성막과 성전은 하나님이 그의 백성과 함께하신다는 약속의 구체적인 표현이며 임마누엘의 상징이었다. 그런 의미에서 성전은 온전한 임마누엘인 예수 그리스도를 가리킨다.

　예수 그리스도가 구약 성전의 마침이 되시는 온전한 성전이시다. 그 육체가 하나님의 임재와 영광으로 충만한 성전이자 하나님의 은혜와 진리가 강물처럼 흘러나오는 성전이었다. 예수님은 자신의 육체를 제물로 바쳐 하나님께 영원한 제사를 드림으로 제사 제도를 완전히 폐지하셨다. 동시에 손으로 만든 성전이 더 이상 필요 없게 하셨다. 건물 성전 시대가 막을 내리게 하신 것이다. 그래서 주님은 유대인들에게 "너희가 이 성전을 헐라. 내가 사흘 동안에 일으키리라"고 하셨다. 이것은 "성전 된 자기 육체를 가리켜 말씀하신 것"이다(요 2:19, 21). 유대인들이 성전 된 예수의 육체를 파괴하면 사흘 만에 부활하여 새로운 성전을 지으시겠다는 말씀이다. 주님이 새로 세우실 성전이 바로 교회다. 신약 교회는 예수의 죽으심과 부활에 정초된 새로운 성전이다. 교회 건물이 성전이 아니라 그리스도인들의 모임, 즉 신앙 공동체가 성전이며(고전 3:16; 엡 2:21), 그리스도인들의 몸이 예수님의 육체와 같이 성령이 거하는 성전인 것이다(고전 6:19).

신약 시대에 사는 신자들은 솔로몬이나 헤롯이 지은 화려하고 웅장한 성전보다 훨씬 더 탁월하고 영광스러운 성전을 건축하도록 부름받았다. 삼위 하나님이 충만히 임재하여 그의 백성을 다스리시는 영적인 성전을 지으라고 부름받은 것이다. 그런데 한국 교회는 예수 그리스도의 구속으로 말미암아 이루신 새로운 성전으로의 교회를 세워 가지는 못하고, 성전 건축이라는 이름으로 엄청난 자금을 쏟아부어 화려하고 웅장한 건물을 짓는 일에 몰두하였다. 주님이 십자가에서 죽으심으로 허무신 건물 성전을 다시 세우는 일은 주님의 고난을 헛되게 하는 십자가의 원수로 행하는 것이다. 이는 하나님의 구원 역사를 되돌리며 하나님의 구원의 경륜을 전복시키려는 반역 행위다.

그럼에도 많은 목사가 이 용어를 아무 거리낌 없이 사용하는 것은 성경의 기본 진리조차 모르는 무지의 극치를 드러내는 일이다. 신학 박사 학위를 받은 목사조차 큰 교회를 목회하며 건축을 해야 하는 입장에 처하니 성전 건축이라는 말을 서슴없이 사용하는 것을 보았다. 교회 건물이 더 이상 성전이 될 수 없다는 것을 잘 알면서도 예배당을 지으면서 성전을 건축한다는 명분을 내세우는 이유는 예배당을 짓는다고 하기보다 하나님이 가장 기뻐하시는 성전을 짓는다고 해야 최대한 교인들의 물질적인 헌신을 유도할 수 있기 때문이다. 그런 목사는 성전이란 용어를 구약적인 의미가 아니라 하나님께 거룩하게 예배드리는 건물이라는 단순한 뜻으로 사용할 뿐이라고 둘러댈지 모른다. 그러나 우리가 사용하는 언어는 우리의 생각과 신앙 그리고 교회의 삶과 사역에 지대한 영향을 미친다. 지금까지 그런 비성경적인 말을 무분별하게 사용함으로써 교회에 미친 해악이 얼마나 컸는가. 그런 용어가 특별히 해가 될 것이 없다면 무방하지만, 적그리스도적인 행위를 뜻하는 말인데도 무분별하게 사용하는 일은 어떤 이유에서건 용납할 수 없다.

더 심각한 문제는, 이 말이 하나님이 가장 혐오하시는 일을 마치 하나님이 가장 기뻐하시는 일인 양 속여 거기에 헌신하도록 교인들을 유도하는 수단으로 이용된다는 사실이다. 성전 건축이 한국 교회에 미친 심각한 폐해는 교인들의 관심과 에너지를 매우 부차적인 일에 다 소진하게 만들어 정작 그들이 해야 할 중대한 일에는 집중하지 못하게 했다는 점이다. 삼위 하나님이 충만히 임재하고 다스리는 영적 성전을 짓는 데, 또 교인 각자가 성령이 거하는 이동 성전으로서 세상 속에 영적인 에너지와 빛을 발산하는 그리스도인으로 성숙하는 데 심혈을 기울이지 못했다. 그동안 한국 교회의 주된 관심과 사역은 '모여라, 돈 내라, 교회당(성전) 짓자'는 말로 압축된다는 어느 목사의 말이 아주 터무니없는 말만은 아닐 것이다.

무리해서라도 교회 건물을 건축해 놓았으나 교회 성장이 멈추고 경제 불황으로 헌금이 줄어들면서 과도한 건축 부채를 감당하지 못하고 파산하는 지경에 이른 교회가 부쩍 늘고 있는 점도 문제다. 2013년 7월 1일, 수원지법 성남지원에 판교의 충성교회가 종교 시설로는 역대 최고가인 526억 원에 경매로 나와 세간에 화제였다. 이렇게 몇십억, 몇백억 원짜리 교회 건물이 경매나 매물로 쏟아져 나와 '교회 매매 전문 사이트'까지 등장하였다. 사태는 앞으로 훨씬 더 악화될 조짐이다. 수많은 교회가 건축 대출금 상환에 허덕이며 도산 위기를 근근이 모면하고 있는 형편이다. 건축과 관련해서 금융권에서 대출한 액수가 개신교 일 년 총 운영자금의 3배에 가까운 9조 원이니 교회 재정이 건축 빚 갚는 데 탕진되고 있는 셈이다. 그러니 교회가 그 본연의 기능을 할 수 없는 것은 당연한 일이다.

얼마 전 「시사저널」에서 "교회가 돈의 지배를 받다"라는 제하에 이런 문제를 기사화하였다. 예수는 "물질적 힘과 권세, 종교적 카리스마를 주겠다는 유혹을 모두 물리쳤는데" 오늘날 교회들은 예수가 거부한 것을 쫓아가다가 교회가 경매되는 상황에 직면하게 되었다고 일갈하였다.[4] 예수는 반석 위에 집을 지으라고 했는데 한국 교회는 빚 위에 성전을 지어 파산하게 되었다는 것이다. 이것이 이 사회에 비친 한국 교회의 일그러진 얼굴이다. 앞으로 이렇게 파산하는 교회 수는 급증할 것이며, 성전 건축이라는 명분으로 교인들의 모든 자원을 빨아들여 세워진 우상 단지 같은 건물들은 미국의 수정교회와 같이 로마 가톨릭에 넘어가거나, 유럽 교회처럼 모스크나 살롱에 팔릴 위기를 맞을 것이다. 이러한 건물 성전의 붕괴는 주님이 허무신 것을 다시 세우느라 교회 에너지를 탕진한 데 대한 하나님의 심판인 동시에 진정한 성령의 전을 건축하라는 하나님의 사인이기도 하다.

성전을 떠나가는 하나님의 영광

사람들을 압도하는 화려하고 웅장한 교회 건물과 그 안에서 파이프오르간과 오케스트라와 성가대가 한데 어우러져 장엄하게 울려 퍼지는 찬양은 흡사 하늘이 열리고 주의 영이 임하는 것같이 기막히게 은혜로운 예배를 연출해 낸다. 그러나 사실 그것은 영적인 공허함과 헐벗음을 감추려는 탁월한 종교적 위장술인지도 모른다. 한국 교회의 외형은 화려하고 거창한 것 같지만 내면에서 발현되는 교회의 진짜 얼굴은 심히 일그러져 흉하기 짝이 없다. 무엇이 문제인가. 교회의 얼굴을 아름답게 빛나게 하는 영적인 발광의 유일한 출처인 성령의 영광스러운 임재가 교회를 떠나고 있기 때문이다.

과거 유다 왕국이 바벨론에 멸망당하기 몇 년 전(주전 592년), 에스겔은 하나님의 영광이 성전에서 떠나가고 그 대신 성전에서부터 하나님의 심판이 임하는 환상을 보았다. 에스겔서 8장에서 11장까지 하나님의 영광이 성전에서 떠나는 것이 점진적으로 묘사되었다. 지성소 법궤 위에 머물던 하나님의 영광이 그곳을 떠나 성전 문지방에 이르렀다(겔 9:3). 이는 하나님이 성전을 떠나시기 위한 첫 움직임으로서, 하나님의 영광이 성전 안에서 성전 밖으로 나가심을 의미한다. 이어서 하나님의 영광이 성전 문지방을 떠나 그룹들 위에 머물고(10:18), 다시 하나님의 영광이 머문 그룹들이 성전으로 들어가는 안뜰의 동문에까지 이르렀다(10:19). 급기야 성전을 떠난 하나님의 영광은 예루살렘 성을 벗어나 동쪽 산으로 옮겨 갔다(11:23). 이렇게 하나님의 영광이 성전과 예루살렘으로부터 서서히 떠나는 것을 에스겔은 목격하였다.

에스겔이 본 환상이 과거 유다에만 있었던 사건이 아니라 한국 교회에도 머지않아 닥칠 비운을 예고하는 것 같은 느낌은 나만의 불길한 예감일까?

하나님의 영광이 성전을 떠나는 환상이 지금 한국 교회가 처한 상황과 자꾸 오버랩되는 것은 어떤 연유인가? 아무리 긍정적으로 생각하려고 해도 하나님의 영광이 한국 교회에서 서서히 떠나고 있는 것이 아닌가 하는 위기의식을 떨쳐 버릴 수가 없다. 하나님의 영광이 우리에게서 떠나고 있는데도 우리는 영적으로 너무 어두워 그 사실조차 깨닫지 못하고 있는 것 같다. 어느 날 하나님의 임재가 우리 교회에서 완전히 떠나 버려도 우리는 아무 일 없었다는 듯 즐겁게 예배드리고 찬양하며 뛰놀 것이다.

무엇을 근거로 멀쩡한 한국 교회를 온통 잿빛으로 덧칠하여 음산한 망국적 분위기를 조장하는가 하고 언짢게 생각할 이들이 있을지 모른다. 그러나 영적으로 조금만 민감한 사람이라면 한국 교회가 지금 처한 상황이 예사롭지 않음을 직감할 것이다. 구약 시대 성전에서 하나님의 영광이 떠날 수밖에 없었던 상황이 한국 교회에서 그대로 재현되고 있다. 과거 하나님을 성전에서 떠나게 한 주된 요인이 성전에서 벌어진 가증한 우상숭배 행위였다(8:6). 에스겔은 성전 바깥에서 안쪽으로 들어가면서 점점 더 사악한 우상숭배 행태들을 목격하였다. 성전 안으로 깊숙이 들어갈수록 거룩해져야 하는 성전 구조와는 정반대로 안으로 들어갈수록 더럽고 가증한 일들이 벌어지고 있었다. 성전이 거룩한 신앙의 진원지가 아니라 우상숭배의 중심지이자 소굴이 되어 버린 것이다.

지금도 가장 무서운 영적 타락은 새로운 성전인 교회 안에 우상을 세워 놓고 섬기는 일이다. 과거 성전 안에서 제사장들이 앞장서 우상숭배를 자행했듯 교회 지도자들이 선봉에 서서 현대판 우상숭배를 부추기고 있다. 과거 성전 안으로 들어갈수록 더 가증한 우상들이 가득했듯, 성령이 거하시며 거룩한 하나님의 말씀이 흘러나와야 할 교회 안으로 들어갈수록 간교한 탐욕이라는 우상이 자리 잡고 있다. 교회가 하나님의 거룩함과 영광보다 성공과 번영, 명예와 권력을 더 탐하는 것이 바로 한국 교회를 타락하게 한 우상숭배다. 이스라엘의 타락이 성전 제단 앞에 세워진 우상에서 비롯됐듯, 교회의 타락도 교회 강단을 맡은 목사들 안에 도사리고 있는 탐욕이라는 우상에서부터 시작된다.

과거 주님께서 예루살렘 성전을 정화하시고 이어서 무화과나무를 저주하신 것은 하나님이 장사치들의 소굴로 변한 성전을 멸하실 것을 예고하는 상징적인 행위였다. 주님은 그 상징적인 행위를 통해 하나님이 원하시는 열매는 조금도 없고 거짓과 형식으로만 가득한 성전이, 무화과나무가 말라 죽듯 하나님의 저주를 받아 파멸될 것이라는 분명한 메시지를 전하신 것이다. 이 말씀은 과거 유대인들뿐 아니라 우리에게도 주어진 엄중한 경고다. 주님이 십자가에서 피를 흘려 세우신 새로운 성전인 교회가 제구실을 못하고 하나님의 영광을 반영하기보다 하나님의 이름을 더럽힐 때, 이 사회에 성령의 생명수를 흘려보내기보다 온갖 외식과 거짓의 탁류를 흘려보낼 때 하나님의 무서운 심판이 임할 것이다. 이것이 성경이 분명히 우리에게 말씀하시는 바이며 교회 역사가 증언하는 바다.

한국 교회의 회복은 가능한가?

교회가 아무리 많은 것을 소유하였을지라도, 성령의 임재를 잃으면 모든 것을 잃은 것이나 마찬가지다. 교회가 성령을 거스르고 근심시키는 죄가 만성화되면 오래 참고 기다리시던 성령이 교회에서 떠나신다. 과거 예루살렘 성전이 맞이한 비극처럼 교회에서 성령의 영광이 떠나는 동시에 하나님의 심판이 임해 새로운 성전은 완전히 파멸되고 이 땅에서 자취가 사라진다. 이것이 교회 역사가 보여 주는 성령을 근심하게 한 교회의 비참한 말로이며 지금 한국 교회가 직면한 절체절명의 위기다.

한국 교회 문제에 대한 모든 논의를 하나로 압축한다면, 그것은 성령을 근심시키고 있다는 사실이다. 그러니 교회에 세상의 빛 된 열매를 산출할 수 있는 풍성한 생명과 변화의 역사가 일어날 수 없고 세상을 향해 흘려보낼 생명수는 고갈될 뿐이다. 교회가 그리스도의 형상으로 새롭게 되고 나아가 세상을 변혁시키는 에너지를 방출하는 영적인 동력을 상실한 것이다. 최근 한국 교회의 위기 상황을 진단하고 그에 대한 해법을 제시하는 이들은 한결같이 한국 교회가 살 길은 영성의 회복에 있다고 주장한다.

머리말에 언급한 「2020-2040 한국 교회 미래 지도」에서 최윤식 박사는 한국 교회가 쇠퇴하는 "근본적인 이유 중에 하나는 근원적인 에너지를 상실해 가고 있기 때문이다"라고 하였다.[5] 최 박사는 미래학을 전공한 이답게 다양한 자료를 토대로 한국 교회 현실을 다각적으로 분석했다. 그런데 이 모든 진단과 분석을 통해 그가 결론적으로 내린 처방책은 너무도 추상적이고 뜬구름 잡는 소리처럼 들린다. 그는 한국 교회가 살 유일한 길은 회개를 통해 성령의 은혜를 회복하는 것이라고 했다. "한국 교회와 교인들을 살리는 길은 무엇인가? 길은 하나다. 오순절 다락방 사건처럼, 평양 대부흥 사건처럼 다시 한 번 하늘 문이 열리고 성령의 불덩이가 한국 교회 위에 쏟아지는 것 밖에는 길이 없다. 이를 위해서는 내가 울어야 하고 우리가 울어야 한다. 지금부터라도 교회를 위해 울어야 한다."[6] 실컷 실현 가능한 전략을 제시해 줄 것처럼 말하더니 너무도 뻔한 얘기로 그치고 만다.

그러나 사실 그가 말한 해답 외에 무슨 뾰족한 방안이 있겠는가. 폭발적인 부흥의 역사가 임하는 것 말고 한국 교회에 무슨 소망이 있겠는가. 성령의 강력한 역사가 임하는 것만이 한국 교회가 소생하는 길이라는 것을 누가 부정할 수 있겠는가. 최 박사가 제안한 해답이 틀리지 않지만, 도무지 손에 잡히지 않고 실현 가능성이 없이 아득하게만 느껴진다는 것이 문제다. 오순절에 일어났던 성령 강림이 어떻게 다시 재현될 수 있단 말인가. 과연 그것이 성경적으로 가능한가. 평양 대부흥 100주년을 맞는 2007년을 앞두고 한국 교회는 '어게인 1907'이란 슬로건 아래 기도회와 부흥회, 크고 작은 집회와 행사를 치르며 다시 한 번 그때와 같은 부흥이 일어나기를 학수고대하며 기도했지만 끝내 아무 일도 일어나지 않았다. 그렇게 오랫동안 추구하고 사모해도 재현되지 않는 부흥을 도대체 어떻게 다시 기대할 수 있는지 막막하기만 하다. 성령의 역사가 다시 일어난다는 보장도 없고 성경적 근거나 확증도 없는 마당에 부흥의 도래를 바란다는 것은 너무도 막연한 기대인 것 같다. 좀더 확실한 성경적인 약속과 근거가 있는 영적 부흥을 해답으로 제시할 수는 없을까?

우리 교회에 성령의 충만한 영광이 다시 임할 수 있는 확실한 성경적인 근거는 무엇인가? 교회가 성령으로 충만한 영광스러운 성전이 된 것은 순전히 언약을 끝까지 지키시는 하나님의 성실하심과, 그 언약을 성취하기 위해 당신의 독생자까지 희생하신 무한한 사랑과 자비하심 덕분이다.[7] 예수 그리스도의 피로 성취하신 새 언약이 이에 대한 확고한 근거이며 보증이다.

교회에 임하는 성령의 충만함은 주님이 그의 피값을 지불하고 획득하신 보배로운 선물이다. 교회는 날 때부터 성령으로 충만한 성전이며, 그것이 역사 속에 존재하는 모든 참된 교회의 본질적인 특성이다. 그러므로 성령의 충만함은 우리의 부단한 노력으로 도달할 수 있는 영적으로 높은 경지나 우리의 경건의 대가로 주어지는 상급이 아니라, 모든 그리스도의 몸 된 교회와 교인들에게 주어진 놀라운 특권이다. 어떻게 성령으로 충만할 수 있는가. 우리의 열심과 노력이 아니라 당신의 아들을 희생하면서까지 우리 죄인들을 당신이 거할 성전으로 삼으신 하나님의 무한한 열심 때문에 우리 개인과 교회가 성령으로 충만할 수 있는 것이다. 아들의 피값을 지불하고 우리를 당신의 거처로 삼으셨으니 얼마나 우리 안에 충만히 거하기 원하시겠는가. 온 땅과 하늘 가운데 성령이 가장 거하기 원하시는 곳이 새로운 성전인 우리 교회다.

비록 우리의 죄와 우상숭배로 그 성전이 더럽혀져 성령의 영광이 떠났지만, 그 영광을 회복할 수 있는 유일한 근거 또한 예수의 피로 맺으신 영원한 사랑의 언약이다. 교회 안에 충만한 성령의 임재가 예수님의 보혈의 공로 덕분에 값없이 주어지는 선물이라면, 죄로 상실한 그 임재를 회복하는 것도 주님의 보혈이 부여하는 특혜다. 예수의 보혈의 무한한 공로와 효력 때문에 성령 충만은, 범죄하고 실패한 이들과 교회에 파격적인 선물로 주어진다. 그러므로 우리 교회는 오랫동안 성령을 거스른 죄악을 오직 예수 그리스도의 보혈을 의지해 회개함으로써 성령의 충만한 영광과 임재를 회복할 수 있다. 이 약속은 신구약성경의 핵심이며 삼위 하나님이 이루신 구원 사역의 결정체다. 교회는 성령의 영광이 가득한 성전의 모습으로 회복될 수 있는 확고하고 영원한 약속의 반석 위에 서 있다. 이 약속만이 한국 교회가 새로워지고 부흥할 수 있는 희망의 닻을 내려야 할 터전이다.

이 약속을 의지하는 믿음에는 우리의 죄와 실패에 대한 회개가 내포되어 있다. 우리에게 새 언약의 피를 의지하는 진실한 회개와 갱신이 없을 때, 하나님은 파괴와 심판으로 한국 교회를 허무시고 다시 건설하시는 고통스러운 회복의 방법을 택하실 수밖에 없다. 이것이 구원 역사 속에 하나님이 일하시는 방식이라는 사실을 성경이 분명히 증거하고 있다. 최근 김근주 교수가 쓴 책 「특강 예레미야」(IVP)의 부제 '파괴하고 무너뜨려라 그것이 은혜의 시작이다'가 이 점을 우리에게 잘 일깨워 준다.[8] 우리는 뼈아픈 역사적 교훈을 거울삼아 비극적인 전철을 답습하지 않도록 주의해야 한다. 한국 교회가 속히 돌이켜 참된 개혁의 길로 들어서지 않는다면 한국 교회를 향해 내려치는 하나님의 심판의 철퇴를 피할 수 없을 것이다.

허물고 다시 시작해야 할 건설

한국 교회가 그리스도의 몸이며 성령의 전으로서의 교회의 모습을 회복하기 위해 허물어야 할 것과 다시 건축해야 할 것은 무엇인가? 그것은 한국 교회를 몰락의 궁지로 몰고 있는 성장 지상주의 패러다임을 해체시키고 진정한 성장 패러다임을 구축하는 것이다. 하나님이 원하시는 성장, 즉 그리스도를 닮은 성장이 교회를 주관하는 새로운 가치관과 원리와 궁극적인 목표로 설정되고 그에 따라 교회를 재건축해야 한다.

성장주의에 대한 비판과 공격은 성경적이기보다 반제도적이고 해체주의적인 이데올로기에 치우쳐, 교회를 허물기만 할 뿐 세우는 데는 전혀 도움이 되지 못할 때가 많다. 교회 성장의 목표를 와해시켜 그 추구를 위축시킬 뿐, 건강한 교회 성장에 대한 비전과 열정을 고무시키는 건설적인 교회관을 제시하지 못한다. 한국 교회 문제는 성장을 목표로 삼은 데 있지 않고 잘못 이해되고 정의된 성장 제일주의를 신봉한 데 있다. 그러므로 교회가 추구해야 할 성장이 무엇인지 정리하는 것이 급선무다.

진정한 성장을 가늠하는 척도는 무엇인가. 언제부턴가 교회 성장이 교인 수의 증가라는 가시적인 증거로 나타나야 한다는 인식이 보편화되었다. 이런 개념이 과연 성경적인지 점검도 없이 교인들의 뇌리에 깊이 각인되어 교회를 주관하는 가치관으로 작용해 온 것이다. 대형화에 대한 야망이 없는 목사들도 교회를 성장시켜야 한다는 무언의 압력에 심리적 부담을 느끼며 강박적으로 교회 성장을 추구한다.

어떤 목사는 교인 수가 천 명이 넘는 교회에서 안정되게 목회를 잘하는 데도 교회를 더 성장시켜야 한다는 장로들의 주문 때문에 엄청난 스트레스를 받는다. 그 교회의 한 장로는 몇천 명이 모이는 교회로 부흥시킨 목사와 자기 교회 목사를 비교하며 교회도 부흥시키지 못하는 목사라는 말을 공공연히 떠벌리고 다닌다. 이같이 교회도 사업이 번창하는 것처럼 성장해야 한다는 세속적인 가치관에 포로가 된 장로들 때문에 목사들이 수적 성장에 목을 맬 수밖에 없다. 교인 수가 5백 명인 교회는 천 명을 목표로, 천 명인 교회는 2천 명의 고지를 향해 계속 약진해야지, 그렇지 않고 정체해 있으면 무능한 목사로 몰려 그 입지가 난처해진다. 그래서 3천 명 교인, 만 명 교인이라는 비전을 교회 슬로건으로 내걸고 그 지상 목표 달성을 위해 일사 각오의 사투를 벌인다.

지금까지 교회 성장의 기준은 수적 증가가 거의 유일했다. 그보다 더 본질적이고 종합적인 교회 성장에 대한 분명한 지표와 계획을 세우고 추구할 만큼 한국 교회가 신학적인 통찰력이 있지도 않았고, 눈에 띄는 수적 성장 외에 진정한 성장의 열매를 가늠하고 분별할 만큼 영적으로 성숙하지도 못했다.

이렇게 교회 성장 여부를 숫자로 판정하는 것은 종교개혁의 교회관뿐 아니라 성경의 가르침과도 아주 상이한 시장의 논리다. 전통적으로 개혁 교회에서는 수적 성장을 결코 교회의 본질로 보지 않았다. 교회 성장과 교인 수의 증가가 반드시 비례해야 한다는 생각은 성경적이지도 않다. 이런 잘못된 개념을 뒷받침하는 근거로 사도행전이 증언하는 수적 부흥이 자주 제시된다. 베드로가 성령으로 충만하여 설교하니 단번에 3천 명이 회개하고 그 후에도 5천 명이 믿는 역사가 일어났다는 말씀에 근거해서, 역동적인 성령의 역사에 의한 교회 성장은 반드시 수적 증가로 나타난다고 주장한다. 그러나 복음이 처음으로 세상에 확산되어 가는 초대교회의 독특한 상황에서 일어난 현상을 모든 시대에 반복되어야 할 교회 성장의 증거와 척도로 볼 수는 없다. 베드로처럼 성령으로 충만하여 설교하면 3천 명이 회개하는 놀라운 역사가 지금도 일어날 것이라는 주장보다 더 성경에서 빗나간 해석은 없다. 그것은 그 사건의 구원 역사적 의미를 전혀 이해하지 못한 해석이다.

오순절은 오래 기다려 온 영적인 수확을 한꺼번에 거둬들이는 절기며 베드로의 성령 충만한 설교는 그 영적 추수의 도구로 사용되었을 뿐이다. 베드로가 성령으로 충만하여 복음을 전할 때마다 그런 역사가 일어나지는 않았다. 스데반은 성령으로 충만하여 설교했으나 듣는 이들이 더욱 강퍅해져 그는 결국 돌에 맞아 죽고 말았다. 여러 다른 상황과 배경을 고려하지 않고 무조건 성령으로 충만하여 설교하면 많은 사람이 회심할 것이라는 생각은 지나치게 단순할 뿐 아니라 성경적이지도 않다. 어떤 때와 장소에서는 성령의 능력이 함께하는 설교를 통해 많은 사람이 변화되기도 하지만, 다른 곳에서 똑같은 설교를 들은 사람들은 마음이 더 완고해지는 상반된 반응을 불러일으킬 수 있다.

사도행전이 증거하는 수적 증가를 구원 역사적인 관점에서 이해하지 않고 그때와는 매우 상이한 현 교회 상황에도 나타나야 할 교회 성장의 증거로 보는 것은, 사도행전을 성장주의 교회관을 뒷받침해 주는 근거로 왜곡하는 우를 범하는 것이다. 복음 전파가 거의 포화 상태에 이르렀고 인구도 한정되어 있는 한국의 지방과 농촌의 교회에서 지금도 사도행전적인 수적 부흥이 일어나기를 기대하는 것은 성경을 아주 잘못 적용하는 것이다. 그런 교회들을 향해 교회 성장은 반드시 수적 팽창으로 나타나야 한다는 잣대를 들이대는 것만큼 불합리한 일은 없다.

물론 지금도 초대교회와 유사하게 복음이 처음으로 전파되는 선교지에서는 복음을 듣고 믿는 자의 수가 더해지는 부흥이 자주 일어난다. 이는 선교의 초기 단계에서 보편적으로 나타나는 현상이다. 그러나 일단 복음이 어떤 지역에 편만하게 전파되어 믿는 자와 교회 수가 많아지면 새로운 사역이 전가된다. 그 시기에 교회 사역은 수를 무한히 늘리는 것보다 믿는 자들을 세상 속에서 빛 된 역할을 하는 이들로 성장시키는 데 초점이 맞춰진다. 이것이 신약성경에서도 발견할 수 있는 복음 사역의 패턴이다.

사도행전은 주로 사도들의 복음 전파에 초점이 맞추어져 있다. 그렇게 전도해서 믿게 된 이들로 구성된 교회에 보내는 서신에서 사도들은 수적 성장이 아니라 그리스도를 닮은 열매를 맺는 성장, 즉 개인과 공동체의 성화를 강조한다. 사도행전에서 자주 언급하는 성령 충만은 주로 복음 전파를 위한 능력 부여와 연관되지만, 바울 서신에서 유일하게 기록된 성령 충만은 교회와 개인이 그리스도의 몸(엡 1:23)과 성전(2:21)을 이루어 가며 "그리스도의 장성한 분량이 충만한 데까지" 자라는 영적 성숙(4:13)과 긴밀하게 연결되어 있다(5:18). 바울 서신에서는 성령의 사역이 복음 전파보다는 그리스도의 몸을 자라게 하고(고전 12-14), 그리스도의 형상을 이루는 열매를 맺으며(갈 5:22-23;

고후 3:18), 세상 속에서 빛 된 사명을 감당하는 것(엡 5:9-18)과 밀접하게 연관된다. 사도행전과 바울 서신에 나타나는 이 두 가지 관점을 조화롭게 연결시킬 때 단계적으로 이어지는 교회의 사명이 무엇인지 원만히 이해할 수 있다. 먼저 한 지역에 복음이 광범위하게 확산되고, 이어서 교회가 세상 속에서 빛을 발하는 역할을 통해 구체적으로 하나님 나라를 증거하고 확장하는 동시에, 새로운 세대와 지역을 향한 지속적인 선교가 수반되는 것이 신약성경에 나타나는 "선교의 순환"이다.

선교 2세기 사명에 실패한 한국 교회

한국 교회는 선교 초기 단계에는 활기찬 복음 전파 활동을 통해 영혼을 구원하고 교회를 세우는 데 주력했다. 그러나 선교 2세기에 접어든 지금 한국 교회는 교세 확장에만 급급해 한국 사회 속에 하나님 나라를 누룩과 같이 확산시키지 못하고 세상 속에 빛 된 열매를 맺는 사명에 실패했을 뿐 아니라 사회의 신임을 잃어버려 전도의 문까지 막히는 지경에 이르렀다.

여기에는 하나님이 허락하신 수확물을 잘 관리하고 증진시켜 교회를 성숙시켜야 할 역사적 책무를 망각하고, 자체 교회 확장에 정신이 팔려 대형화 물결에 휩쓸린 우리 책임이 크다. 사람들이 교회로 한창 몰려들던 추수 시기에 거대한 건물을 건축하여 대형 교회를 이루는 데 혈안이 되기보다, 그리스도의 몸으로 성장할 수 있는 적당한 크기의 건강한 교회 운동을 교계에 확산시키는 데 주력했다면 지금 한국 교회 상황은 확연히 달라졌을 것이다. 그러나 우리 교회에 그럴 만한 성경적인 교회관이나 목회 철학이 부재했을 뿐 아니라, 한국 교회의 미래를 내다보고 대비하는 예언자적인 혜안도 없었기에 오늘 한국 교회가 이 지경이 되고 말았다. 사도행전적인 교회와 부흥의 재현을 꿈꾸던 목사들은 순진하지만 무모한 성장의 열정에 사로잡히고, 탐욕스러운 목사들은 자기 왕국을 건설하려는 종교적인 야망으로 가득하여 한국 교회에 성장 제일주의의 거대한 물결을 불러온 것이다.

아직까지도 사태 파악이 안 됐는지 여전히 외적 성장에 목을 매는 무리가 큰 군상을 이루고 있다. 목사들의 관심을 끄는 주제가 기발한 교회 성장 전략과 효과적인 전도 비결이라는 점에서는 전혀 달라진 것이 없다. 이에 부응하여 예외적으로 교회를 급성장시킨 목사들이 교회 성장 세미나나 집회의 단골 강사로 불려 다니며 정체된 목회 때문에 실의에 빠진 이들에게 희망의 노래를 불러 주고 있지만, 대부분 실효성이 없는 헛된 소망과 기대만 안겨 줄 뿐이다.

지금도 교회 성장 사례가 간혹 나타나지만 이는 불신자가 전도되어 오는 경우보다 대부분 수평 이동이거나 대형 교회로 몰리는 경우에 해당한다. 대형 교회로 쏠리는 기현상은 성령의 역사로 인한 부흥이라기보다 '성령도 어찌할 수 없는 문제'일 것이다. 작금에 나타나는 외적 성장은 성령의 역사보다 여러 인간적인 요인에 의해 촉발되며 성령의 감화보다 육적 소욕에 끌려 일어난 현상이 많다. 대형 교회에는 사람들이 사람들을 끄는 여러 요인이 복잡하게 얽혀 있어 군중심리의 기이한 역학 작용을 일으킨다.[9] 좋은 분위기와 시설과 프로그램뿐 아니라 심지어는 목사의 잘 생긴 외모까지 여자 교인들을 끄는 데 한몫할 정도로 수적인 성장을 촉진하는 세속적이고 육적인 요인은 매우 다양하다. 그러므로 외적인 성장을 하나님이 함께하신 증거이며 성령의 역사라고 쉽게 단정하는 것은 단순 무지한 일이다.

모든 인위적인 방법과 지혜를 동원해서도 이룰 수 없는 것, 오직 성령의 능력으로만 가능한 성장이 그리스도를 닮아 가는 성장이다. 이것이 하나님이 원하시는 영적 성숙이며 한국 교회에 절실하게 필요한 성장이다. 이런 성숙의 열매가 없으니 한국 교회가 이 사회에서 빛 된 역할을 못하고 배척당하는 것이다. 이대로 몰락하느냐 아니면 다시 소생하느냐 하는 사활의 기로에 선 한국 교회가 선택해야 할 길은 자명하다. 그리스도의 몸으로서의 성장, 성령의 열매 맺는 성장을 교회가 추구해야 할 새로운 지상 목표로 삼는 패러다임의 전환이 시급하다. 이를 교회를 주관하는 새로운 가치관과 원리와 궁극적인 목표로 삼아야 한다. 지금까지 교회 사역의 모든 부분이 외적 성장이라는 목표에 맞춰 있었다면 이제부터는 새로운 성장을 목표로 교회의 모든 자원을 집중시켜야 한다. 이런 영적 성장은 교인 수가 증가하는 것처럼 금방 가시적으로 나타나지 않기에 이상이나 명분을 두루뭉술하게 제시하여, 목표를 이루기 위한 구체적인 방안을 강구하고 그것을 실현하기 위해 치열한 노력을 기울이지 않을 수도 있다.

하지만 이제는 영적 성장이라는 새로운 목표를 이루기 위해 교인들의 헌신과 자원을 총동원해야 하며, 교회의 모든 조직과 가르침과 사역 방향을 재설정해야 한다. 이전에는 설교가 교회 성장의 도구였다면, 이제는 그리스도의 형상을 이루어 가도록 돕는 촉매제가 되어야 한다. 설교가 외적 성장의 도구가 되었을 때, 말씀은 왜곡되며 복음은 상품화되었다. 그러나 설교가 하나님이 우리를 구원하신 뜻대로 그리스도의 몸과 그 형상을 이루어 가는 성장을 도모하는 방편이 될 때, 성경에 계시된 삼위 하나님의 구속의 경륜을 밝히 드러내는 복음의 진수를 담은 메시지가 된다. 결국 교회가 새로운 성장을 지향할 때 하나님의 말씀이 회복될 것이다.

새로운 성장의 목표는 교회의 메시지와 양육 프로그램뿐 아니라 건물과 규모까지도 재조정하는 데 영향을 미친다. 전에 건물 건축과 수적 성장을 위해 소모되었던 교인들의 에너지와 자원이 이제는 그리스도를 닮아 가며 교회를 성령이 거하시는 영적 성전으로 세워 가는 데 쓰인다. 외적 성장을 지상 목표로 삼을 때는 교회가 커질수록 성공한 듯 보이지만, 그리스도를 닮는 성장을 추구하는 교회는 대형화될수록 그 목표를 이루기 힘들어지니 실패한 격이 된다. 만약 외적 성장이 교회가 추구해야 할 지상 목표라면 교회의 대형화는 축복과 성공의 증거가 되겠지만, 성경적인 성장이 교회가 지향해야 할 목표로 재설정되면, 교회의 대형화는 하나님이 교회를 세우신 목적과 뜻을 이루는 데 심각한 방해와 거침돌이 된다는 사실이 분명해진다.

작은 교회 경험담

큰 교회는 좋고 작은 교회는 나쁘다고 단순 대비해서도 안 되지만 그에 대한 반작용으로 무조건 큰 교회는 나쁘고 작은 교회는 아름답다고 보는 것도 합당하지 않다. 교회가 크나 작으나 성장 제일주의가 작동될 때 항상 문제가 발생한다. 오히려 대형 교회보다 훨씬 더 형편없는 작은 교회들이 지천에 널려 있다. 대형 교회는 왜곡된 목표나마 달성했다는 여유라도 있지만 작은 교회는 외적 성장을 이루지 못한 패배 의식이 고스란히 목사의 메시지와 사역, 그리고 영적 분위기 속에 녹아 있는 경우가 적잖다.

아무리 말씀을 바르게 전하고 열심히 기도해도 교인들이 도무지 늘지 않는 쓸쓸함을 경험하면 규모가 작은 교회 목회자들은 많은 경우 상대적 박탈감을 느낀다. 교인들이 대형 교회로 몰리는 기현상을 보며 작은 교회에서 매주 설교 사역을 하는 나로서는 그분들의 심정을 백분 이해한다. 교회 성장이 정체된 지난 10년 가까운 기간 동안 나도 작은 교회를 섬기면서 대형 교회뿐 아니라 작은 교회의 현실적인 문제와 어려움을 절절하게 체감할 수 있었고, 생존 자체가 힘겨울 정도로 살벌한 목회 현장에서 전전긍긍하는 수많은 작은 교회 목사를 짓누르는 심적인 부담과 좌절과 아픔을 조금이나마 공감할 수 있게 되었다. 그래도 나는 신학교 교수로 있으니 경제적으로 염려할 부분이 없으며 내가 쓴 책을 읽고 교회로 찾아오는 이들이라도 이따금 있으니 그들이 당하는 고충과는 감히 비할 수 없을 것이다.

내가 처음 서울에 있는 작은 교회에서 사역을 시작할 때 교인 수가 장년 30명 정도였다. 젊은 신학도 시절에 많은 교인 앞에서 설교하리라는 비전을 하나님이 거꾸로 응답해 주신 셈이다. 그 당시 나는 그렇게 적은 인원 앞에서 설교하는 것이 탐탁지 않았다. 하나님의 은혜 가운데 설교를 하고 천안에 있는 신학교 사택으로 내려가면서, 대형 교회 목사와 나 자신을 비교하며 비애에 빠지곤 하였다. 어떤 목사는 몇만 명 앞에서 설교하는데 똑같이 설교를 준비해서 나는 고작 그보다 천분의 일도 안 되는 인원 앞에서 설교를 하느냐고 옆에 있는 아내에게 투덜대곤 하였다. 거기다가 내가 그런 목사들보다는 더 설교를 잘 하는데 왜 이렇게 묻혀서 썩고 있을까 하는 독한 교만이 나를 더욱 우울하게 만들었다. 지금 돌아보니 나도 성장주의 가치관에 깊이 매몰되어 있었다. 설교와 가르침의 은사가 있다고 자신했던 나는 교회가 곧 부흥할 것이라고 믿었다. 그러나 기대와는 달리 세월이 지나도 교인 수는 늘지 않았다. 그러자 주위 사람들로부터 왜 박 교수가 목회하는데 교회가 부흥하지 않느냐는 말을 심심찮게 듣게 되었고 그럴 때마다, 자존심이 망가지는 씁쓸함을 맛보았다. 그런 이들의 평가나 내 안에 있는 생각이 모두 성장주의 가치관에 사로잡혀 있기는 마찬가지였다.

10년 가까운 세월은 이런 야망과 교만에서 서서히 자유하는 연단의 기간이었다고나 할까. 다행히 지금은 교인 수에 별로 연연하지 않게 되었다. 교인 수가 전보다는 늘었지만 여전히 적은 인원 앞에서 설교하고 있다. 그래도 이제는 불평 없이 즐거운 마음으로 사역하고 있다. 나에게 일어난 큰 변화다. 내 안에 깊이 뿌리내리고 있던 성장주의 가치관에서 자유해지니 마음이 편해지고 목회가 즐거워졌다. 일종의 '목회 회심'을 체험한 것이다.

만약 교회가 외적으로 성장했다면 이런 회심은 없었을 것이다. 그랬다면 수많은 작은 교회 목사가 겪는 고충과 한국 교회의 척박한 목회 현실을 제대로 이해하지 못한 채, 의기양양해서 이렇게 하면 교회가 성장하는데 왜 못 하느냐고 떠들어대며 과시하고 작은 교회 목사들에게는 자괴감을 안겨 주었을 것이다. 어쨌든 외적 성장에 실패했으니 대형 교회에 대한 나의 비판이 어떤 목사의 말대로 목회에 실패한 이의 자기 합리화 또는 패자의 독한 투기에서 나온 것이라고 해도 별로 할 말이 없다. 아니, 그렇게 본다고 해도 상관없다. 교인 수가 크게 증가하지 않았다고 해서 목회에 실패했다고 결코 생각하지 않는다. 교인들이 한 사람씩 변화되는 모습, 폐인이 될 정도로 망가진 인생이 새로워져 밝은 그리스도인으로 자라가는 모습을 보는 것은 작은 교회 목사가 누리는 큰 기쁨이고 보람이다. 교인들이 친밀하게 연합하여 서로 섬기며 변화되어 가는 열매가 있는 작은 교회 목회를 실패라고 보는 시각은 성공주의 가치관으로 판단할 때만 가능한 일이다.

과거 내 안에도 똑같은 야망과 추구가 있었기에 대형화를 추구하는 목사들을 충분히 이해하며, 그들에 대한 비판은 어떻게 보면 내 안에 도사리고 있던 어두운 부분의 투영이라고 할 수 있다. 내 비판의 일차 대상은 사실 나 자신인 셈이다. 주제넘게 쓴소리를 해 대는 것은 누구를 향해 돌을 던지기보다 우리 모두 함께 우리의 한계와 잘못을 깊이 자성함으로 후진들에게 한국 교회의 나아갈 길을 제시해 주어야 한다는 마음의 부담이 있어서다. 지금에 와서 돌아보니 하나님이 작은 교회의 목회 경험을 통해 최근 들어 말할 수 없이 척박해진 목회 현장을 직접 체험하게 하시고 대형 교회와 작은 교회가 안고 있는 문제들을 고민하며 한국 교회가 지향해야 할 교회의 청사진을 발견하게 하셨다는 확신이 든다.

작은 교회 목사들의 설움과 문제

작은 교회 목사들을 힘들게 하는 것은 경제적인 어려움과 열악한 목회 여건만이 아니다. 아무리 기도하며 애써도 교회가 성장하지 않을 때 밀려오는 자괴감, 거기에 더해 교회를 성장시킨 목사가 하나님의 능력이 함께하는 목사라는 단선적인 가치관이 편만해져 작은 교회 목사는 은연중에 실패자로 취급받는 남모르는 설움을 삭혀야 한다. 새로운 교인이 찾아왔다가도 교인들이 없어 썰렁하면 이 교회와 목사는 뭔가 문제가 있어 교인들이 모이지 않을 것이라고 생각한다. 그러나 그런 식으로 섣불리 판단하는 것은 금물이다. 작은 교회 목사들이 대형 교회 목사들보다 능력이 없어 교회가 수적으로 성장하지 않는다고 생각하면 큰 오산이다. 지금은 목사의 설교와 영성과 인품이 대형 교회 목사들보다 더 뛰어나도 작은 교회로는 잘 안 모이는 영적 쇠퇴기로 급속히 접어들고 있다는 현실을 인식할 필요가 있다.

대부분의 작은 교회 목사들에게 수적 성장은 교회의 존폐가 달린 문제이기에 교회를 키워 보려는 혼신의 노력을 기울인다. 그러나 아무리 애쓰고 노력해도 교인은 늘지 않고 교회는 성장하지 않는 냉혹한 현실의 벽 앞에 그들은 번번이 무너지며 좌절하는 아픔을 맛봐야 한다. 거기에 더하여 생계를 꾸려 가기 힘들 정도의 경제적인 압박까지 겹치면 더 이상 목회를 지탱할 수 없는 절박한 상황에까지 내몰리게 된다. 이루지 못한 비전과 좌절된 꿈에서 비롯된 상실감으로 목사의 신앙은 병들고 인격은 왜곡되기 쉽다.

더 심각한 문제는 오랜 시간이 지나도 사역의 성과가 도무지 나타나지 않으면 그들은 사람을 구원하고 새롭게 하는 복음의 능력과 은혜에 대한 믿음 자체를 잃는다는 점이다. 거듭되는 실패의 경험, 도무지 변화되지 않는 척박한 목회 현실이 그에게 남아 있는 믿음과 소망마저 서서히 앗아 가 버린다. 전의를 상실한 군인처럼 목회 의욕과 열정을 상실했기에, 교회 성장의 새로운 비법이라도 있다고 하면 행여나 하는 마음으로 기웃거리나, 좀더 참신하고 성경적인 목회와 설교를 위해 꾸준히 배우고 자신을 계발하는 데는 더 이상 관심과 노력을 기울이지 않는다.

얼마 전 어떤 지역에서 목회자들을 대상으로 건강한 교회를 세우기 위한 성령론을 강의했다. 그들 대부분 오래도록 성장하지 않는 미자립 교회에서 목회하는 이들이었는데 소수를 제외하고는 강의 내용에 별 관심과 호응이 없었다. 아무리 성경적인 교회 청사진과 목회 가이드를 제시한들, 그들이 처한 상황에서는 도무지 실현될 수 없는 이론이니 공허하게 들렸던 모양이다. 목회가 안 되니 우울증에 빠져 기분 전환이라도 하기 위해 낚시로 소일하는 이들이 많다고 한다.

패배 의식으로 병들어 있는 목회자의 메시지와 사역은 고스란히 교인들에게 전가되어 그들의 영혼마저 피폐하게 한다. 교회 안팎에서 인정받고 대우받지 못하는 패배자의 억눌린 욕구와 분노가 때로는 자기 자신을 탓하는 자격지심으로 나타나는가 하면, 역으로 교인들을 탓하고 다그치는 공격적인 태도로도 표출된다. 대형 교회를 향해 쏟아내는 악감정과 비난에서 상대적인 박탈감에 사로잡힌 패자의 독한 질투가 드러나기도 한다.

설상가상으로 다른 교회에서는 대우받지 못하다가 작은 교회에 와서 주인 행세하려는 교인들과 분쟁을 일삼는 골치 아픈 교인들까지 합세하여 교회 분위기를 흐리면, 작은 교회는 그야말로 작은 지옥을 방불하게 된다. 대형 교회로 몰리는 현상의 원인을 상당 부분 작은 교회들이 제공하고 있는 셈이다. 한국 교회에는 대형 교회뿐 아니라 이렇게 형편없는 작은 교회가 안고 있는 문제들이 맞물려 교회의 빈익빈부익부가 심화되고, 승자와 패자의 양극화가 더 극심해지고 있다.

최악의 또는 최상의 교회가 될 수 있는 작은 교회

헌신적이고 실력 있는 교인들은 죄다 대형 교회로 떠나가고 시원찮은 교인들만 작은 교회에 남아 목회가 더욱 열악하고 힘들어지는 경우가 다반사다. 이렇게 중소 교회의 인적 자원까지 진공청소기처럼 빨아들여 비대해진 대형 교회가 문제라도 일으키면, 그 쓴 열매가 고스란히 작은 교회들에게 다시 돌아와 이중 삼중으로 피해를 입힌다. 대형 교회가 온갖 비리에 휘말려 한국 교회 이미지를 훼손하고 전도의 문을 막히게 함으로써 목회 현실을 더욱 척박하게 만들기 때문이다. 그렇다고 대형 교회들만 마냥 탓하고 있을 수는 없다. 한국 교회의 진짜 문제는 대형 교회가 아니라 대형 교회의 대안이 될 만한 건강한 작은 교회들이 없다는 점이다. 대형화의 악순환의 고리를 끊고 한국 교회의 미래를 열 유일한 희망인 아름다운 작은 교회들이 많이 등장해야 한다.

대형 교회 해체 운동은 대형 교회만이 아니라 작은 교회에서도 일어나야 한다. 작은 교회부터 대형 교회의 정신과 가치관에서 해방되어야 한다. 새로운 성장의 목표가 작은 교회의 목회 원리와 가치관을 주관할 때, 작은 교회는 주님이 원하시는 교회의 본질을 구현하기에 가장 유리하고 적합한 최상의 교회가 될 수 있다. 이러한 목회 비전과 철학은 작은 교회 목사들 안에 도사리고 있는 패배 의식과 상실감을 말끔히 씻어 내고 새로운 자부심과 의욕과 열정을 불러일으킬 것이다.

작은 교회야말로 교인 한 사람 한 사람을 깊은 관심과 사랑으로 돌볼 수 있는 참된 목양의 장이며, 교인들 서로 간에 긴밀하게 교제하고 섬겨 그리스도의 형상을 이루어 가는 성령의 열매가 배양되기에 가장 좋은 텃밭이다. 그런 교제와 섬김이 있는 성령의 공동체에서 그리스도의 몸을 구체적으로 체험하고 자라 갈 수 있는 것이다. 한국 교회는 이제 수적 성장보다 천하보다 귀한 한 사람의 가치에 새롭게 눈뜨고 그 한 사람을 그리스도 안에 온전한 신앙 인격자로 세우는 일에 헌신해야 한다. 복음의 빛을 현저히 가리는 수많은 교인을 양산하는 것보다 그리스도의 아름다움을 반영하는 한 사람을 양육하는 것이 하나님 나라와 그 영광을 증진하는 데 기여하는 일이다.

교인 한 사람 한 사람을 그리스도 안에서 온전케 하며 유기적인 생명체와 같은 그리스도의 몸을 세우는 목회를 하려면 목사 한 명이 돌보는 교인 수는 제한될 수밖에 없다. 그 적정선이 어느 정도인지에 대해서는 학자들마다 견해가 다르고 목사의 역량과 교인들의 성숙도에 따라 다르겠지만, 대략 3백 명 내외로 보는 것이 일반적이다. 물론 그보다 교인 수가 좀더 많아도 건강한 공동체를 이루는 경우가 있는 반면, 그 정도에 훨씬 못 미치는 인원으로도 충분히 자립해 가며 건강하고 아름다운 교회를 이루어 갈 수 있다.

작은 교회 목사들이 세상이 인정해 주는 목회 성공에 대한 미련과 욕심을 내려놓고, 새로운 교회의 가치와 비전에 헌신한다면 얼마든지 행복하고 풍성한 목회를 할 수 있다. 목사들이 양적 성장에 과도하게 집착하고 몰두하면 하나님이 맡기신 교회를 섬기는 즐거움을 잃어버리고 교회 성장의 스트레스와 강박에 쫓겨 목회는 피곤하고 고역스러워진다. 꼭 교회를 크게 부흥시켜 성공했다는 인정을 받아야만 행복할 수 있는 목사는 아직 세상적인 가치관에 휘둘리는 육적인 사람이다. 성령의 사람은 비록 세상의 가치와 기준으로는 실패한 것처럼 보일지라도, 하나님이 맡기신 작은 무리를 돌보며 주님을 섬기는 것으로 만족하고 즐거워하는 사람이다. 이런 목사가 세상이 감당할 수 없고 이해할 수 없는 하늘에 속한 사람이다. 이렇게 영혼의 크기가 하늘만큼 큰 사람이 크기가 작은 교회에서도 행복하게 목회할 수 있다.

참으로 고무적인 일은 한국 교회 젊은 목사들 가운데 이렇게 참신하고 건강한 작은 교회 운동을 펼쳐 가는 이들이 점점 늘고 있다는 사실이다. 얼마 전 이런 운동을 전개하는 한 모임에서는 '내가 꿈꾸는 건강한 작은 교회'라는 주제로 신학생 수련회를 개최하여 목사 후보생들에게 건강한 작은 교회의 가치와 구체적인 비전을 제시하기도 했다.[10] 이는 지금까지 대형 교회 유명한 목사들이 주축이 되어 목회 성공에 대한 허황된 꿈으로 젊은 목사 후보생들을 한껏 부풀게 했던 집회들과는 사뭇 다르다. 아직 실험 단계이긴 하나, 차세대 목회자들에게 진정한 목회가 무엇인지를 진지하게 고민하게 하며 새로운 목회 비전과 열정을 고취시켜 준다는 점에서 참신한 모임이다. 그 외에도 다양한 형태와 차원에서 건강한 작은 교회를 세우는 운동의 새 물결이 일고 있어 한국 교회의 미래에 희망의 빛을 비춰 주고 있다.

대형 교회의 근본 문제

작은 교회에서는 하기 어려운, 대형 교회들만 할 수 있는 일도 있다. 사회봉사와 구제, 선교 사역들을 좀더 큰 규모로 할 수 있고 교인들에게 다양한 교육 프로그램과 서비스를 제공할 수도 있다. 하지만 이런 일들은 사실 교회들이 연합해서 할 일인데, 개교회 성장주의로 치우쳐 못하고 있을 뿐이다. 대형 교회가 큰일을 할 수 있다는 장점보다 훨씬 더 본질적이고 심각한 문제를 안고 있다는 점을 직시할 필요가 있다.

"분립 개척과 우리 교회 우상"이란 글에서 손봉호 교수는 '대형 교회가 왜 나쁜가'를 몇 가지 이유를 들어 설명했다. "목회자와 교인 간, 성도들 상호 간에 친밀한 교제가 어려운 것, 교회 운영이 어쩔 수 없이 기계적이고 관료적이 되는 것, 교인들이 익명적이 되는 것 등은 이미 잘 알려져 있는 약점이다."[11] 손 교수는 그 외에도 간과하기 쉬운 약점들을 주지시켜 주었다. 곧 대부분의 교인이 교회에서 책임 있는 봉사를 하지 못하고 피동적인 교회 생활을 하며 재정적인 헌신도 현저히 저하된다는 점, 교회가 대형화되면서 목사와 교인들이 교만해지며 돈과 명예와 권력에 대한 집착과 유혹이 커져 비리와 부정이 속출될 수 있는 위험이 크다는 점을 지적하였다. 손 교수는 하나님 나라 확장보다 개교회 성장에 치중하는 대형 교회가 '우리 교회 우상'을 세우는 데 크게 일조하였고 "오늘날 한국 교회가 사회의 지탄을 받고 결과적으로 교인과 교회 수가 줄어드는 데 가장 큰 책임을 져야 하는 것은 대형 교회들"[12]이라고도 일침을 가했다. 그는 대형 교회들이 과감하게 분립하는 것만이 한국 교회가 다시 사는 길이라는 고언으로 글을 맺었다.

위에서 지적한 대형 교회의 문제를 다시 정리해 보면, 먼저 교인과 목회자 간, 교인들 상호 간의 소외가 교회와 목회의 본질을 구현하기 힘들게 만든다. 교인들의 이름조차 알지 못하는 교회에서 진정한 의미의 목회를 하기란 거의 불가능하다. 교인들의 영적 상태를 일일이 살피고 그들이 영적으로 성장해 가는 모습을 꼼꼼히 점검하며 지도하고 양육하는 것은 꿈도 꾸지 못한다. 고작 주일 강단에서 설교를 통해 교인들과 접촉하는 것이 거의 전부다. 그러나 인격적인 교류가 결여된 채 전파되는 메시지는 말씀의 씨앗이 발아되는 삶과 교제의 현장에서 유리된 채 말씀이 비인격화되는 일종의 영지주의적인 위험에 노출된다. 선포된 말씀이 전하는 자와 듣는 자들 안에 육화되어 말씀의 열매를 맺고 성령 안에서 인격적으로 교제하고 섬기는 장 또한 현저히 줄어든다.

이렇듯 대형 교회에서는 정상적인 목회가 불가능할 뿐 아니라 교인들 상호 간에 돌아보며 섬기는 교제와 봉사의 장이 극히 제한되어 있기에, 교회의 지상 목표인 그리스도의 형상을 이루어 가는 성장에 심대한 제약이 있을 수밖에 없다. 오히려 대형 교회는 진정한 성화의 길을 가는 제자로서의 삶을 회피하고 안일하고 태만한 신앙생활에 안주하려는 익명의 그리스도인에게 편안한 도피처를 제공해 준다. 즉, 영적으로 성숙하지 못하는 불량 그리스도인을 양산하는 온상이 될 위험성을 안고 있다.

대형 교회는 성화를 어렵게 하는 반면 오히려 세속화는 조장하기 쉬운 취약한 구조를 갖고 있다. 교회가 비대해지면 비인격적인 집단화와 개인주의화가 심화될 뿐 아니라 사역 중심적이고 성취 지향적인 목표와 가치관에 의해 교회가 주관되기 십상이다. 개인은 소외되고 교회 성장이라는 거대 집단의 대의를 이루기 위해 희생되는 도구로 전락하기 쉽다.

교회가 대형화되면 그 구조의 특성상 겨자씨처럼 미미한 존재들을 통해 은밀하게 진행되는 하나님 나라의 원리보다 물량주의와 성장 제일주의의 메커니즘이 작동한다. 그리하여 이 세대의 가치관과 날카롭게 대립하는 종말의 영인 성령보다, 이 세상의 번영과 성공을 부추기는 세상 신이 더 활보하기 좋은 영적 토양이 조성된다. 교회가 성령의 능력으로 산출되는 영적 감화력을 세상에 흘려보내기보다, 거대한 건물과 재정 그리고 수적 위력으로 세상을 압도하려는 패권주의적이고 오만한 구린내를 풍겨 세상의 눈살을 찌푸리게 한다.

그뿐 아니라 대형 교회는 영적으로 교묘하게 위장된 목사와 장로들의 허영심, 즉 종교적인 야망과 권력에 대한 욕망을 부추기며, 대형 교회를 이루는 것이 목회 성공의 척도라는 세속적 가치관으로 교회를 오염시켜 수많은 목사가 그 허욕의 길을 따르도록 강력한 영감을 불어넣는다. 여기서부터 대형 교회의 온갖 비리와 문제가 파생된다.

대형 교회가 안고 있는 약점과 한계를 냉철하게 직시하고 적극적인 대응책을 강구하지 않는 한 대형 교회의 폐단은 반복될 것이다. 성장 제일주의의 메커니즘에 강력하게 저항하는 방어기제를 가동시켜 역공세를 취하지 않는 한, 대형화의 거센 물결에 휘말릴 수밖에 없다.

건강한 작은 교회를 추구하는 시대가 오다

어떤 교회는 목사의 설교가 탁월하고 목회 방법도 참신해서 교인들이 많이 찾아온다. 그래서 금방이라도 대형 교회를 이룰 수 있음에도 몇백 명밖에 모일 수 없는 불편한 상가 건물을 사용하고, 새 신자 외에는 수평 이동하는 교인들을 일체 받지 않는다. 그 지역으로 이사 온 사람들, 다른 교회에서 상처

입고 찾아온 이들까지도 받아 주지 않는다. 오는 사람들을 지나치게 내몬다는 말을 수없이 들으면서도 그 교회는 대형화를 막기 위해 그런 극단의 조치를 취했다. 지금은 빗발치는 요구와 청원에 못 이겨 선별해서 그런 교인들은 받아 준다고 한다. 그 교회 목사는 주위에 작은 교회들이 많이 있는데 사람들이 그 교회로만 몰리는 것을 허용할 수 없다고 했다. 자신의 설교가 다른 목사의 설교보다 나으면 얼마나 더 낫겠으며 자신의 목회가 참신하면 얼마나 더 참신하다고 교인들이 쇼핑하듯 좀더 나은 종교 상품을 찾아 몰려오는지 알 수 없고 그것은 건강한 신앙의 자세라고 보지 않는다는 것이다. 그 교회로부터 벌써 몇 개의 교회가 분립 개척했고 얼마 전에는 그 목사 자신이 개척을 결단하고 사임하였다. 이런 목사들이 점점 많아지는 것이 한국 교회의 희망이다.

이제는 대형 교회도 작은 교회와 같이 외적 성장 대신 영적 성장을 지상 목표로 삼는 목회 패러다임의 전환이 이루어져야 한다. 지금까지는 큰 교회가 작은 교회들이 지향했던 목회의 이상이며 비전이었다면, 이제부터는 거꾸로 건강한 작은 교회가 큰 교회들이 추구하는 이상적인 교회상이 되어야 한다. 사실 대형 교회에서 그런 이상이 실현되는 것은 힘들다. 그럴지라도, 최근 이찬수 목사를 비롯해서 몇몇 큰 교회 목사들이 시도하려고 애쓰는 것처럼, 무한 대형화를 거부하고 교회를 축소해 가며 주위에 작고 건강한 교회들이 세워지고 자립하는 데 적극적으로 지원하는 역할은 얼마든지 할 수 있을 것이다. 그렇게라도 아름답고 이상적인 작은 교회들이 이 땅에 확산되어 가는 데 조력한다면, 대형 교회는 과도기적인 상황 속에서 독특한 의미와 사명을 되찾을 수 있을 것이다.

대형 교회로 쏠리는 현상이 비록 비정상적인 일이지만 전도가 안 되는 상황에서 대형 교회들이 작은 교회 몫까지 대신해서 전도의 장 역할을 한다고도 봐 줄 수 있을 것이다. 그렇다면 대형 교회들이 모여드는 이들을 잘 양육하고 계몽해서 건강한 작은 교회를 섬길 수 있는 이들로 다시 파송해야 한다. 지금은 열 개의 교회가 개척하면 하나도 살아남지 못할 정도로 목회 현실이 삭막하고 척박하기 그지없다. 이젠 맨땅에 헤딩하는 식의 개척은 통하지 않는 시대다. 아마 옥한흠 목사가 다시 개척을 해도 실패할지 모른다. 큰 교회로부터의 분립 개척만이 건강한 작은 교회들이 탄생할 수 있는 비결이다. 이렇게 대형 교회들이 건강한 교회들을 탄생시키는 모체로서 역할을 한다면 자생적 한계와 문제를 최소화하고 한국 교회 갱신에 조금이라도 기여할 수 있을 것이다.

하지만 이런 시대 사명을 망각하고 교회의 부흥만을 즐기며 자축하면 대형 교회는 우리 몸에서 주위의 모든 세포를 죽이는 암세포와 같이, 작은 동물들을 멸종시켜 생태계를 파괴하는 거대한 공룡같이, 그렇지 않아도 척박한 목회 생태계를 완전히 와해시키는 악의 축이 될 것이다. 지금부터라도 대형 교회는 자체 교회의 영광을 위한 업적 이루기 식의 봉사와 사역을 내려놓고 작은 교회들에 재정과 인적 자원을 아낌없이 투입해야 한다. 그것이 작은 교회뿐 아니라 쇠퇴해 가는 한국 교회 전체를 살리는 길이다. 전에는 큰 교회와 작은 교회의 문제들이 맞물려 양극화와 대형화의 악순환을 고착화했다면, 이제는 작은 교회들과 큰 교회들이 주 안에서 서로 연합하여 상생 작용을 일으켜 작고 아름다운 교회의 이상을 향해 비상해야 한다.

토론을 위한 질문

1. 교회가 그리스도의 몸이란 사실에 역행하는 모습들이 한국 교회에 어떻게 나타나며, 개인의 교회 생활에서는 어떤 식으로 드러나는가?
2. 성전 건축이라는 명분으로 거액을 들여 교회 건물을 건축하는 것이 왜 적그리스도적인 행위인가?
3. 어떻게 한국 교회가 성령 충만을 회복할 수 있을지, 성경적인 근거를 나눠 보자.
4. 한국 교회가 회개치 않을 경우 하나님이 교회를 회복하시는 방법은 무엇인가?
5. 교회 성장이 반드시 교인 수의 증가로 나타난다는 생각은 성경적인가?
6. 한국 교회가 선교 2세기를 맞이하여 실패한 사명은 무엇인가?
7. 하나님이 원하시는 교회 성장은 어떤 것인가?
8. 어떻게 작은 교회가 최악의 교회가 될 수 있는 반면 최상의 교회도 될 수 있는가?
9. 현실적으로 대형 교회가 담당해야 할 역할은 무엇인가?
10. 한국 교회가 지향해야 할 가장 이상적인 교회상은 무엇인가?

3
교회의
새로운 청사진

그리스도의 말씀과 성령이 충만한 교회

한국 교회가 다시 건설해야 할 그리스도의 몸이자 성령의 충만한 성전으로서의 교회의 모습은 어떠해야 하며 어떻게 그런 교회를 세워 갈 수 있는가. 부활하신 그리스도가 성령을 통하여 충만히 거하고 주관하시며 그 영광과 능력을 나타내시는 교회로 거듭나기 위해 우리가 할 일은 무엇인가. 먼저 우리 교회에 새 언약의 복음, 즉 바른 말씀의 선포가 회복되어야 한다. 성령은 새 언약의 영이며, 항상 새 언약의 복음을 통해 역사하신다. 성령의 가장 중요한 사역은, 그리스도 안에 성취된 새 언약을 증거하고 그 언약의 구체적인 실현으로 교회에 하나님의 임재와 영광이 충만하게 하는 것이다.

그러므로 복음이 전파되는 곳에 교회가 있고 거기에 성령이 거한다는 종교개혁자 칼뱅의 말은 틀림이 없다. 성령과 말씀은 연합되어 있다. 교회 안에서 성령은 말씀하는 인격으로 임재하고 역사하신다. 그래서 성령으로 충만함을 받으라(엡 5:18-21)는 말씀과 그리스도의 말씀이 너희 가운데 풍성히 거한다(골 3:16-17)는 말씀은 평행을 이룬다. 교회 안에 성령이 충만히 거하는 일차 증거는 그리스도의 말씀이 풍성히 거하는 것이다. 그러므로 성령 충만은 신비 충만이나 감정 충만이 아니라 말씀 충만이다. 성령 충만한 성전으로서의 교회의 재건은 말씀의 회복에서 시작된다. 우리 교회에 그리스도의 말씀이 올바르게 전파되어 풍성히 거할 때 성령의 영광이 다시 충만해질 것이다.

말을 통해 그 속에 숨어 있던 영혼이 그 정체를 드러내듯, 그리스도의 말씀을 통해 성령도 그의 얼굴을 나타내신다. 성령은 자신의 얼굴에 나타나는 영광을 베일로 가리고 그 얼굴에서 예수 그리스도의 아름다움과 영광이 드러나게 하신다. 바울이 말했듯, 복음을 통해 "어두운 데에 빛이 비치라 말씀하셨던 그 하나님께서 예수 그리스도의 얼굴에 있는 하나님의 영광을 아는 빛을 우리 마음에 비추"시는 것이다(고후 4:6). 성령은 우리 마음에 복음의 빛을 비추어 예수 그리스도의 아름다운 얼굴을 보게 하시고 그 얼굴에서 반영되는 하나님의 탁월한 영광을 주목하게 하신다.

그러므로 바른 설교는 말씀과 성령의 조명을 통하여 성도들의 마음에 그리스도의 아름다운 얼굴을 보여 주는 것이다. 교인들이 말씀을 통해 그리스도의 얼굴을 계속 주시할 때 거기서 그들을 그리스도의 형상으로 변형시키는 놀라운 능력이 발산된다. 그래서 바울 사도는 복음의 말씀과 성령의 조명을 통해 주의 영광을 보는 것이 그리스도의 형상으로 화하는 비결이라고 말했다. "우리가 다 수건을 벗은 얼굴로 거울을 보는 것 같이 주의 영광을 보매 그와 같은 형상으로 변화하여 영광에서 영광에 이르니 곧 주의 영으로 말미암음이니라"(고후 3:18).

교회에서 전파되는 메시지에 따라 교인들과 공동체는 그 설교가 형상화하는 모습으로 점차 변해 간다. 자본주의 제국의 영광이 투사된 기복 신앙과 성공 신화적 메시지가 전파되면 교회는 그리스도가 아니라 세상을 닮은 집단으로 변하고 교인들의 마음에는 그리스도의 아름다운 이미지와 대조되는 세속에 찌든 형상이 새겨진다. 그런 설교를 통해서는 성령이 아니라 세상 신이 은밀히 교인들의 마음과 생각을 세속 풍조의 틀 속에 잡아넣어 세상의 모형으로 찍혀 나오게 한다. 교회와 교인들이 세속화되는 일차 원인은 교회에서 그리스도의 영광을 증거하는 복음이 성령의 조명을 통해 전파되지 않는 데 있다. 한국 교회에 하나님의 영광이 떠난 까닭은 강단에서 그 영광을 드러내는 말씀이 사라졌기 때문이다. 이는 설교와 삶을 통해 전인적으로 그리스도의 영광을 증거해야 할 목사들이 영적으로 어두워져 그리스도의 탁월한 영광을 보지 못하고 세상의 성공이라는 제국의 영광에 도취되어 그것을 얻기 위해 설교를 도구화하고 있기 때문이다. 성공에 대한 야망에 사로잡혀 그리스도의 영광에 눈먼 설교자들 때문에 복음은 심각하게 왜곡되고 변질된다.

한국 교회가 새로워지려면 그리스도의 영광을 밝히 드러내는 설교자들이 등장해야 한다. 그리스도의 탁월한 영광에 비해 세상의 모든 영광을 배설물로 여길 정도로 그 영광에 도취되어 그것을 최고의 가치로 추구하는 설교 사역을 통해 그리스도 영광의 복음의 광채가 다시 밝히 비출 때 교회는 그리스도의 형상으로 새로워질 것이다. 현대사회와 교회 안에 범람하는 자본주의 제국의 신화와 이미지로 우리를 세뇌하는 마력을 깨뜨리는 유일한 무기는 그리스도의 영광의 복음이다. 교회는 세상에서 홍수처럼 밀려오는 성공 신화와 우상숭배적인 제국의 이미지를 압도할 만큼 그리스도의 말씀과 성령으로 충만하여 그리스도의 형상으로 빚어져 가는 말씀 공동체가 되어야 한다. 한국 교회가 성령으로 충만한 성전으로 새로워지기 위해 강단의 회복이 중요하다는 인식에서 2장을 할애하여 6장과 7장에서 한국 교회의 설교를 다루었다.

새 언약의 떡과 성령의 등잔

앞 장에서도 언급했듯 바울 사도가 에베소서에서 교회의 청사진을 제시할 때 하나님의 영광이 충만한 구약 성전 이미지가 그 밑그림을 형성했다고 볼 수 있다. 우리도 새로운 성전인 교회의 설계도를 작성하는 데 구약 성전의 모형을 염두에 둘 필요가 있다. 구약의 성막과 성전의 성구들이 갖는 상징적인 의미를 오늘의 교회에 적용해 볼 수 있다. 구약 성막의 지성소에 3가지

성구가 있었듯 성소에도 3개의 성구가 놓여 있었는데, 그것이 바로 진설병 상과 등잔(므노라)과 분향단이다. 하나님은 성소의 등잔불이 꺼지지 않게 하라고 하셨다(레 24:1-2). 출애굽기 25장과 37장에 기록된 대로, 이 등잔은 순금으로 만든 일곱 촛대로 되어 있는데, 살구꽃 형상의 잔과 꽃받침과 꽃의 형태를 띠고 있는 일종의 나무 모양이었다. 그런 등잔 위에 불이 피워져 있는 형상은 성령의 조명하심을 상징한다고 볼 수 있다. 이 등잔은 어두운 성소 내부를 밝히는 기능을 했는데, 특별히 바로 맞은편에 놓인 진설병 상을 계속 비추게 했기에 제사장들이 없는 밤에도 등불을 밝히게 했던 것이다.

진설병은 누룩 없는 고운 밀가루로 만든 떡으로 호떡처럼 납작하게 생겼는데, 그런 떡을 모두 12개 만들어 6개씩 두 줄로 상 위에 올려놓았다. 진설병은 안식일 전날 구워서 안식일에 진설하고 일주일이 지나면 새로운 떡으로 교체했다. 그런데 이 떡은 이스라엘 자손을 위한 영원한 언약이라고 했다 (레 24:9). 무슨 뜻인가. 12개의 떡은 이스라엘 12지파를 상징한다. 이 떡 상은 이스라엘 온 백성이 하나님의 임재 앞에서 하나님과 교제하며 잔치하는 것을 상징한다고 볼 수 있다. 주님이 이스라엘 12지파에 상응하는 12제자를 택하신 것은 그들을 통해 옛 언약 백성인 이스라엘과 대비되는 새로운 언약 백성을 부르시기 위함이었다. 진설병은 오늘날 우리 그리스도인들이 새로운 언약 백성으로서 새 성전인 교회에서 주님과 더불어 먹고 마시는 천국 잔치를 뜻한다고 볼 수 있다. 더 나아가 천국에서 하나님의 모든 언약 백성이 주님과 함께 새 포도주를 마시며 누릴 어린양의 잔치를 대망하는 것이다.

과거 성소 안에 등잔불이 꺼지지 않아야 했듯, 새로운 성전인 교회에 성령의 등잔불이 꺼지지 않게 해야 한다. 그래서 성령을 소멸하지 말라, 성령을 근심하게 하지 말라고 하신 것이다(엡 4:30). 성소에 등잔불이 꺼지면 제사장들이 어두워서 하나님께 바로 제사를 지내지 못하는 실수를 범해 하나님께 죽임을 당할 수 있었다. 교회에 성령의 등불이 꺼지면 우리는 영적인 대혼란과 어두움에 휩싸여 파멸의 벼랑 끝으로 몰리게 된다. 성소의 등잔불이 항상 하나님의 영원한 언약을 상징하는 진설병을 밝혀 주어야 했듯, 새로운 성전인 교회에서 성령의 등불이 항상 그리스도의 피로 맺으신 하나님의 영원한 언약을 조명해 주어야 한다. 과거 성전에 등잔불이 꺼지지 않게 하는 책임이 제사장들에게 있었듯 교회에 성령의 충만한 임재가 소멸되지 않게 할 책임이 새로운 제사장들인 목사들과 교인들에게 있다.

신약 교회에서는 목사뿐 아니라 모든 교인이 왕 같은 제사장이다. 먼저 목사부터라도 제사장 역할을 잘 감당해야 한다. 제사장이 등잔을 관리하고 기름을 항상 준비하여 등잔불이 끊이지 않게 했듯 목사는 항상 성령의 음성과 인도하심에 민감하며 등불이 꺼지지 않게 해야 한다. 제사장이 매주 진설병 떡을 만들어 상에 진설해야 하듯, 목사가 언약의 말씀으로 빚은 생명의 양식을 매주 정성껏 준비하여 잔칫상에 올려놓아야 한다. 성경 말씀을 구속사의 맥락에서 잘 해석하여 어떻게 새 언약이 그리스도 안에서 성취되는지, 그 은혜의 풍성함이 무엇인지를 밝히 드러내는 말씀을 전해야 한다. 성소에서 등잔불이 언약을 상징하는 진설병을 비추듯, 새 언약의 복음을 전하는 설교에 성령의 조명이 함께해야 한다.

같은 제사장인 모든 교인 또한 새로운 성전인 교회에 성령의 등불이 꺼지지 않게 하며 매주 생명의 양식을 잘 준비해야 할 공동의 책임이 있다. 교인들은 성령을 거스르거나 소멸시키지 말고 온전히 말씀에 순종하는 삶을 살아야 한다. 말씀을 듣기만 하고 행하지 않아 자기를 속이는 자들이 돼서는 안 된다. 교인 한 사람이 육신의 소욕을 따라 살면 그를 통해 성령의 흐름이 차단되기에 교회 전체가 진통을 겪으며 영적인 피폐함을 입게 된다.

제사장이 매주 진설병 떡을 만들듯 모든 교인이 교회에 천국 잔칫상을 차릴 책임이 있다. 추수감사절이나 부활절 주일에 음식을 분담해서 준비해 오듯, 각자 담당해야 할 몫이 있는 것이다. 천국 잔칫상을 차리는 데 교인들의 역할이 크다. 먼저 교인들의 간절한 기도와 사모함이 필요하다. 잔칫상에 온갖 산해진미가 차려져 있어도 식욕이 없으면 아무 소용이 없다. 천국 잔치를 누리는 데 양식만큼 중요한 반찬이 식욕이다. 왕성한 식욕이 양식을 끌어당기듯, 말씀에 대한 사모함, 즉 영적인 식욕이 하늘 양식이 임하게 하는 결정적인 요인이다. 그런 사모함이 있는 이들이 간절히 기도하는 교회에 부요한 말씀의 은혜가 임한다. 하나님이 어떤 사람에게 영적인 양식을 주시려 할 때 먼저 왕성한 식욕을 주신다. 그러므로 영적인 배고픔과 목마름이 있는 곳에 풍성한 양식은 어김없이 임한다. 하늘 양식은 영적인 식욕이 없는 곳에는 주어지지 않으며 천국 잔칫상은 차려지지 않는다.

모든 교인은 또한 말씀을 듣는 청중의 역할만 하는 것이 아니라 서로 말씀을 나누고 가르치는 제사장의 임무에 충실해야 한다. 그래서 바울 사도는 "그리스도의 말씀이 너희 속에 풍성히 거하여 모든 지혜로 피차 가르치며 권면"하라고 했다(골 3:16). 내가 섬기는 교회에서는 교인들이 주일 오후에 소그룹으로 모여 말씀을 듣고 깨달은 바를 나누며 삶에 적용하기 위해 서로 격려하고 가르치며 기도하는 시간을 갖는다. 대개 설교를 듣고 곧 잊어버리고 마는데, 이런 나눔을 통해 말씀을 마음에 되새기게 되며, 미처 생각하거나 이해하지 못했던 것들을 서로를 통해 깨닫게 되니, 말씀을 통해 받는 은혜가 더 풍성해진다.

기도하는 집으로서의 교회

강단의 회복과 더불어 성령의 영광이 가득한 성전으로서의 교회를 세우기 위해 기도의 분향단을 재건하는 일이 시급하다. 구약에 진설병 상과 등잔 외에 성소에 비치된 또 하나의 성구는 분향단이었다. 분향단은 지성소와 성소를 나누는 커튼 바로 앞에 위치했는데, 성소의 등잔불과 마찬가지로 분향도 끊이지 않게 해야 했다. 이 분향은 성도의 기도를 의미한다고 볼 수 있다. 시편 기자는 "나의 기도가 주의 앞에 분향함과 같이 되며 나의 손 드는 것이 저녁 제사같이 되게 하소서"라고 기도했다(시 141:2). 또 요한계시록에서 어린 양 앞에 엎드린 24장로들이 향이 가득한 금 대접을 가졌는데, 그 향은 다름 아닌 성도의 기도들이라고 했다(계 5:8). 주님도 성전을 기도하는 집이라고 하셨다. 교회를 새로운 성전으로 묘사한 에베소서에서 바울 사도는 무시로 성령 안에서 기도하라고 했다(엡 6:18). 새로운 성전으로서 기도하는 집의 역할을 하기 위해 신약 교회와 성도들은 쉬지 말고 기도해야 한다는 것이 바울의 일관된 가르침이다(살전 5:17). 구약 성막과 성전에서 향이 끊임없이 위로 피어 올라가고 하나님의 임재를 상징하는 구름이 아래로 내려오는 이미지는 새로운 성전인 교회에 기도의 향이 아래서부터 계속 올라가고 말씀과 성령의 임재가 위로부터 임하는 형상과 절묘하게 매치된다. 그리스도와 성령이 충만한 교회는 말씀이 풍성히 거할 뿐 아니라 기도의 향이 가득하다.

기도의 향이 올라가지 않으면 하나님의 말씀과 하늘의 은혜와 평강이 내리지 않는다. 기도가 없으면 말씀 사역의 효력도 없다. 그래서 복음을 땅끝까지 전파하는 긴급한 사명을 위임받은 제자들이 가장 힘쓴 것이 기도였다. 사도들은 "우리는 오로지 기도하는 일과 말씀 사역에 힘쓰리라"고 했다(행

6:4). 그들은 말씀 사역마저 기도 없이는 효력이 없음을 절감했던 것이다. 이 사도들의 전통을 따라 새로운 성전인 교회를 세우는 두 기둥은 말씀과 기도다. 교회는 회복의 길이 막막해 보일 때일수록 다시 기본으로 돌아가야 한다. 기본에 충실한 사역을 제대로 하지 못해서 문제가 생기는 것인데 엉뚱한 데서 정체된 목회의 돌파구를 찾으려 하니 회복의 길은 더욱 요원하기만 하다.

새로운 성전인 교회는 하늘의 뜻을 이 땅에 집행하는 하늘 총독부다. 십자가에서 고난받으시고 부활하사 하늘과 땅의 모든 권세를 가지신 주님이 교회에 임재하여 이 땅을 다스리며 하늘의 뜻을 이 땅에 집행하신다. 기도의 채널을 통해 십자가의 고난으로 성취하신 새 언약의 모든 은총을 교회와 세상에 전달하여 그 구속의 목적을 이루어 가신다. 우리의 기도는 삼위 하나님의 구원의 뜻과 경륜을 교회와 세상 가운데 실현하는 방편이다.

그러므로 기도는 인간의 소원 성취가 아니라 삼위 하나님의 소원 성취다. 성령은 하나님의 소원을 우리 마음속에 전달하여 그것이 우리의 소원과 갈망이 되게 하신다. 우리는 우리의 소원이 된 하나님의 소원을 간절한 기도로 다시 하나님께 반납함으로 하늘과 땅의 뜻이 온전히 하나가 되게 한다. 하나님은 그 기도에 응답하심으로 하늘의 뜻이 이 땅에 그리고 우리 가운데 성취되게 하신다. 기도는 성령을 통하여 하나님의 소원이 우리에게 내려왔다가 다시 하나님께 되돌아가며 우리와 하나님이 함께 어우러져 돌아가는 순환 운동과도 같다. 거기서 우리는 삼위 하나님과 뜻이 하나가 되는 깊은 연합과 교제를 누리게 된다.

성령 안에서 무시로 드리는 기도를 통해 교회를 그리스도의 장성한 분량의 충만한 데까지 이르게 하시려는 삼위 하나님의 구원의 경륜과 뜻이 성취된다. 곧 그리스도를 닮은 성장이 이루어진다. 그러므로 기도는 각각의 그리스도인과 교회가 그리스도의 형상을 이루는 성화의 강력한 방편이다. 한국 교회의 문제는 예수를 믿어도 그들의 삶이 변하지 않는다는 점이다. 앞으로 한국 교회는 이 문제와 씨름해야 하고 이 병폐를 극복하지 못하는 한 희망은 없다. 예수를 믿어도 삶이 변하지 않고 교회가 세상을 닮아가는 이유는 올바른 말씀과 기도가 사라졌기 때문이다. 교회에서 그리스도의 영광을 밝히 제시하는 복음이 전파되지 않고 오히려 값싼 은혜의 복음으로 얄팍하게 포장된 자본주의 제국의 영광과 가치관을 암시하는 메시지를 교인들의 마음에 심어 주니 그들이 세상의 영광과 풍요를 계속 바라보고 사모하며 추구함으로 결국 그 바라보는 세상의 모형으로 점차 변화된다. 복음의 왜곡이 기도의 변질로 이어진 것이다.

교회가 건강하게 성장하기 위해서는 바른 말씀과 기도가 긴밀하게 결합되어야 한다. 삼위 하나님의 구원의 목적과 뜻을 밝히 드러내는 말씀을 통해 교인들 안에 그 뜻을 구하는 기도의 불길이 촉발되어야 한다. 말씀을 통해 그리스도의 영광의 광채가 교인들의 마음에 비쳐 그들의 영혼이 그리스도의 아름다운 형상을 앙망하고 사모하는 기도의 자리로 나아가게 해야 한다. 교인들이 설교를 통하여 무엇을 보느냐에 따라 그 바라보는 형상으로 점차 변화되듯 기도도 마찬가지다. 기도 속에서 그들 마음에 심겨진 그리스도의 영광의 말씀을 바라봄으로 그와 같은 형상으로 변화되는 것이다. 이런 기도가 회복되기 위해서 교회에 그리스도의 말씀이 더욱 풍성히 거하여 그리스도의 탁월한 영광과 아름다우심이 밝히 증거되어야 한다.

잘못된 기도는 교인들을 성화되게 하기보다 세속화되게 한다. 성령으로 충만해야만 열렬히 기도하는 것이 아니라 세상 욕심이 충만해도 기도에 열심일 수 있다. 기복 신앙을 가진 이들이 세상에서 잘되고 형통하고 복받기 위해 얼마나 간절히 기도하는가. 이런 기도가 그들을 더 탐욕스러운 신앙인들이 되게 한다. 처음부터 순수한 기도를 드리는 사람은 많지 않을 것이다. 순수하지 못한 기도는 기도로만 순수해질 수 있다는 말이 있듯 세속적인 것을 구하다가도 점차 기도의 내용과 추구하는 바가 변화되기도 한다. 그러나 기복적인 기도가 굳어지면 평생 그런 기도에서 탈피하지 못하는 경우가 다반사다. 한국 교회가 세속화된 이유는 말씀과 함께 기도까지도 세상의 욕심을 채우는 도구로 전락해 버린 데 있다. 기도가 성화의 강력한 방편이 되어야 하는데, 세상 욕심을 채우려는 저열한 동인에서 유발되는 세속화의 첨병 노릇을 한 것이다. 기도가 삼위 하나님의 뜻을 이루는 것이 아니라 세상의 번영과 교회 성장을 이루기 위한 방편으로 동원되었다. 교회가 그리스도 안에서 만물을 새롭게 하는 삼위 하나님의 위대한 구원의 목적과 뜻을 이루는 기도하는 집으로서의 새로운 성전 역할을 못하고 있는 것이다.

성령의 소원과 거룩한 갈망이 가득해야 할 성령의 전인 교회에 성령을 대적하는 육신의 욕망과 자본주의 시장의 가치관이 가득할 때 교회는 기도하는 집이 아니라 장사치의 소굴이 되고 만다. 오늘 한국 교회가 하나님의 기쁘신 뜻을 이루어 드리려는 간절한 소원보다는 신앙의 명분으로 포장된 종교적인 장사꾼들의 탐심이 가득하니 기도하는 집을 강도의 소굴로 만들었다는 주님의 혹독한 책망을 면키 힘들 것이다. 기도하는 성전을 세상 탐심이 가득한 사기꾼들의 소굴로 더럽힐 때 그 성전을 멸하신다는 주님의 엄중한 경고를 한국 교회는 잊지 말아야 한다. 한국 교회는 과거 주님이 성전을 정화했듯 새로운 성전인 교회와 개인 신자 안에 가득한 시장의 가치관, 장사치들의 속셈과 욕심을 모두 몰아내고 성령의 거룩한 소원을 따라 간절히 기도하는 집으로 거듭나야 한다.

바보들의 행진

 더불어 한국 교회는 새로운 기도의 집인 신약 교회에 주어진 기도의 특권과 본질에 새롭게 눈떠야 한다. 성령 안에서 예수의 이름으로 아바 아버지께 기도하는 것은 구약 성도들에게 미처 허락되지 않았던 것이며 새로운 성전인 신약 교회에만 부여된 영광스러운 특권이다. 기도는 그리스도 안에서 성취된 삼위 하나님의 구원 사역의 효력을 온 세상에 전달하여 만유를 그리스도 안에 통합하는 하나님의 새 창조에 동참하는 행위다. 하나님은 자유하시지만 마치 우리 기도에 매이신 것처럼 우리 기도를 통해서 당신의 뜻을 이루기로 작정하셨다. 당신의 뜻을 이 땅 위에 이루어 가는 데 우리의 기도를 필요로 하신다. 하나님이 이같이 일하는 방식을 스스로 선택하신 이유는 우리를 하나님과 함께 일하는 동역자로 존귀하게 여기시기 때문이다. 그만큼 우리 기도에 놀라운 권한을 부여하셨다.

 교회는 세상이 할 수 없는 일을 기도로 하라고 세상에 보내심을 받았다. 첨단 과학기술 문명과 막강한 군사력과 경제력을 총동원해도 전혀 해결할 수 없는 문제, 인간을 죄와 사탄의 속박에서 자유하게 하는 일을 교회는 오직 기도로 감당할 수 있다. 기도가 사람들을 사로잡고 있는 죄와 마귀의 세력을 몰아내고 하나님의 통치가 임하게 하는 데 결정적인 역할을 한다. 변화산 밑에서 귀신을 쫓아내는 데 실패한 제자들을 향하여 "기도 외에 다른 것으로는 이런 종류가 나갈 수 없느니라"(막 9:29)고 하신 주님의 말씀은 사람들을 사로잡고 있는 귀신의 세력이 오직 기도로만 물러가고 하나님의 나라가 임한다는 중요한 의미를 내포하고 있다. 교회는 이 땅의 가장 긴급한 문제, 즉 죄와 사망의 결박에 매인 자들을 해방하며 이 땅에 하나님의 통치가 임하게 하는 일을 오직 기도로만 감당할 수 있다.

　세상적인 관점에서 보면, 가장 미미하고 비효율적이며 바보짓같이 보이는 기도가 하나님의 지극히 큰 능력이 나타나는 채널이다. 기도하기에는 육신적으로 너무 강하고 지혜로운 이들이 많다. 기도는 자신의 처절한 무력함을 절감하는 약골들, 인간적으로 약간 바보스러워 보이는 이들만이 할 수 있다. 이런 기도가 세상 사람들에게는 마치 바보들의 행진처럼 보일 것이다. 그러나 이렇게 쓸모없고 무가치해 보이는 행위를 통해 이 세상에서 가장 위대한 일, 새 창조의 역사가 진행된다. 기도는 삼위 하나님의 구원의 뜻과 목적을 성취하는 능력이 오직 하나님께만 있으며 그렇기에 모든 영광과 찬양을 하나님께만 드려야 한다는 사실을 가장 극명하게 드러내는 행위다.

　그러므로 큰 교회만이 꼭 큰일을 할 수 있다는 생각은 다분히 인간적이다. 대형 교회는 엄청난 물량적인 힘 때문에 작은 교회가 할 수 없는 거창한 일을 할 수 있는 동시에, 바로 그 장점 때문에 하나님의 능력으로만 할 수 있는 더 중대한 일을 하기 힘든 단점을 안고 있다. 막강한 조직과 재정의 위력 때문에 가능한 큰일은 그것을 성취하는 능력이 오직 하나님께로부터 온 것이라고 보기가 어렵게 만든다. 그래서 모든 영광이 하나님께만 돌아가지 않는다. 오히려 대형 교회의 거대한 파워와 목사에게 영광이 돌아가기 쉽다.

　하나님은 자신의 능력과 영광만이 드러나기에 충분히 연약하고 작은 교회와 무리를 통해 일하기를 기뻐하신다. 기도 외에는 소망이 없는 처절하게 약하고 미미한 무리를 택하신다. 세상을 향한 하나님의 강력은 바로 그런 무리의 기도를 통해서 흘러나온다. 하나님은 기도로밖에 지탱할 수 없는 소자들, 작은 무리를 통해 일하신다. 그러므로 작은 교회는 오히려 큰 교회가 하기 힘든 일, 진정으로 교회가 해야 할 일을 할 수 있다. 초대교회는 대부분

30-40명 미만의 작은 모임이었으나 하나님은 이런 작은 무리를 통해 막강한 제국을 변화시켰다. 한국 교회가 막대한 자원과 힘을 가졌음에도 이 세상을 변혁시키는 힘을 전혀 발휘하지 못하는 까닭은 기도의 권능을 잃었기 때문이다. 하나님이 새로운 성전인 교회에 부여하신 기도의 놀라운 특권과 능력을 알지 못하고 기도의 집으로서의 역할, 세상을 기도로 새롭게 하는 교회의 영광스러운 사명을 수행하지 못하고 있기 때문이다. 앞으로 한국 교회는 외형적으로는 작고 초라해도 하나님만을 절대적으로 의존하는 약함의 영성이 탁월한 교회로 거듭나야 한다. 이렇게 기도 외에는 도움이 없는 연약한 무리가 세상을 변혁시키는 하나님의 전능한 오른손을 움직이는 위대한 교회, 세상이 도무지 감당치 못할 교회다.

기도만이 교회가 세상을 이기며 세상을 지배하고 있는 모든 악한 영과 어두움의 권세를 제압하고 하나님 나라가 능력으로 임하게 하는 방편이다. 바울 사도는 악한 영들과의 영적 싸움에 대비하여 전신갑주를 입으라고 권면하면서 마지막으로 항상 성령 안에서 기도하라고 했다(엡 6:14-18). 기도는 그 앞에 열거한 방어용 장비와 공격용 무기(진리의 허리띠, 의의 호심경, 믿음의 방패, 구원의 투구, 성령의 검)와 같은 또 하나의 무기나 장비가 아니라 그 모든 것이 제대로 작동하게 하는 근원이다. 완벽한 전신갑주를 입고 모든 악의 세력을 무찌를 수 있는 신비한 명검인 말씀의 검을 가졌을지라도 기도가 없으면 그것은 무용지물일 뿐이다. 이같이 영적 싸움에서 기도는 결정적인 역할을 한다. 온 교우가 기도의 네트워크로 긴밀하게 결속되어 있을 때 교회는 세상을 지배하는 거대한 악의 세력과의 영적 싸움에서 넉넉히 승리하는 공동체로 우뚝 서 세상을 그리스도의 통치 아래 복속시키는 복음의 사명을 온전히 수행할 수 있게 된다.

이런 면에서 작은 교회들이 가진 탁월한 장점은 온 교인이 서로를 위한 기도로 단단히 결속되어 세상과 악의 영들과의 싸움에서 큰 교회보다 더 막강한 세력이 될 수 있다는 점이다. 내가 섬기고 있는 교회에서는 모든 교인이 서로를 일일이 기억하며 기도하는 훈련을 해 가고 있다. 그렇게 온 교인이 다 함께 서로를 위해 기도할 때 수많은 기도의 회로가 교차하여 치밀한 영적인 네트워크를 형성하며, 성도들의 기도가 성령이 다양하게 역사하고 운행하는 복합적인 채널과 같은 역할을 한다. 이런 긴밀한 기도의 교제와 연합 속에서 교회는 그리스도의 몸을 구현해 가며 기도의 분향이 끊이지 않는 성전으로 지어져 간다. 그물망처럼 조밀하게 짜인 기도의 방어망 속에서 성도들이 안전하게 보호받으며 영적으로 성숙하게 된다. 연합된 기도 속에서 성령의 역사는 강화되는 반면에 죄의 세력은 무력화된다. 기도를 통한 영적 교제의 네트워크가 형성되지 않고 서로가 고립되고 단절된 가운데 신앙생활을 할 수밖에 없는 현대 교회의 구조에서는 성령의 역사는 약해지고 상대적으로 죄의 세력은 더욱 거세질 수밖에 없다.

진정한 멤버십이 회복되는 교회

한국 교회가 말씀 공동체와 새로운 기도의 집으로 거듭나 성령과 말씀을 통하여 그리스도가 주관하시는 그리스도의 몸으로 기능하기 위해 시급히 회복되어야 할 부분이 교회의 참된 멤버십이다. 그동안 수적 성장에 치중하여 그리스도와의 인격적인 연합 없이 아직 아담 안에 옛 사람의 존재 방식을 벗지 못한 이들에게도 교회 멤버십을 남발한 점이 한국 교회가 그리스도의 몸으로서 기능하지 못하게 한 큰 장애물로 작용하였다. 교회가 그리스도의 몸으로 거듭나기 위해서는 멤버십의 근거인 세례의 진정한 의미와 효력부터 회복해야 한다.

세례는 성령 안에서 그리스도의 죽음과 부활에 동참함으로써 구체적으로 그리스도의 몸에 연합함을 뜻한다. 성령 안에서 그리스도의 죽음과 부활에 연합하는 영적 경험을 전혀 못한 사람들에게 시행하는 형식적인 물세례는 교회가 그리스도의 몸이 되는 길을 원천 봉쇄해 버리는 악습이다. 교회에 들어오는 모든 신자는 이런 물세례가 아니라 성령의 불세례를 받아야 한다. 이것은 예수를 믿고 물세례를 받은 이들이 이차적으로 성령 세례를 받아야 한다는 말이 아니다. 그렇게 주장하는 오순절 교회의 가르침은 성경적인 지지 기반이 매우 허약하다.[*1] 성경적으로 물세례와 성령 세례는 그런 식으로 이원화할 수 없다. 모든 참된 세례는 삼위 하나님의 이름으로 주는 것이며 이는 곧 성령 세례를 뜻한다. 물세례는 성령 세례의 외적 표증일 뿐이다.

성령 세례는 그리스도의 몸 된 교회의 멤버십을 얻기 위해 필히 거쳐야 하는 관문이다. 이 필수 입문 과정을 거치지 않은 이들에게 교회의 멤버십을 남발한 것이 교회가 그리스도의 몸을 구현하지 못하는 핵심 요인이다. 성령 세례를 통하여 그리스도와 함께 죄와 세상에 대해서 죽고 하나님에 대해 다시 부활하는 존재의 변화를 거치지 않은 교인들은 여전히 세상의 일원이고 옛 인류의 지체일 뿐이다. 그런데 교회에 이런 교인들이 주를 이룰 때 교회는 둘째 사람인 그리스도의 몸이 아니라 첫째 사람인 아담의 몸, 아담의 자식들의 일그러진 얼굴을 역력히 드러낼 수밖에 없다. 이것이 어쩌면 한국 교회의 모습인지 모른다. 어떤 신학 교수가 강의하면서 한국 교회 교인들 절반 정도는 진정으로 회심하지 않은 이들로 생각하고 설교하라고 말했다. 물론 이런 평가는 단순한 추정에 불과하며 정확하고 객관적인 진단이라고 볼 수는 없다. 그러나 현실적으로 그럴 가능성이 전혀 없어 보이지만은 않는다. 한국 교회는 신자라고 보기도 힘들고 불신자라고 단정하기도 힘든 회색 지대에 있는 카멜레온 같은 교인들이 다수를 이루고 있다. 이것은 사람들을 어떻게 해서든 교회로 끌어들이기에만 몰두했던 성장주의의 쓴 열매다.

그동안 한국 교회가 교인 수 늘리기에 급급하여 진정한 회심, 즉 아담 안의 옛 사람과 단절하고 그리스도와의 연합으로 돌이키는 획기적이고 결정적인 회심 없이 무늬만 그리스도인인 교인들을 양산해 온 것은 아닌지 심각한 자성이 필요하다. 주님이 가르치신 하나님 나라로 돌이키는 회개에 대한 메시지가 교회에서 사라져 버렸다. 생명으로 들어가는 유일한 좁은 문을 한없이 넓혀, 그리스도와 함께 십자가에 못 박히지 않은 채 옛 사람 그대로 사는 이들도 얼마든지 구원받고 교인 행세하며 집사와 장로 같은 중요한 직분까지 맡아 교회를 좌지우지할 수 있는 길을 활짝 열어 주었다. 설교와 예식과 직분과 제도가 안고 있는 문제들이 총체적으로 맞물려 오늘 한국 교회의 일그러진 형상을 빚어냈다. 이런 교회 안에 그리스도와 함께 죽고 부활하여 그리스도의 신비한 몸을 이루는 성령의 역사가 나타날 리 만무하다.

펠로십의 부재가 만들어 내는 가면 쓴 성자들

그리스도의 몸 된 교회는 모든 지체가 성령 안에서 긴밀한 연합과 교제를 하며 성숙한다. 성령은 "사이로 가시는 하나님"(Go-between God)이라는 말처럼 하나님과 나, 그리고 나와 너 사이에 역사하여 주님과 교제하게 하실 뿐 아니라 성도들 간에 교제하게 하신다. 이 교제의 수직적이고 수평적인 차원이 한데 어우러진 삼차원적인 교통 속에서 성령이 자유롭게 운행하며 성령 안에서 자라가는 그리스도의 몸이 실현된다. 초대교회에서는 성찬이 이 두 차원, 예배와 교제를 자연스럽게 연결하는 기능을 했는데 현대 교회도 이런 관점에서 성찬을 새롭게 이해하려는 시도가 필요하다.

성령이 충만한 주님의 몸이란 관점으로 교회를 볼 때 성도의 교제는 교회의 핵심 요소다. 성도의 교제가 현저히 부족한 오늘 교회는 성령이 교통할 수 있는 통로가 막혀 그리스도의 몸으로서 성장하는 데 심대한 제약을 받고 있다. 성도의 교제가 결여된 교회는 성령 안에서 온전한 예배마저 드릴 수 없게 되었다. 교회 안에서 나와 너 사이의 성령의 교통이 막히면 나와 하나님 사이의 성령의 교통하심도 단절되어 그런 가운데 드리는 예배는 영적으로 메마르고 피폐할 수밖에 없다. 교회의 부흥을 위해 예배의 회복을 부르짖지만, 성도의 교제가 다시 살아나지 않는 한 진정한 예배의 회복은 기대할 수 없다.

현대 교회가 대형화되고 제도화되면서 교회의 본질이 심각하게 약화되었다. 교인들은 교회에서 잠깐 만나 피상적인 교제만 나눌 뿐 성령 안에서 서로의 얼굴과 얼굴로 만나는 영적인 교류의 장은 찾아볼 수 없다. 대부분의 교인은 누구와도 연결되지 않은 단절과 고립 속에서 고독한 군중의 일원으로 살아간다. 누구에게도 자신의 고민과 아픔을 드러내지 못하고 참된 얼굴은 최대한 감추고 가면을 쓴 채 교회 생활을 하고 있다.

교회가 하나님의 가정으로서 사람들을 있는 그대로의 모습으로 받아들이고 사랑하는 곳, 그래서 가면을 벗고 참된 얼굴을 드러낼 수 있는 곳이 되지 못한다. 도리어 가면을 벗기에 가장 위험한 장소일 수 있다. 가면을 벗고 허물어진 모습이라도 드러나면 입방아 공세에 뼈도 추리지 못하는 살벌한 공동체가 될 수 있다. 그러니 자신을 보호하기 위해 더 두꺼운 가면 뒤로 숨을 수밖에 없으며 최선의 방어는 공격이라고 가면 뒤에서 서로 물고 뜯는 편집증 환자들 같은 무리로 변해 가는 것이다. 결국 진정한 성도의 교제가 결핍된 교회가 만들어 내는 성자는 바리새인처럼 경건한 가면을 꾸며 내는 데 탁월한 사람이기 쉽다. 교회 생활을 할수록 고상하고 세련된 종교적인 가면이 점점 미화될 뿐, 성령 안에서 진정한 성화는 진행되지 않는다. 가면 뒤에 변화되지 않은 자아의 일그러진 얼굴이 그대로 은폐되어 있다.

성령은 우리 마음을 가리는 가면을 벗게 하시고 예수 그리스도의 얼굴빛을 비추어 얼굴과 얼굴로 주님을 대하게 하신다. 동시에 교인들 간에도 가면을 벗고 서로 얼굴과 얼굴로 만나게 하신다. 이렇게 참된 자아와 자아의 만남이 있을 때 치유와 변화의 역사가 일어난다. 우리는 용서와 사랑이 있는 곳에서만 가면을 벗을 수 있고 허물진 얼굴을 드러내는 끔찍한 두려움을 극복할 수 있다. 우리는 자신의 치부와 허물이 드러나면 사람들로부터 공격당하고 배척당한다는 두려움 때문에 가면을 벗지 못한다. 그러나 추한 얼굴이 드러날지라도 변함없이 우리를 용납하고 사랑해 주는 이들이 있다면 그들 앞에서 우리의 참된 모습을 드러낼 수 있을 것이다. 사랑과 은혜가 있는 공동체만이 가면을 벗기고 참된 얼굴을 찾게 해준다.

서로의 가면이 벗겨지고 서로에게 실망했을 때, 바로 그때가 참된 교제를 시작할 때다. 우리 모두 불완전하고 허물 많은 사람들이니 서로 알아 갈수록 실망하게 되는 것은 당연하다. 그러나 형제들의 실망스러운 모습이 그들과 단절해야 하는 이유가 아니라 오히려 더 깊이 교제 속으로 들어가야 하는 당위다. 그 모습을 변화시키는 성령의 치유와 용서의 은혜가 흐르는 교제의 장으로 들어가 그 은혜를 서로에게 전달하는 통로가 되어야 하기 때문이다.

그래서 성령 안에서 진정한 나와 너를 발견하고 함께 성숙해 갈 수 있는 성화의 첫걸음은 고립에서 나와서 교제 속으로 들어가는 것이다. 고립된 신앙생활을 하면서는 결코 생각지 못했던 자기를 부인하는 삶이 사랑의 영이 충만히 운행하는 교제의 삶에서는 가능해진다. 혼자 경건을 추구하는 삶에는 성령의 역사가 약하게 일어나는 반면 옛 자아의 세력은 팽배해져 자기중심적인 성향과 야망을 극복하기 힘들어진다. 자유의 영이 교통하는 곳에서만 우리는 자기중심성에서 헤어 나와 하나님과 이웃을 향한 본래적 지향성을 회복한 새로운 자아를 체험할 수 있다.

교제는 옛 자아를 지탱했던 가면이 깨지고 옛 자아가 죽는 현장이다. 옛 사람이 죽어 묻히는 무덤이다. 깨어짐의 아픔과 죽음이 언제나 부활 전에 일어나야 한다. 한 알의 밀알이 땅에 떨어져 죽어야 열매를 맺는 생명의 법칙은 불변하듯, 자기중심적인 내가 죽어야 사랑의 열매를 풍성히 맺는 새로운 자아로 부활할 수 있다. 교제 속에서 서로가 하나의 밀알처럼 죽을 때 교회에 성령의 열매가 풍성히 맺힌다. 성령의 열매는 고립된 경건 생활이 아니라 성령 안에서 성도의 친밀한 교제와 은사를 통한 섬김을 통해서만 배양되는 공동체적인 산물이다.

은사로 세워지는 그리스도의 몸

성령 안에서 그리스도의 몸을 이룬 이들이 서로를 자기 목적을 위해 이용할 대상이 아니라, 조건 없이 사랑하고 섬겨야 할 대상으로 대하는 새로운 관계를 맺을 때 그리스도의 몸은 구체적으로 자라 간다. 그리스도의 몸을 세워가는 기능을 온전히 수행할 수 있도록 주님은 각 지체들에게 성령의 은사들을 부여하셨다.

바울의 가르침에 의하면, 그리스도의 몸으로서의 성장, 성령의 열매를 맺는 영적 성숙은 서로의 은사를 활용하는 역동적인 상호 교류와 섬김의 삶 속에서 이루어진다. 성령의 은사와 열매는 긴밀하게 연결되어 있다. 성령의 은사는 구체적인 열매를 맺는 방편이다. 사랑을 구체적으로 실천할 수 있는 능력이며, 봉사의 에너지다. 따라서 은사 활용은 공동체적인 성화, 즉 성령의 열매를 맺는 영적 성숙에 결정적인 역할을 한다.

그러나 성령의 은사와 성화가 밀접하게 연결되어 있다는 사실을 놓치는 경우가 많다. 성령의 은사는 단지 사역적이고 기능적인 역할만 할 뿐 성화에 직접적으로 기여하지 않는다고 생각하기 쉽다. 물론 은사를 잘못 사용할 때 성화를 촉진하기보다 갈등을 조장할 수 있다. 열매 없이 은사만 나타나는 괴리 현상도 얼마든지 발생할 수 있다.

그러나 올바른 은사 활용은 반드시 열매로 귀결된다. 은사를 가지고 서로를 섬기는 삶을 통하여 사랑이 구체적으로 실현되며 그리스도의 성품이 형성된다. 은사는 단순히 기능적인 역할만 하는 것이 아니라 영적 성숙과 불가분리적이다. 교회 안에 말씀과 가르침, 봉사와 구제, 다스림과 돌봄 등의 다양한 은사의 역동적인 작용이 일어나지 않으면 교회 구성원들의 성화나 교회의 성숙을 기대할 수 없다. 그동안 성화를 개인주의적으로 이해하려는 경향 때문에 성령의 은사가 성화와 어떤 관련성이 있는지 제대로 인식하지 못했다. 그러나 바울에 의하면 성화가 진행되는 일차 현장은 공동체 즉 그리스도의 몸이며, 성령의 은사는 그리스도의 몸을 성장하게 하는 공동체적인 성화에 핵심 역할을 한다.

한국 교회의 수많은 교인이 안고 있는 성화의 부진과 영적 미성숙의 문제는, 교회가 성화의 은혜가 역동적으로 역사하는 그리스도의 몸의 기능을 다하지 못하기 때문이다. 교회가 과도하게 비대해지고 제도화되어 사람들을 그리스도의 형상으로 변화시키는 새 언약의 은혜가 자유롭게 역사하는 성령의 교제와 은사 활용의 장을 제공해 주지 못하기 때문이다. 교인들이 변하지 않는 이유는 결국 교회가 성화 공동체의 역할을 하지 못하기 때문이다.

교회가 그리스도의 몸으로 건강하게 성장하기 위해서는 은사의 중요성을 재인식해야 한다. 그리스도의 몸을 이루고 있는 모든 교인이 각기 받은 은사를 주님의 몸을 세우는 데 적극적으로 활용하도록 인도하며, 그런 섬김이 구체화될 수 있는 교제와 봉사의 장을 만들어 주어야 한다. 교인들을 주님이 세우신 자리로 복귀시키고 주님이 맡기신 역할을 담당하게 하며 주님이 허락하신 은사를 발굴하게 해야 한다. 담임 목사와 부목사들이 목회를 전담하고 대부분의 교인은 관람객에 머무는 대형 교회보다는 목사와 함께 모든 교인이 각자에게 분담된 역할과 은사를 통해 목회 사역에 동참하는 작은 교회에서 건강한 그리스도의 몸은 구현될 수 있다.

평신도를 세우는 교회

주님이 교회에 목사를 세우시고 그에게 은사를 주신 까닭은 "성도를 온전하게 하여 봉사의 일을 하게 하며 그리스도의 몸을 세우려 하심"이다(엡 4:12). 즉, 목사는 은사를 활용해서 교인들이 목사의 은사와 사역에만 의존하지 않는 성숙한 그리스도인들로 자라게 하는 임무를 맡았다. 목사는 교인들이 항상 목사에게 보살핌을 받아야 하는 양으로, 목회를 참관하는 단순한 청중이나 관람객과 같은 피동적인 역할에 길들여지지 않게 해야 한다. 그러기 위해 평신도의 피동성을 조장하는 기존 목회 방식의 변화가 불가피하다. 전통적인 교회 구조와 목회에서는 교인들의 다양한 은사와 잠재력이 그리스도의 몸을 세우는 데 기여하지 못하고 사장되어 버림으로써 그리스도의 몸은 심각하게 마비되고 결국 불구가 되었다.

그리스도의 몸은 결코 목사의 은사만으로 건강하게 자랄 수 없다. 목사의 은사는 교인들의 은사를 발굴하여 빛나게 해주는 기능을 해야 하며, 목사의 임무는 목회를 전담하는 것이 아니라 성도들을 각자의 은사를 계발하고 활용하여 그리스도의 몸을 세워 가는 목회에 적극적으로 참여하는 작은 목자들로 성숙하게 하는 데 있다. 즉 교인들이 서로를 섬기는 목자들, 또 다른 의미의 목사들이 되게 하는 것이다. 이것이 위에서도 말한 목사의 사명, 즉 "성도를 온전하게 하여 봉사의 일을 하게 하며 그리스도의 몸을 세우려 하심"이 의미하는 바다(엡 4:12). 이는 또한 종교개혁이 주창한 만인제사장의 원리를 온전히 구현하는 것이라고도 볼 수 있다.

만인제사장의 원리를 단순히 인간적인 중재 없이 개인이 직접 하나님과 교통할 수 있다는 의미로만 이해해서는 곤란하다. 만인제사장이란 모든 하나님의 백성이 왕 같은 제사장으로서 그리스도의 몸을 세우며 하나님 나라를 위해 봉사하는 일꾼이자 작은 목자들이라는 의미를 내포한다. 물론 목사도 큰 목자가 아니라 작은 목자다. 그러므로 모든 신자가 각자의 은사를 활용하여 서로 섬기며 그리스도의 몸을 세워 가는 총체적인 목회 사역을 할 때 만인제사장의 원리가 실현된다. 이는 바울의 가르침일 뿐 아니라 종교개혁의 기본 정신을 충실하게 따르는 것이다. 김회권 교수의 말대로 "성직자-평신도의 각질화된 위계질서를 영(靈) 민주주의(Spirit-led democracy)적 은사 공동체로 바꾸는 종교개혁을 일으킴으로써 사제주의를 극복할 수 있다."[2]

평신도를 깨우고 그들의 역할을 활성화한다는 취지에서 시작된 제자 훈련은 이런 성경적 목회관에서 어느 정도 영감을 받은 것이라고 볼 수 있다. 그러나 제자 훈련의 근원지라고 할 수 있는 사랑의교회가 보여 준 결과물은 매우 실망스럽고 제자 훈련의 진정한 가치와 효력에 대해 근본적인 의문을 일으킨다. 좋은 취지에서 출발한 제자 훈련의 열매가 이토록 저조한 이유는 무엇인가. 그것은 제자 훈련이 진정한 제자로의 성숙을 담보할 수 있는 교회 구조와 제도, 목회 방식의 개편 없이 피상적 차원의 평신도 교육에 그치고 말았기 때문이다. 교회가 대형화되면서 제자 훈련의 근본정신은 희석되고 그 지향하는 바는 실현될 수 없는 상황에 처했다. 진정한 제자로의 성숙은 성령 안에서 친밀한 교제와 서로의 은사를 통한 섬김의 삶이 구현될 수 있는 공동체의 영적 토양에서만 이루어지는데, 대형 교회는 구조상 이런 제자 훈련과 성숙이 불가능하다. 단계별 제자 훈련 프로그램을 수료했다고 참된 제자로 성숙할 수 있을까. 제자 됨의 목표인 그리스도의 형상을 이루어 가는 것은 피상적인 훈련을 통해서가 아니라, 성령 안에서 한 믿음과 소망과 비전을 가진 형제자매들의 전인격적인 교제와 만남과 섬김이 한데 어우러져 빚어내는 그리스도의 몸이라는 신비한 공동체에서만 실현될 수 있다.

대형 교회 안에도 소그룹이나 셀, 가정 교회 등이 있지만 그 안에서의 교제는 소수의 무리에만 국한될 뿐 전체 교인이 함께 그리스도의 몸을 이루어 가는 '교제 공동체'를 체험하지는 못한다. 제자 훈련이나 가정 교회, 그리고 셀 교회까지도 사실은 대형 교회라는 집단 체제를 유지하는 방편으로 이용되고 있을 뿐이다. 친교는 인원이 소수일 때 가능할 뿐 거대한 집단 속에서 개인은 여전히 대부분의 교인과는 소외된 채 교회 생활을 한다. 수만 명이 모여드는 대형 교회에는 소그룹마저 참여하지 않고 겉도는 무리가 가득하다. 교인들이 서로 낯선 군중의 일원으로 존재하는 교회에서 그리스도의 몸을 함께 체험하며 그리스도의 형상으로 변화되는 영적 성숙은 기대하기 힘들다.

전통적인 교회에서 평신도의 은사를 계발해 주는 목회 방식을 꺼리는 이유 중 하나는 오늘날 은사 운동이 광신적이고 불건전한 형태로 발전되는 것을 자주 목도하기 때문이다. 이런 은사 운동은 예언과 방언, 신유와 환상과 같은 초자연적이고 기이한 현상을 수반하는 은사에만 과도하게 집중한 채, 그리스도의 몸을 세우는 데 더 중요한 역할을 하는 말씀이나 가르침, 봉사, 다스림, 재정, 위로와 같은 일반적인 은사를 간과하는 우를 범한다. 전시 효과가 뛰어나 자신이 과시되고 사람들을 홀리기 쉬운 초자연적인 은사보다 평범하게 보이는 은사들이 자신을 숨기는 거룩한 수줍음을 가진 성령의 속성에 더 부합하며, 겸손히 그리스도의 몸을 세워 가는 데 적합하고 요긴하다. 이 점에서 교인들의 은사 활용을 적극 장려해야 한다는 나의 주장은 현재 진행되는 은사 운동과는 근본적인 차이가 있다.

또한 요즘 유행처럼 일고 있는 은사 운동에서는 자주 교회 제도와 직분의 중요성이 무시되고, 그로 인해 무질서와 혼란이 속출한다. 이런 혼란을 막기 위해서는 교회의 두 측면, 제도와 카리스마, 직분과 은사가 균형 있고 조화롭게 연결되고 통합되어야 한다. 교인들이 은사를 활용하여 작은 목자로 봉사하는 것은 목사의 목회 사역을 약화시키거나 대체하는 것이 아니라, 오히려 서로의 사역을 더 온전케 한다. 이렇게 목사와 온 교우가 연합하여 각자에게 주어진 성령의 은사를 통해 그리스도의 몸을 세워 가는 사역에 합력할 때, 개인과 공동체를 아름다운 그리스도의 형상으로 변화시키는 성령의 능력이 강하게 역사한다.

하나님 나라가 실현된 교회

그리스도가 말씀과 성령을 통하여 충만히 거하시고 주관하시는 교회에 실현되는 영적 실체는 하나님 나라다. 성령 안에서 하나님의 임재와 통치, 그리고 성도들이 하나님과 더불어 교제하는 천국의 축제가 임한다. 과거 성소에 놓인 진설병이 언약 백성이 하나님의 임재 앞에서 먹고 마시며 잔치하는 것을 상징했듯, 오늘날 새 성전인 교회에서 새로운 언약 백성인 그리스도인들이 주님과 교제하며 의와 평강과 희락을 누리는 천국 잔치가 벌어지는 것이다(롬 14:17). 예배는 어두움의 권세가 지배하는 세상 속에 하나님의 주권이 이루어지고 하나님의 말씀이 실현되는 천국을 누리는 행위다. 세례는 천국 잔치에 참여할 수 있는 멤버십이며, 교제와 성찬은 이 하늘 잔치를 누리는 행위다. 설교는 천국의 도래를 알리는 사역이며, 선교는 교회 안에 임한 천국의 실체를 증거하고 확산시키는 사역이다. 교회의 모든 사역과 활동은 그 안에 현실화된 천국의 특성을 띠며 천국의 영적 실체를 맛보고 세상에 드러낸다.

교회를 하나님 나라가 실현되는 공동체라는 관점에서 새롭게 이해하지 않는 한 성경적인 교회관의 핵심을 놓치고 만다. 교회는 하나님 나라의 현실이 모범적으로 드러나 세상에 그 나라의 도래를 증거하며 확장하는 하나님 나라의 전초기지다. 그러므로 교회는 그리스도의 십자가와 부활을 통해 하나님 나라가 이 땅에 실현되었다는 복음을 전파하여 사람들을 하늘의 신령한 복을 누리는 천국 잔치로 초청하고 하늘의 비전과 가치와 원리를 따르는 하늘 시민으로서의 삶을 가르쳐야 한다. 성령은 하나님 나라의 복음이 말뿐 아니라 능력으로 우리 안에 실체화되게 한다. 이 시대 문화와 풍조 배후에 역사하는 죄와 사망의 권세를 분쇄하는 부활의 능력으로 우리를 세상의 시녀 된 데서 해방하여 하나님 나라를 위해 헌신하는 일꾼이 되게 한다.

교회가 죄와 사망의 권세가 지배하는 세상과 근본적으로 다른 점은, 그 안에 하나님의 사랑의 임재와 통치가 실현된 천국이 임했다는 사실이다. 그러므로 교회는 세상의 모형이 아니라 천국의 모형이어야 한다. 오늘날 한국 교회의 모습은 어떠한가. 세상과 확실히 구별되는 하나님 나라의 모형을 반영하고 있는가. 세속적 가치관과 성공 지향적인 문화가 지배하는 어두움의 왕국을 전복시키고 하나님의 주권에 전폭적으로 순응하는 새로운 세계의 질서를 수립하는 성령의 혁명적인 거사에 과연 한국 교회가 전적으로 투항하였는가. 그래서 교회를 통해 온 세상을 변혁시키는 우주적인 혁명의 주체가 되고 있는가. 아니면 성공 신화와 왜곡된 복음으로 사람들의 배(육신)의 욕망을 한껏 자극하여 천박한 자본주의의 충신들이 되게 하며, 거룩한 명분으로 은폐된 종교적인 탐욕의 화신이 되어 이 세상보다 더 견고하게 어두움의 세력이 진 치고 있는 집단이 되어 버린 것은 아닌가. 바로 지금 온 우주를 뒤흔드는 하나님 나라의 대진동에 끝내 저항하다가 하나님의 심판과 파멸을 자초하지는 않을지 깊이 자성해야 한다.

이런 의구심이 터무니없지만은 않다는 것이 한국 교회에 보편적으로 하나님 나라의 복음이 실종되었다는 사실에서부터 드러난다.[*3] 한국 교회에서 제대로 된 하나님 나라의 복음을 듣기 힘들다. 하나님 나라의 복음을 '예수 천당, 불신 지옥'이라는 단순 구도 속에 축소시킨 메시지가 지난날 한국 교회 강단에 만연했을 뿐 아니라 아직도 그 기세가 꺾일 줄 모르고 있다. '예수 천당, 불신 지옥'이라는 외침은 기독교 신앙을 주로 죽은 후의 운명과 연결시킨 채 그리스도와 성령 안에 현실화된 하나님 나라의 부요한 내용들을 공중분해시켜 버린 심각한 복음의 파편화다. 이런 설교는 이미 임한 하나님 나라 안에서 하늘의 가치와 원리를 따라 하늘 시민으로 살아야 할 그리스도인의 책임을 고스란히 미래의 천국에 대한 현실 도피적인 소망으로 해체시켜 버린다. 그와 동시에 이 세상의 원리에 한없이 나약하게 순응해 버리는 소시민적이면서도 광신적인 신앙을 부추긴다.

그런가 하면 하나님 나라의 복음이 '예수 성공, 불신 실패'라는 단순 논리로 귀착되어 버리는 메시지가 한국 교회에서는 놀랍게도 잘 먹혀 대형화를 일구어 내는 데 탁월한 효력을 발휘해 왔다. 한국 교회를 주도한 성장주의의 저변에는 교회가 성장하고 목회에 성공해서 그 혜택과 영광을 누려야만 하나님의 축복이라고 생각하는 잘못된 승리주의 신앙이 깔려 있다. 성장주의와 승리주의의 문제는 이 땅에서 꼭 성공의 영광을 누려야 할 만큼 현세 지향적이라는 데 있다. 그렇기에 세상에서 성공했다고 인정받을 수 있는 수와 크기와 재정의 위력에 그토록 목을 매는 것이다. 어떠한 이유로든 실패만은 용납될 수 없다. 하늘이 인정하는 성공은 대개 이 땅 위에서는 그 영광과 승리를 누리지 못하고 오히려 패배한 것으로 보이기에 필사적으로 회피하려고 한다.

이는 성공의 영광을 받기를 잠시 미래로 보류하는 것을 도저히 견디지 못할 정도로 신앙의 참된 요소인 종말론적인 지향성을 잃어버리고 이 땅과 완벽하게 접착해 속물들이 되었음을 뜻한다. 하나님 나라의 원리와 가치관을 역행하는 메시지가 횡횡하는 교회에 하나님 나라의 복음과 성령의 능력에 의해 빚어지는 천국의 모형이 나타날 리 만무하다. 오히려 성공 신화와 시장의 가치관에 의해 세상과 똑같은 이미지로 변형되어 갈 뿐이다. 그러니 하나님 나라의 열매 대신 세상에서 볼 수 있는 온갖 비리와 육신의 쓴 열매들이 속출하는 것이다.

하나님 나라의 복음은 결코 이 땅 위에서의 성공과 번영과 영광을 약속하지 않는다. 오히려 이 땅의 욕심을 죽이고 하늘에 속한 신령한 복을 사모하게 한다. 승리주의와는 반대로 하나님 나라의 영성은 자신이 수고하고 희생해서 일구어 놓은 성공의 영광과 혜택을 누리지 못하는 씁쓸한 역설을 즐거움으로 감수한다. 성공과 영광의 축배를 들기보다 실패와 무명과 수치의 쓴 잔을 기꺼이 들이키는 것을 마다하지 않는다. 이것이 실패의 잔을 마셨던 십자가의 주님과 그리스도의 신실한 제자들의 발자취를 따르는 것이며, 하늘이 인정하는 성공에 이르는 길이다.

이렇게 땅에 떨어져 죽는 한 알의 밀알처럼, 이 세상의 성장주의 가치관에 대해 철저히 죽는 급진적인 실패의 제자도를 실천하는 사람과 교회를 통해 하나님 나라의 열매는 30배, 60배, 100배로 풍성해진다. 하나님 나라의 첫 열매가 가득한 교회는 비록 세상적인 관점과 기준에서 작고 초라하여 실패한 교회로 보일지라도, 그리스도가 다스리시며 성령이 충만한 가장 영광스럽고 아름다운 교회다. 외형적으로 거대하고 화려해서 성공의 영광을 만끽할지라도 이 열매가 없는 교회는 성령의 영광이 떠남과 동시에 하나님의 심판이 임박한 교회다.

생명수가 강처럼 흐르는 교회

천국이 실현된 교회의 존재 자체가 세상에 가장 큰 선물이며 축복이다. 사람들은 이 땅의 가치와 완전히 상반되게 사는 별난 무리들, 그러나 이 세상 어디에서도 맛볼 수 없는 하나님 나라의 첫 열매를 누리는 교회를 보기 원한다. 교회가 세상을 향해 무엇을 하기보다는 먼저 무엇이 되어야 한다. 참된 교회가 되는 것 자체가 바로 세상을 향한 강력한 증거이며 세상을 위해 가장 큰일을 하는 것이다. 교회가 세상에 줄 수 있는 최상의 선물은 그리스도와 성령으로 충만한 공동체다. 그런 교회가 온 세상에 그리스도의 생명과 은혜가 흘러가게 하는 복락의 원천이자 세상을 변혁시키는 강력한 효소다. 그 안에 충만한 진리의 빛이 밖으로 발현되어 온 세상을 밝히는 광선이 되는 것이 교회가 세상에 기여할 수 있는 최상의 역할이다.

한국 교회가 세상을 위해 하는 일이 없어 욕을 먹고 있는 것이 아니다. 한국 교회가 하는 대사회적 봉사와 구제 활동은 불교와 가톨릭에 비해 압도적으로 많다. 그렇게 일을 많이 하고 있음에도 비난의 화살이 빗발치는 이유는 무엇인가. 그것은 수다한 일들로 분요하지만 가장 중요한 일, 즉 참된 교회가 되는 일에 실패했기 때문이다. 교회가 구태여 세상에 주지 않아도 되는 것을 주려고 애쓰고, 정작 꼭 주어야 할 것을 주지는 못하고 있는 것이 문제다. 구제와 사회 참여와 봉사 활동은 더 적극적으로 펼쳐야 한다. 그러나 그보다 더 우선적으로 교회가 세상에 주어야 할 것은 특별한 공동체다. 부활하신 그리스도가 교회를 자신의 몸처럼 입고 세상을 새롭고 충만하게 하기 위해 일하시는 그리스도의 몸으로서의 공동체다. 성령의 생명수를 흘러가게 하여 온 누리를 적시고 만물을 새롭게 하는 성령이 충만한 성전으로서의 공동체다. 이런 공동체가 세상 공동체 변혁의 강력한 효소와 원천이 된다. 교회가 이런 공동체가 되는 것은 오직 그 은혜의 발원지인 하나님과 끊임없이 연결되어 있으며 그리스도의 다스리심과 성령의 충만한 임재를 거스르지 않고 잘 지속할 때만 가능하다.

성령으로 충만한 교회는 세상 한복판에서도 죄의 세력을 압도할 만큼 충만한 생명이 밖으로 퍼져 나갈 수밖에 없다. 성령의 열매, 사랑과 화평과 희락은 유동적인 특성을 띤다. 교회가 삶과 구제와 봉사로 사랑과 샬롬을 강처럼 흘러가게 할 때, 세상도 이 열매를 조금이라도 누리는 살맛 나는 세상이 된다. 교회를 향한 세상의 비난은, 제발 이 열매를 달라고 아우성치는 것이라고 볼 수 있다. 교회가 복음을 확산하여 하나님을 아는 지식과 영광이 온 세상에 가득하게 하며, 부활하신 그리스도의 임재와 생명력을 온 우주에 파급하여 만물을 충만하게 해야 한다. 그래서 바울이 제시한 교회의 비전, 즉 "교회는 그의 몸이니 만물 안에서 만물을 충만하게 하시는 이의 충만함"이 실현되게 해야 한다(엡 1:23).

에스겔이 본 환상에서, 성전에서 흘러나오는 물이 사해로 흘러갔듯, 교회는 하나님의 마음과 관심이 머무는 낮은 곳으로 사랑과 관심과 물질을 흘려보내야 한다. 이 사회에서 누구에게도 도움받지 못하는 사각지대에 있는 깨지고 망가진 인생들, 인권을 유린당하고 착취당하는 외국인 노동자들, 소외되고 가난한 이들을 돌아보는 일에 교회의 자원을 아낌없이 투입해야 한다. 그래야 교회가 새로운 성전으로서 하나님의 복과 은혜를 세상에 흘려보내는 통로가 된다. 고아와 과부를 돌아보며 자신을 지켜 세속에 물들지 않는 것이 하나님 앞에 참된 경건이라고 야고보가 말했듯(약 1:27), 지금도 우리 주위에 가난하고 소외된 이들을 돌아보는 자체가 자본주의 가치관이 지배하는 이 세속에 물들지 않는 적극적인 행위이며 하나님이 인정하시는 진정한 경건이다.

아무 보답을 기대할 수 없는 이들에게 교회의 자원을 아낌없이 쏟아붓는 일은 효율성과 투자의 가치를 먼저 계산하는 시장 논리와 정면으로 상충된다. 자본주의 경영 원리와 가치관을 가진 교회는 절대 할 수 없는 사역이다. 가난하고 소외된 이들을 도우면 그들의 영혼을 구원하고 새롭게 할 수 있다는 영적 가치와 효율성까지도 긍휼을 베푸는 사역의 조건이 되서는 곤란하다. 교회는 자본주의 가치관에 사로잡혀 큰 건물과 자체 교회의 확장과 영광을 위해 쏟아붓던 자원을 이제는 세상 관점으로는 바보짓으로 보이는 사역을 위해 허비해야 한다. 이런 거룩한 낭비가 바로 성령의 복락의 강수를 세상으로 흘려보내는 성전의 역할이다. 이것이 한국 교회를 지배하고 있는 맘몬 우상을 끌어내려 발로 짓밟는 행위다. 이 길이 물신에게 모독을 안겨주는 길이자, 한국 교회가 물질 숭배에서 자신을 자유롭게 하는 길이다.

에스겔은 성전의 문지방에서 흘러나오는 물이 강을 이루어 마른 뼈가 가득한 골짜기를 덮고 팔레스타인을 가르고 흘러가 메마른 광야를 물 댄 동산 같이 풍요롭게 하고 생명의 역사가 일어나게 하는 환상을 보았다. 이것이 바울이 에베소서에서 제시한 그리스도와 성령으로 충만하여 만물을 충만하게 하는 교회의 비전이다. 이것은 또한 마른 뼈가 가득한 에스겔 골짜기처럼 영적으로 생명력을 잃고 황폐해진 한국 교회가 다시 품어야 할 비전이다.

토론을 위한 질문

1. 교회가 성령으로 충만한 성전으로 세워지기 위해 왜 먼저 강단이 회복되어야 하는가?
2. 큰 교회보다 작은 교회가 하나님 나라를 위해 더 능력 있는 사역을 감당할 수 있는 비결이 어디에 있는가?
3. 그리스도의 몸 된 교회를 이루지 못하게 하는 현대 교회 멤버십과 세례의 문제는 무엇인가?
4. 교제의 결핍이 가면 쓴 교인들을 만들어 낼 수밖에 없는 이유는 무엇이며, 성도의 교제가 교회와 개인의 성장에 중요한 이유는 무엇인가?
5. 성경이 설정한 평신도의 위치와 역할은 무엇인가?
6. 그리스도의 몸을 세우는 데 성령의 은사가 중요한 이유는 무엇이며 평신도에게 주어진 은사는 어떤 것인가?
7. 교회에 임하는 하나님 나라의 실체는 무엇인가?
8. 한국 교회에서 하나님 나라의 복음이 실종된 구체적인 예를 들어 보자.
9. 교회가 세상에 꼭 주어야 할 것은 무엇인가?
10. 종합적으로 성경적인 교회의 청사진을 그려 보자.

4
목사가 문제이자 해답이다

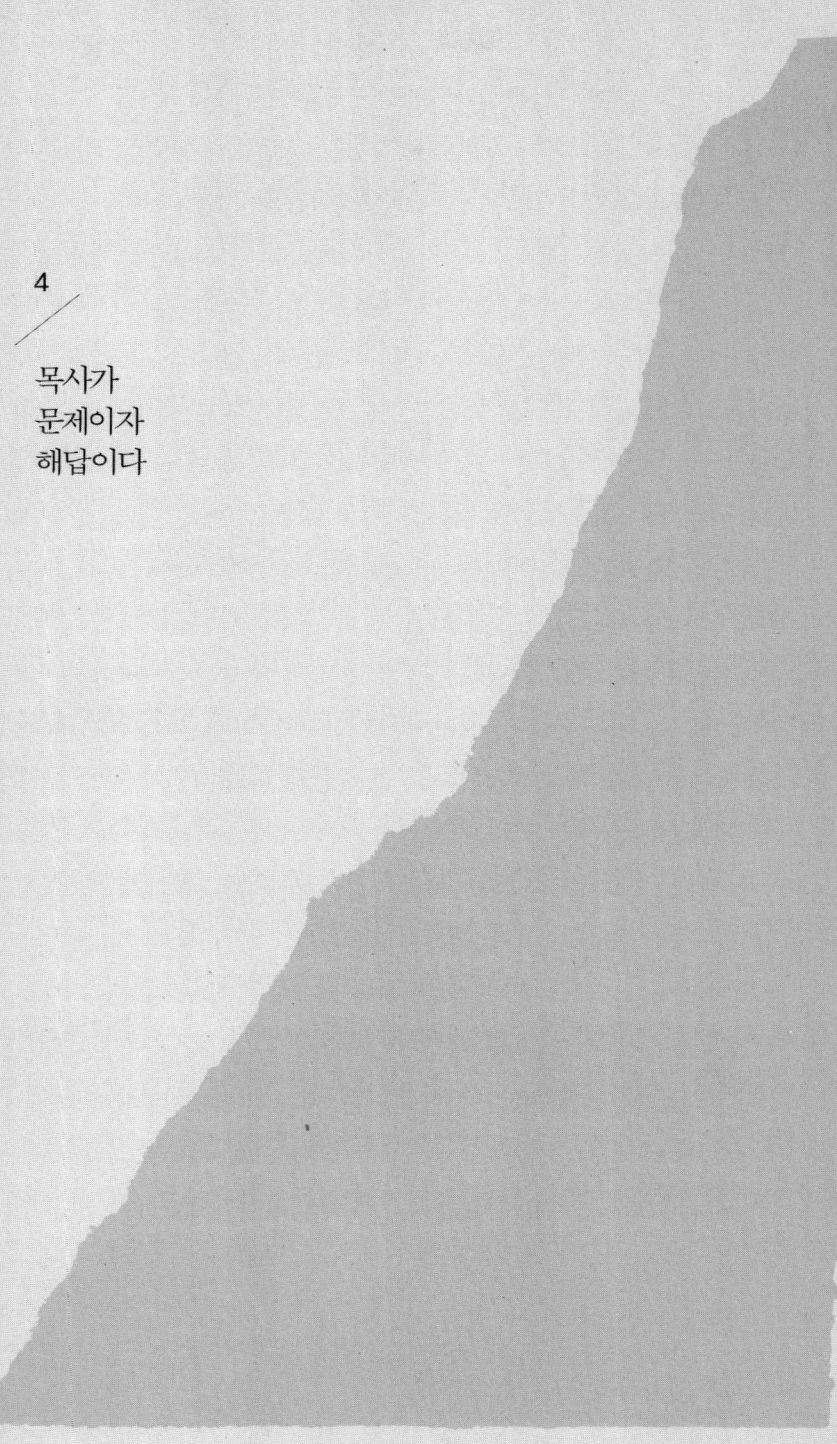

목사가 교회다?

예전에 어느 신학교 교수가 "목사가 교회"라는 말을 해서 상당히 논란이 된 적이 있다. 이 말 자체는 오해의 소지가 많지만 그 교수는 바른 교회를 세우는 데 목사의 역할이 그만큼 중요하다는 사실을 말하려던 것이었다. 현실적으로 한국 교회는 상당 부분 목사가 어떻게 하느냐에 교회의 미래가 달려 있다. 목사가 어떤 교회의 청사진과 목회의 비전을 가지고 교회를 세워 가느냐에 따라 교회의 모습이 결정된다고 해도 과언이 아니다. 목사가 성경적인 교회의 청사진을 따라 말씀과 성령의 이끌림을 받아 목회할 때 하나님이 원하시는 교회에 가까워질 가능성이 있다.

그러나 성장 제일주의 가치관에 의해 고무된 교회의 비전을 실현하기 위해 육적인 욕망과 열심에 사로잡혀 목회할 때 세상을 닮은 교회가 등장할 수밖에 없다. 말씀과 성령이 충만한 교회가 신실한 목회의 결과물이라면, 타락한 교회 또한 부패한 목사의 작품이라고 할 수 있다. 한국 교회의 타락은 무엇보다도 목사들의 비전과 교회관을 주관하는 핵심 가치관이 세속화되었기 때문이다.

한국 교회가 안고 있는 문제의 핵심에는 목사가 있다. 그렇다면 이 문제를 풀 열쇠도 상당 부분 목사에게 있다고 할 수 있다. 목사가 새로워지지 않고는 한국 교회가 갱신될 수 없다. 한국 교회를 이 지경으로 망쳐 놓은 목사들의 문제는 무엇이며, 한국 교회에 해답이 될 수 있는 새로운 목사상은 과연 무엇인가?

아무나 목사가 되나?

2011년 끝 무렵 김근태 민주통합당 상임고문이 별세했다. 그는 군사정권 아래서 모진 고문을 받아 그 후유증으로 각종 질병에 시달리다 세상을 떠났다. 그 소식이 알려지면서 당시 고문 기술자로 악명 높았던 이 모 씨의 근황에 세간의 관심이 쏠렸다. 그런데 놀랍게도 그가 그 사이 목사가 되었다는 것이다. 군사정권 이후 불법 체포와 고문을 시도해 수감된 그는 감옥에서 잘못을 회개하고 출옥 후 목사 안수까지 받았다고 한다. 그런 사람이 목사가 되었다는 사실이 의외이기는 하지만 하나님의 은혜는 죄인 중에 괴수도 그 은혜의 전파자가 되게 하는 기적을 얼마든지 일으킬 수 있기에 그런 일도 가능할 것이다.

그러나 문제는 그의 모습에서 진정한 회개의 열매가 보이지 않는다는 점이었다. 그는 많은 교회에서 간증 집회를 인도하며 자신이 행했던 고문의 기술을 자세하게 얘기했다고 한다. 어떻게 그런 끔찍하고 반인륜적인 행위를 성도들을 앞에 놓고, 그것도 강단에서 무슨 자랑이라도 되는 것처럼 떠벌릴 수 있다는 말인가? 언론 보도에 따르면 그는 자신이 한 행위는 나라를 위한 애국 행위였고, 과거로 돌아가도 똑같이 행할 것이라고도 말했다고 한다. 그래서 어떤 기독교 단체에서는 그의 목사직 철회를 청원하는 서명운동을 벌이기도 했다. 다행히 그가 소속된 교단에서 그를 목사직에서 면직시켰다고 한다. 애초에 그런 사람에게 목사직을 주고 비등한 여론이 두려워 목사직을 회수하는 교단도 한심하기 짝이 없다. 이 사건은 숭고한 목사직이 한국 교회에서 얼마나 무분별하게 남발되고 있는지를 단적으로 보여 주는 예다.

기독교가 세상과 영합하여 세상의 영광과 번영을 구가할 때 성직자는 세속적인 욕망을 가진 사람들의 선망의 대상이 된다. 그래서 교회가 타락하고 세속화될 때 성직자가 되려는 사람이 급증한다. 중세 교회가 부패했을 때 바로 그런 현상이 나타났다. 신학교의 난립, 목사 후보생의 초과잉 배출, 목사직의 남발이 한국 교회 타락의 핵심에 놓여 있는 문제다. 이 문제를 해결하지 않으면 한국 교회 개혁은 요원하다. 무허가 신학교들은 차치하고라도 교육부 인가를 받은 교단 신학교들마저 수요의 몇 배를 초과하는 목사 후보생들을 무더기로 배출한다. 교단의 목회자 수급 문제를 면밀히 연구하여 신학생 수를 적정하게 조정하려는 구체적인 노력을 기울이는 학교가 거의 없다. 오히려 학교를 운영하는 이들은 학생 수를 더 늘리지 못해 안달이다.

한국 교회의 문제가 목사들만의 문제인가? 그보다는 신학교 문제가 우선적이다. 우리 신학교 교수들이 교회의 기득권자들과 기존 체제에 너무 잘 순응하고 보신주의 벽 안에 숨어 자신을 지키는 데 약삭빠르게 처신하기만 하고 교회의 선생으로서 교회 개혁에 앞장서 총대를 메는 것을 회피하는 것이 더 큰 문제다. 나를 필두로, 학자라는 자들은 세련된 말과 이론으로 의식 있고 개혁적인 것처럼 한국 교회 문제점을 지적하는 예언자 흉내는 멋들어지게 내지만, 자신이 당장 몸담고 있는 조직의 부조리에는 잘 길들여진 양처럼 순응해 버리고 그럴 수밖에 없다는 논리로 합리화하는 소심한 이론가들이다. 교단 신학교라는 제도권 아래서 일하는 교수들은 사실 기존 틀을 뜯어고칠 힘이 없다. 아니 그럴 만한 투철한 의지와 불굴의 용기가 없는 것일 게다.

내가 일하는 신학교에서는 10년 전쯤 '목회연구과'를 없애고 한 학년 학생 수를 180명 정도에서 120명으로 대폭 줄였다. 몇 년 전 입시에는 학생 수를 더 감축해야 한다는 교수들의 주장이 관철되어 80여 명만 뽑았다. 그로 인해 교단 내에서 많은 비난을 받아야만 했다. 감히 교단의 요구를 거스르지 못하는 것이 제도권 신학교의 한계다.

처음 교수 사역을 시작하면서는 학생 수를 줄여야 한다는 주장이 나에게는 별 의미도 없고 설득력도 없게 들렸다. 많은 신학생에게 가르칠수록 그중에 좋은 목사가 나올 확률도 높아지고 신학 교육을 받아 놓으면 어떻게라도 주님께 쓰임을 받지 않겠는가 하고 단순하게 생각했던 것이다. 그때는 미국에서 오래 이민 생활을 하고 한국에 와서 한국 교회의 실태를 제대로 파악하지 못했던 것 같다. 지금까지 16년 넘게 일하면서 신학교가 주님이 부르지 않은 이들에게도 목사의 자격을 안겨 주는 역기능적인 실례가 만만치 않다는 사실을 발견하다 보니 점점 문제의식이 생겼다. 그동안 가르친 학생들, 졸업하여 사역하는 이들 중 몇 퍼센트나 진정으로 목사로 부름받은 이들일까? 나도 목사직을 남발하는 데 일조했다는 책임 의식을 통감한다.

자작 소명감

신앙생활을 시작한 지 얼마 안 되었을 때 교회에서 고등부 교사로 봉사한 적이 있다. 그때 나름대로 소명감을 느껴 신학 공부를 하려고 마음먹고 있었다. 그런데 내가 가르치던 한 학생이 자신은 내가 목사가 되는 것을 반대한다고 당돌하게 말했다. 왜냐면 목사는 어려서부터 신앙으로 양육받아 잘 준비된 사람이 되는 것이지 나처럼 뒤늦게 믿은 사람이 섣불리 뛰어들 직분이 아니라는 것이다. 내 딴에는 소명감에 불탔는데 응원은 못해 줄망정 찬물을 끼얹으니 그 녀석이 괘씸하기 짝이 없었다. 어린놈이 뭘 안다고 시건방지게 저러나 싶었다. 지금 돌아보면 그 학생이 진정으로 나에게 필요한 고언을 해줬다는 생각이 든다. 어쩌면 그 학생의 말이 맞았는지 모른다. 그 당시 강하게 느꼈던 소명감은 목사직이 무엇인지에 대한 분명한 의식과 내가 거기에 적합한 존재인지에 대한 냉철한 자기 판단에서 비롯되었다기보다는 풋열심과 영적 공명심 등 여러 헛된 동기가 빚어낸 일종의 '자작 소명감' 비슷한 것이 아니었나 싶다.

신학교 입시생 면접을 해 보면 예외 없이 주님께 소명을 받았다는 확신에 차 있다. 그러나 입학해서 가르쳐 보면, 그리고 졸업 후 사역하는 것을 보면, 소명을 받은 게 맞는지 심히 의심스러운 이들이 부지기수다. 만약 목사직이 선망의 대상이 아닌 멸시와 천대의 대상이고 그 앞에 놓인 길이 가난과 고난으로 점철되어 있다면 그래도 목사가 되려는 이들이 이처럼 많을까? 한국 교회가 외적으로 팽창하고 번영하면서 목사가 되면 잘 만하면 세상의 영광과 권력을 종교적으로 성취할 수 있다는 은연중의 암시가 세속화된 한국 교회의 많은 젊은이의 뇌리에 깊이 심겼다. 그들 안에 도사리고 있는 허영심이 하나님 나라를 위한 비전이라는 거룩한 명분으로 교묘히 위장되면 자기기만의 위력은 배가 되어 자신은 분명한 소명을 받았다는 강한 착각에 사로잡히게 된다. 지금 한국 교회는 이런 허영심에 자극받은 자작 소명감에 홀려 목사가 되려는 이들로 차고 넘친다. 순수한 동기로 목사가 되려고 하는 이들마저도 이 세대를 온통 미치게 하는 허영심이라는 마녀가 뿌린 향수에 취해 비칠거리기 일쑤다.

만약 한국 교회 상황이 급변하여 목사가 걸어가야 할 길이 고통스러운 가시밭길이 된다면 이런 무리는 금세 자취를 감추고 신학교는 텅텅 비고 목사 자리는 남아돌 것이다. 가톨릭처럼 중앙 통제 기구가 없는 개신교에서는 신학교의 난립과 그에 따른 무자격 목사의 양산 같은 문제를 인간적으로 해결할 방안이 보이지 않는다. 한국 교회가 급속히 쇠퇴하여 세속적인 사람에게 목사직이 전혀 매력을 주지 않고 오히려 필사적으로 기피하고 싶은 혐오의 대상이 될 때, 공명심에 사로잡혀 신학교를 찾던 무리는 자연 도태되고 주님의 강권적인 부르심에 이끌려 교회를 위한 그리스도의 남은 고난에 참여하려는 이들만이 신학교를 찾을 것이다.

앞으로 교회는 자원해서 목사가 되려는 이들은 되도록이면 목사가 되지 못하게 말려야 한다. 이것저것 다 해 보다가 실패하면 주님이 신학교에 가라고 모든 길을 막으신 것이라는 기막힌 해석을 내놓기도 하는데 이 해석은 자신의 소명감을 포장하는 단골메뉴로 너무나 많이들 써먹어서 이제는 구닥다리 레퍼토리가 되어 버렸다. 주님은 간혹 어떤 사람을 그런 식으로도 인도하신다. 그러나 그것은 특별한 경우다. 세상에서 달리 할 일이 없을 정도로 무능한 것이 결코 목사의 예비 조건이 될 수 없다. 세상에서 실패하고 별 볼 일 없었던 사람일수록 목사가 되면 인정 욕구가 발동해서 세상에서 못 이루었던 소원을 교회에서 성취하려 한다.

앞으로 개교회는 목사가 될 만한 사람들을 엄선해서 신학교로 보내야 한다. 신앙생활 열심히 하고 좀 착실하면 목사가 되라고 헛바람을 집어넣는데, 제발 그러지 말아야 한다. 열심 있고 올바르고 성실한 것은 모든 그리스도인이 마땅히 갖추어야 할 기본 덕목이다. 목사가 되려면 하나님의 특별한 부르심을 받고 목사직을 수행할 수 있는 잠재력과 자질과 은사를 총체적으로 갖추어야 한다. 신앙과 영성이 뛰어나다고, 기도를 많이 한다고, 하나님에 대한 열정이 남다르다고, 은혜가 충만하다고 목사가 될 수 있는 것이 아니다. 무분별하게 목사 후보생들을 추천해 온 관행을 반성하고 이제부터라도 기준을 바로 세워야 한다.

교인들과 당회는 교회의 이런 사람들을 눈여겨보고 면밀히 검증하는 과정을 거쳐 적합하다고 입증되면 목사 후보생으로 천거해야 한다. 그렇지 않을 경우 무자격 목사를 양산한 온 교회가 무고하다 못할 것이다. 목사가 되고 싶어 하는 사람을 말리는 것은 하나님의 뜻을 거스르는 것 같아 모두 꺼리는데, 요즘 신학교를 찾는 이들이 느꼈다는 주관적인 소명감은 신빙성이 결여된 경우가 많다. 그러니 더욱 내적 소명은 객관적인 검증을 통한 외적 소명으로 반드시 확증되어야만 한다. 목사가 될 만한 재목인지 미심쩍으면서도 부탁을 거절하지 못하고 추천서를 써 주는 경우가 비일비재한데, 인정에 끌려 대의를 저버리는 것보다 매정하게 보일지라도 단호히 안 된다고 말하는 이들이 많아져야 신학교와 교회가 살고 그 사람도 산다.

신학교의 순기능과 역기능

신학교는 엄선해서 뽑은 이들을 잘 양육해야 하는 무거운 책무를 맡고 있다. 항간에서는 신학교 무용론을 주장하며 신학교가 폐지되어야 한다고까지 말하는데, 그만큼 신학교가 제구실을 못한다고 보았기 때문일 것이다. 이런 비판을 듣지 않으려면 신학교도 뼈를 깎는 자성과 개혁을 해야 한다. 한국 교회가 위태로운 지경에 처해 있는데도 신학교 교수라는 자들이 알량한 지식을 뽐내서 대단한 학자라도 되는 것처럼 자신을 포장하기에 분주하고 처세술로 신학 지식을 팔아 자기 이름이나 알리기에 급급하다면 어찌 신학생들에게 영적 감화력을 미칠 수 있겠는가?

아무리 좋은 신학 교육을 하더라도 주님이 부르지 않은 이들을 결코 참 목사로 만들지 못한다. 이것이 신학교의 한계이며, 주님이 원치 않는 이들까지 인위적으로 목사로 만드는 죄악을 범하는 것이 신학교의 치명적인 역기능이다. 신학교는 성령의 도구로 사용될 때만 제 기능을 발휘한다. 성령이 보내신 이들을 성령의 인도하심을 따라 잠시 양육하는 책임을 맡았을 뿐이다. 신학교는 결코 목사 제조 공장이 아니다. 성령의 도구 역할을 해야 할 신학교가 월권하여 성령을 신학교의 도구처럼 착각해서는 안 된다. 학생들을 마음대로 받아들여 교육시켜 내보내면 성령이 신학교의 주문에 따라 자동적으로 그 사람들을 목사로 사용하시지 않는다. 그러므로 신학교는 성령이 기쁘게 사용할 수 있는 도구가 될 수 있도록 성령의 음성과 인도하심에 민감해야 하며, 성령을 제한하고 성령의 뜻에 역행하는 역기능을 철폐하기 위한 구조 조정과 개혁을 감행해야 한다. 그렇지 않으면 교회로부터 외면당하고 성령으로부터도 버림받는 신세가 될 것이다.

신학교가 많은 문제를 안고 있음에도 불구하고 신학 교육은 목사가 될 사람에게는 없어서는 안 될 필수 훈련 과정이다. 한국 교회의 심각한 문제는 신학의 부재다. 많은 목사가 올바른 교회관을 정립하지 못한 채 목회하기 때문에, 설계도 없이 건물을 짓는 것처럼 주먹구구식으로 교회를 세워 가고 있는 것이다. 강단에서 복음의 핵심인 구원의 진리조차 제대로 전파되지 않고 있다. 대부분의 설교가 은혜와 책임을 조화롭게 연결시키지 못하고 한쪽으로 치우쳐, 도덕적으로 각색된 율법적인 설교 아니면 값싼 은혜를 전한다. 성경적인 성화론을 바로 전파하는 설교를 듣기가 힘들다. 그러니 어찌 교인들이 바르게 살 수 있겠는가? 성령론은 어떤가? 성령에 대한 오해와 혼란은 말할 수도 없다. 이래도 신학이 필요 없고 신학교가 문을 닫아야 한단 말인가?

한국 교회 여러 목사의 설교를 비평한 책을 세 권이나 쓴 정용섭 목사의 견해에 다 동의하지는 않지만 그가 결론적으로 지적한 한 가지는 우리 목사들이 꼭 유념해야 한다고 본다. 그것은 한국 교회의 설교에는 신학의 골조, 특별히 조직신학의 뼈대가 너무도 허약하다는 것이다. 실없이 사람들을 웃기기나 하고 가벼운 예화거리로 시간을 때우고 정작 영혼을 살지게 하는 복음의 진리를 성경적·신학적으로 잘 정리하여 맛깔나게 조리한 영적 양식을 공급해 주지 못하고 있다. 한국 교회가 새로워지기 위해서는 신학교를 폐지해야 하는 것이 아니라 오히려 살려야 한다. 성령이 사용하시는 효과적인 도구로 신학교가 거듭나야 한다.

누가 목사가 될 수 있나?

목사가 되는 과정은 개인과 신학교에 전적으로 맡겨진 것이나 다름없다. 자신이 원해서 신학교에 간 사람이라면 불상사가 없는 한 목사가 될 수 있다. 목사로서의 진정한 부르심이 없고 자질 미달일지라도 일단 신학교만 나오면 목사 되는 것을 막을 길이 없다. 목사 양성을 이렇게 개인과 신학교에만 맡겨 두어서는 안 된다.

  목회 일선에 있는 목사들이 신학교에서 어떻게 가르쳤기에 요즘 젊은 교역자들이 이 모양이냐고 불평하는 것을 자주 듣는다. 물론 신학교와 신학 교수들이 제 역할을 못한 데도 책임이 있지만, 신학교 기능에 대한 기본적인 이해가 부족해 이런 불평이 나올 수 있다. 과거 프린스턴 신학교의 저명한 신학자 B. B. 워필드는 신학교에 갓 들어온 신입생들에게 항상 "신학교를 영적인 유아원으로 오해하지 말라"고 당부하였다. 신학교에서 기본적인 신앙 인격과 영성까지 갖출 수 있다고 기대하지 말라는 것이다. 신학교는 학생들이 그런 자질을 기본적으로 갖추었다는 전제하에 그들에게 목회 사역에 꼭 필요한 전문 지식을 집중적으로 교육하는 기관이다.

물론 그들을 영적으로 변화시키며 성숙한 신앙 인격자로 새롭게 하는 데도 힘써야 하지만, 3년 동안 그런 면까지 다 계발해 준다는 것은 현실적으로 무리다. 더구나 이미 성인이 되어 인격이 굳어질 대로 굳어진 상태에서 변화된다는 것은 쉽지 않다. 애초에 교회에서 기본 자질을 갖춘 사람들을 엄선하여 신학교로 보내야 한다. 그러자면 개교회와 노회는 목사 후보생 천거를 위해 보다 철저한 검증 절차를 밟아야 한다. 동시에 교단 차원에서 목회자 수급의 심각한 불균형을 해소하는 구체적인 방안을 강구해 그에 따른 신학교 정원 조정을 단행해야 한다. 더 나아가 범교단적으로 결속하여 무허가 신학교와 유명무실한 교단들이 마구잡이로 목사직을 남발하는 행태를 효과적으로 제재할 수 있는 통제 기구를 구축하는 일이 시급하다.

시스템 강화와 더불어 가치관의 변화 또한 중요하다. 목사 지망생뿐 아니라 이미 목사가 된 이들과 모든 교인까지 과연 누가 목사가 될 수 있는지 바르게 인식해야 한다. 문제는 이런 인식의 결여에서 비롯된다. 목사가 되지 말아야 할 사람들이 목사 짓을 하고 있는 것이나 잘못된 소명감에 이끌려 신학교에 오는 것이나, 그런 이들을 교회에서 부추기고 천거하는 것이 알고 보면 모두 목사의 기본 자격과 기능을 잘못 이해하고 있기 때문이다.

한국 교회는 이 시점에서 '누가 목사가 될 수 있는가'라는 해묵은 질문을 다시 끄집어내 검토해야 한다. 청어람아카데미 양희송 대표는 그의 책 「다시 프로테스탄트」(복있는사람)에서 한국 교회에 만연한 성직주의 폐단을 지적하며 목사도 하나의 직업, 의사나 변호사 같은 전문직으로 새롭게 이해할 것을 제안하였다.[1] 그는 목사직이 세속 직업과는 다른 성직이라는 생각은 성속 이원론을 배격한 종교개혁의 기본 원리에 위배되며 로마 가톨릭 사제주의의 오류를 답습하는 것이라고 지적했다. 다시 프로테스탄트 정신에 충실하기 위해서 목사라는 직분이 세상 직업보다 본질적으로 우월하거나 성스러운 것이 아니라 다만 기능 면에서 구별된다고 보아야 한다는 것이다. 올바른 지적이다. 개혁 교회를 표방하면서도 종교개혁의 가장 기본적인 가르침에서도 일탈된 한국 교회의 모순을 이렇게 지적받는 것이 부끄럽기 짝이 없다.

양희송 대표의 견해에 기본적으로 동의하면서 목사를 직업으로 이해하는 것의 한계도 함께 생각해 보는 것이 좋을 듯하다. 전통적으로 미국이나 서구에서는 육체의 질병을 치유하는 의사와 사회의 병폐를 고치는 법률가와 더불어 영혼의 병을 다루는 목사를 3대 전문직에 포함시킨다. 그래서 미국 하버드 대학교와 예일 대학교에는 3개의 전문 대학원(신학·의학·법학)이 있다. 모두 그 분야에서 고도의 전문 지식을 갖추어야 하는 직업이기에 각 직종에 맞게 특화된 전문 교육과 훈련 과정을 필히 거쳐야 한다. 이런 전문직에 종사하는 이들은 의사 협회나 변호사 협회와 같은 자체 통제 기구를 결성하여 해당 직종의 인원이 적정선 이상 늘어나는 것을 저지하며, 무자격자의 유입을 철저히 차단하고 문제가 있는 이들의 면허를 박탈하는 조치 등을 통해 자기 직종의 질적 수준과 위신을 유지하는 각별한 노력을 기울인다.[*2]

이런 면에서 가장 허술한 분야가 목사직이다. 최소한의 전문 교육과 자질이 없어도 원하기만 하면 누구나 목사가 될 수 있는 길이 무방비 상태로 열려 있는 직종이 바로 목사직이다. 전통 교단 안에서도 목사 수급이 통제 불능 상태라서 정규 신학 과정을 착실하게 마친 이들마저 극심한 목회 경쟁의 현장으로 내몰리고 있다. 그러니 목사라는 직분도 전문직이라는 관점에서 재고하여 구조적인 규제와 보완 장치를 마련함으로써 전통적인 의미의 전문직으로서 품위와 존경을 회복해야 한다는 취지는 충분히 납득할 만하다. 목사직을 주관적인 소명의 관점에서만 이해함으로써 전문직의 특성이 와해되어 버린 현실에 적절한 대응책을 제시한 것이라고 볼 수 있다.

그럼에도 목사직을 전문직으로 볼 때 야기될 수 있는 오해의 소지를 막기 위해 몇 가지 짚고 넘어갈 필요가 있다. 먼저 의대와 법대의 전문 교육을 마치면 거의 예외 없이 의사나 법률가가 되는 것처럼 신학 교육을 잘 받았다고 해서 꼭 목사가 될 수는 없다는 점에서 목사직은 차별화될 수밖에 없다. 목사가 될 사람에게 신학 교육은 필수적이지만 그보다 하나님의 부르심과 은사가 더 중요하다. 주님의 부르심을 받고 성령의 은사가 있는 사람은 스펄전이나 로이드 존스 목사가 그러했듯 비록 정규 신학 과정을 거치지 못했더라도 목사의 임무를 잘 수행할 수 있다. 물론 그런 예외적인 사례를 일반화해서는 안 되지만 말이다. 그러나 아무리 탁월한 신학 교육을 받았다 할지라도 그것이 하나님의 부르심과 성령의 은사를 결코 대신할 수는 없다. 의대의 전문 교육은 의사로서의 특출한 재능을 타고나지 못한 이조차 뛰어나지는 못해도 평범한 수준의 의사는 되게 할 수 있다. 그러나 신학 교육은 부르심과 은사가 없는 사람을 결코 참된 목사로 만들 수 없다. 이것이 목사를 전문직의 차원에서만 이해하기 힘든 이유다.

지금까지 신학 교수로 일하면서 이렇게 소명과 은사가 없는 이들을 상당히 많이 보았다. 이는 현재 목사인 이들 가운데서도 별반 다르지 않을 것이다. 이렇게 소명과 은사 없이 직업으로 목사 일을 하는 이가 많은 점이 한국 교회를 영적으로 쇠약하게 만드는 원인이라고 할 수 있다. 하늘의 소명과 비전이 없으니 이 땅의 물질과 명예나 탐하고, 설교의 은사가 없으니 때우기 식으로 설교하며, 목회의 즐거움이 없으니 교단 정치에나 기웃거리며 감투나 좇는 정치꾼이 되는 것이다. 전문 신학 교육을 받아 정식으로 목사 자격을 취득했을지라도 하나님으로부터 부르심과 인증을 받지 못한 이는 목사 짓해서 먹고사는 삯꾼인 셈이다. 하기야 목사가 삯꾼 역할이라도 잘 해주면, 다시 말해 삯을 받은 만큼이라도 열심히 일해 주면 좋겠다는 말이 자연스럽게 회자되는 것이 우리네 현실이니 무슨 말을 더 하겠는가.

은사가 없는 목회는 불가능하다

목사를 하나의 직업으로 볼 때 소명 없는 목사직, 심하게 말하면 삯꾼 목자들이 횡행하는 현실은 얼마든지 합리화될 수 있다. 한국 교회가 안고 있는 목사직의 문제에 대해 부족한 소명 의식만을 탓하기보다 구조 개혁으로 해결해야 한다는 말은 맞다. 그러나 제도의 허술함과 맞물린 더 근원적인 문제는 진정한 소명의 부재라는 점도 짚고 넘어가야 한다. 그러므로 개혁교회의 전통을 따라 목사직을 직업으로 보기에 앞서 소명이라는 관점에서 이해하는 것은 불가피하다. 목사직이 일반 사회의 다른 직업과 다르지 않다는 점만 부각시키고 목사로서의 특별한 소명과 임무에 대해서 깊이 착안하지 않는 것은 종교개혁의 가르침을 제대로 이해하지 못한 것이다.

종교개혁 전통은 목사의 소명이 본질적으로 우월하지 않을지라도 세상의 직업과는 다른 독특성을 띤다고 강조해 왔다. 곧 하나님의 구원 계획의 중심이 되는 주님의 몸 된 교회를 세우는 특별한 직분으로 부르심과 은사를 받은 사람만이 이 직분을 맡을 수 있다고 본 것이다. 바울 사도는 목사를 부활하신 그리스도가 교회에 내리신 선물, 은사라는 관점에서 이해하였다(엡 4:9). 주님이 "어떤 사람은 사도로, 어떤 사람은 선지자로, 어떤 사람은 복음 전하는 자로, 어떤 사람은 목사와 교사로 삼으셨"다는 것이다(엡 4:11). 여기서

그는 교회를 세우기 위한 특별한 직분으로의 부르심과 은사를 말한다.[3]

전통적으로 개혁교회에서는 이 소명과 은사가 없이는 결코 목사가 될 수 없다는 점에 대해 매우 단호한 입장을 취해 왔다. 목사의 소명이 주어지는 자에게는 반드시 하나님이 부르신 임무를 수행할 수 있는 은사와 능력이 주어진다고 보았다. 이런 개혁교회의 전통을 잘 대변해 주는 대표적인 청교도 신학자 존 오웬은 은사가 없는 목사는 그리스도가 부르신 사람이 아니며 교회에 아무 쓸모가 없고 영혼들을 속일 뿐이라고 했다.[4] 은사는 성도를 온전하게 하며 그리스도의 몸을 세우는 목회의 목표를 성취할 수 있는 유일한 능력이기에, 이 은사가 없는 이는 목사의 임무를 도무지 수행할 수 없다는 것이다.[5] 또한 목사의 복음 사역은 오직 새 언약의 영인 성령의 도우심으로만 감당할 수 있는데,[6] 목사에게 이 성령의 은사가 없으면 새 언약의 복음이 바르게 전파될 수 없다. 따라서 주님이 성령의 은사를 주지 않고는 어떤 사람도 목사로 부르지 않으신다.

오웬은 "성화의 은혜가 없는 경우에도 간혹 참 목회가 있을 수 있지만, 성령의 은사가 없이는 전혀 목회가 가능하지 않다"[7]고까지 말했다. 이것이 개혁교회의 전통에서는 일반적인 견해인데 한국 교회에서는 매우 낯설고 극단적으로까지 들린다. 물론 탁월한 은사와 경건이 결합될 때만 참된 목사가 만들어진다. 목사에게 성화의 열매와 목회의 은사가 모두 있어야 정상이지만, 둘 중 하나가 부재한 경우라면 목회의 은사 없이 거룩함의 열매만 있는 것보다는 그런 열매가 없어도 은사가 있는 쪽이 훨씬 더 낫다는 것이다. 보통 이와 반대로 생각하는 경우가 많다. 교인들은 목사를 '우리 가운데 더 좋은 그리스도인'이기를 바란다. 그래서 그런 이들에게 곧잘 목사가 되라고 권하곤 한다. 그러나 좋은 신앙 인격은 모든 그리스도인이 갖추어야 할 자질이

지 결코 목사에게만 있어야 할 특성이 아니다. 탁월한 성품을 가졌더라도 목회의 은사가 없이는 절대 목사가 될 수 없다.

이런 이들이 목사가 되면 중대한 목회 직무를 수행하지 못하는 데서 오는 엄청난 심적 압박에 시달리며 심한 자격지심에 빠져 결국 인격 파탄에 이르기도 한다. 가족의 고충은 물론이고 교인들이 감수해야 할 영적 폐해도 말할 수 없이 크다. 어떤 교회의 장로는 설교는 잘 하는데 인격이 덜 된 목사에게 질려서 차라리 설교는 못해도 성품이 좋은 목사가 낫겠다고 생각했는데 다행히 그 목사가 떠나고 새로 부임한 목사가 꼭 그런 사람이었다고 한다. 그러나 막상 겪어 보니 더 힘들더라고 하소연했다. 사람은 선하고 겸손한데 설교는 들어 줄 수가 없으니 교회 생활이 말할 수 없이 곤혹스러워졌다는 것이다.

이런 점에서 볼 때, 아무리 성화의 열매가 탁월해도 목회의 은사가 없는 이는 목사로서는 완전 부적격이라는 선진들의 지혜는 성경적일 뿐 아니라 매우 현실적이다. 이런 이들이 교인으로 남아 있으면 많은 사람에게 은혜를 끼치고 모범이 되는 그리스도인의 역할을 하지만, 목사가 되면 오히려 많은 사람을 영적으로 피폐하게 하고 자신 안에 풍성했던 성화의 열매까지 모두 시들어 버리는 비극을 초래한다.

우리 가운데 더 좋은 그리스도인들이 자기 딴에는 매우 선한 의도에서 목사가 되었는데 오히려 자신과 많은 사람을 고통스럽게 할 수 있다. 그러므로 설교와 목회의 은사가 없는 이들은 목사가 될 생각일랑 아예 하지 말아야 한다. 은사가 없는 사람이 자신의 허황된 비전을 소명감으로 착각하는 것은 목사를 세우시는 그리스도의 권위를 멸시하는 행위며 결국 그것은 주님의 몸 된 교회에 큰 폐해를 끼치는 범죄다. 오웬이 지적한 대로, 주님으로부터 부름받지 못한 이들이 목사가 되는 사례가 많아질 때 교회에 영적 재앙이 임하게 된다.

열매 없이 은사만 있는 목사는 위험하다

'은사 없이 목사직은 불가능하다'는 기본 전제에 이어 강조되어야 할 개혁교회 목사의 수칙은 거룩함의 열매 없이 은사만 있는 목사가 되는 것은 위험천만하다는 사실이다. 목사에게는 은사와 열매가 함께 있어야 바람직하다. 은사를 성령을 따라 올바르게 활용할 때는 거룩함의 열매를 맺는다. 그러나 은사와 열매가 분리되어 나타나는 변칙 사례가 얼마든지 발생할 수 있다. 설교는 잘 하는데 인격은 문제가 많을 수 있다. 목사가 설교의 은사를 성령을 거스르는 육신의 소욕을 따라 사용할 때, 사태는 매우 복잡한 양상을 띠게 된다. 은사를 하나님의 영광보다 자신의 명성과 성공을 위한 방편으로 오용하면 뛰어난 설교 은사로 다른 이들에게 은혜를 끼치면서도 정작 목사 자신을 새롭게 하는 성화론적인 기능은 전혀 발휘하지 못한다. 은사로 인해 자기기만과 타락의 수렁에 빠질 수 있는 것이다.

심지어 심각한 죄에 빠져 있는 자까지 설교는 멋들어지게 해서 교인들을 아주 헷갈리게 한다. 성범죄로 큰 물의를 빚은 전병욱 목사가 서울 홍익대 앞에 홍대새교회를 개척하고 설교자로 복귀하였다. 비록 그의 명성은 산산이 금 갔지만 '설교 제작의 은사'만은 전혀 손상되지 않은 듯하다. 변함없이 활기 발랄한 목소리로 특유의 유머와 재담을 섞어 가며 그럴싸하게 한 가닥 설교를 뽑아낸다. 그를 따르며 두둔하는 교인들은 하나님이 여전히 전 목사를 사용하시고 있다고 믿는다. 그렇지 않고서는 설교를 그렇게 은혜롭게 할 수 없다는 것이다. 이것이 교인들이 빠지기 쉬운 함정이다. 교인들이 잘 모르는 사실은 심각한 죄로 인해 성령의 은혜가 떠난 목사에게도 설교의 은사는 여전히 기능할 수 있다는 점이다. 그가 치료받아야 할 사람이라는 사실이 교인들이 듣기에 은혜로운 설교를 만들어 내는 뛰어난 재주와 은사로 교묘히 은폐되어 있다. 설교는 이치에 맞게 잘하는데 돌아서면 이성과 상식을 초월한 해괴한 짓을 할 수도 있다. 여기서 설교의 은사와 거룩함의 열매가 완전히 별개의 것처럼 놀 수도 있음을 알 수 있다.

그러므로 성화의 은혜 없이 설교의 은사만 가진 목사는 더 무서운 파국에 이를 수 있다. 그가 하는 거룩한 일이 그를 더욱 타락하게 만든다. 거룩한 것에 타성이 붙어 그에 대한 모든 경외심을 잃어버리고 하나님을 도무지 두려워하지 않는 목사가 된다. 그의 심령은 점점 더 강퍅해져 복음의 약효에 완전히 면역되어 화인 맞은 심령이 되어 버릴 수 있다. 결국 회개가 불가능한 지경에까지 이르는 것이다. 그래서 상당한 설교의 은사를 가졌던 자들 중에서 돌이킬 수 없을 정도로 완악해지는 이들이 나올 수 있다. 주님은 휘어진 막대기도 사용하여 당신의 자녀들을 유익하게 하신다. 그러나 그들을 사용하신 후에는 버리실 수밖에 없다.

이런 목사들의 두드러지는 특징은 사역의 은사와 능력은 나타나지만 삶과 인격에서 거룩함의 열매는 전혀 찾아볼 수 없다는 사실이다. 바울 사도는 거룩함이 없이는 주를 보지 못하리라고 말했다(히 12:14). 주님도 주의 이름으로 예언자 노릇하고 능력을 행했으나 열매가 없는 이들을 향해 "내가 너희를 도무지 알지 못하니 불법을 행하는 자들아 내게서 떠나가라"고 말씀하셨다(마 7:23). 이 말씀에 비추어 볼 때 거룩함의 열매가 전혀 없는 설교자의 말로 또한 크게 다르지 않을 것이다.

지옥에 갈 목사들은 과연 누구일까?

대형 교회 담임 목사와 신학교 교수를 역임한 이가 「내가 본 지옥과 천국」(크리스챤서적)이란 책을 썼다. 자신이 특별한 체험을 했으면 혼자만 간직했으면 좋으련만 분별력이 흐려졌는지 그렇지 않아도 천국과 지옥에 대한 괴담으로 몸살을 앓고 있는 교계에 혼란을 가중시켰다. 정통 신학을 연구한 교수가 그런 책을 냈으니 황당한 얘기를 해 대며 복음을 혼잡하게 하는 이들에게 큰 지원군이 되어 준 셈이다. 여기서 그 책의 문제점을 지적하려는 것은 아니고 그 책에 기록된 한 내용을 화두로 삼고자 한다. 그 목사는 지옥에서 유명한 목사들을 봤다고 했다. 전혀 그 진위를 확인할 방법이나 객관적인 근거가 없는 말이지만 상당히 호기심을 자극하는 얘기다. 지옥에 갈 목사는 과연 누구일까? 지금 한국 교회를 보면 지옥에 갈 목사들이 꽤 많을 성싶다. 의외로 교인들로부터 존경받던 목사들도 거기 있을지 모른다. 나를 비롯한 모든 목사는 그 후보자 명단에서 제외되지 않을 것이다. 평생 하나님 말씀을 전하고 목회하느라 수고하고도 지옥에 가는 목사는 어떤 사람일까? 그런 일이 실제 가능한 것인가? 이에 대한 신학적인 근거라도 있는 것인가?

존 오웬은 그의 저서에서 이 문제를 심도 있게 다루었다. 오웬에 의하면, 교회에는 궁극적인 구원을 위해 선택된 이들이 있는 반면 일시적인 교회 사역을 위해 선택된 이들이 있다. 그래서 결국 구원에 이르지 못할 사람도 "빛을 받고, 하늘의 은사를 맛보고, 성령에 참여하고, 하나님의 선한 말씀과 내세의 능력을 맛보고"(히 6:4-6) 목회 사역을 잘 할 수도 있다는 것이다."[8] 그러나 이런 은혜 체험은 그들을 진정으로 회심하게 하고 구원에 이르게 하지 못한다. 영원한 생명을 보장하는 은혜를 받지 않고 성령의 은사만을 받고 교회 사역을 하는 이들도 이런 정도의 은혜를 체험할 수 있다는 것이다.

히브리서 6:4-6은 매우 난해하여 논란의 여지가 많다. 이 말씀을 구원의 은혜를 받은 이들도 돌이킬 수 없을 정도로 타락할 수 있다는 알미니안적인 교리를 지원하는 근거로 삼기도 한다. 반면 한 번 믿은 사람은 영원히 버림받지 않는다는 교리에 꿰맞추어 해석하기도 한다. 이런 견해들은 특정 교리적 입장을 본문에 투사해서 해석한 것이다. 이 본문을 진정으로 거듭난 이들도 버림받을 수 있다는 주장의 증거 구절로 삼는 것은 성경 전체의 진리와 상충되는 해석의 오류다. 역으로 이 말씀을 정통 구원론의 틀에 무리하게 끼워 맞추려는 시도는 이 본문의 진정한 의미를 왜곡시켜 단순히 가상의 위험만을 언급한 것으로 보는 우를 범하고 만다.

오웬의 견해는 이런 오류들을 지혜롭게 피해 간다. 그는 이 문제를 이중적인 선택의 관점에서 풀려고 하였다. 결국 버림받을 목사는 "구원을 위한 선택"이 아니라 "사역을 위한 선택"만을 받은 것이다.[9] 곧 그들은 궁극적인 구원에 이르게 하는 은혜 없이 사역을 위한 은사만을 받았다는 말이다. 이같이 오웬은 성령의 은혜(grace)와 은사(gift)를 구별하였다. 성령의 은사는 성령의 은혜와는 달리 그 수혜자의 중생과 성화를 보장하지 못한다. 성령의 은혜와 은사는 긴밀하게 연결되어 있으며 둘 다 목회자에게 필수적이지만, 은혜 없이 은사만 받아 사역하는 것이 얼마든지 가능하다는 것이다. 오웬은 구원에 이르지 못 할 사람도 성령의 은사에 참여할 수 있다고 봄으로써 성령에 참여하고도 타락할 자가 있다는 히브리서의 말씀을 액면 그대로 이해하는 데 별 어려움이 없게 만들었다.

이렇게 은사와 은혜를 이원론적으로 구별하면 여러 의문이 제기될 수 있다. 과연 구원받지 못할 사람도 성령의 은사를 받을 수 있는지, 그런 이들이 받은 어떤 능력을 성령의 은사라고 볼 수 있는지 논란이 일 수 있다. 그럼에도 오웬이 이런 논리를 고수한 이유는 교회 역사에 만연하게 나타나는 배도의 현상을 설명하려는 시도와도 깊이 연관된다. 왜 뛰어난 은사를 가졌던 많은 사역자가 타락하여 비참한 말로를 맞이하는가? 앞에서 살펴본 것 같이 오웬은 선택, 그리고 은혜와 은사를 이중적 관점에서 봄으로 이에 대한 적절한 설명을 가능하게 하였다.

우리는 어떤 이가 한때 성령의 감동을 받고 사역에 은사가 나타나면 그는 당연히 중생하고 구원받은 사람이라고 단정하는 경향이 있다. 그리하여 히브리서 6:4-6 같은 말씀이 주는 강력한 경고의 메시지를 무의미하게 만든다. 그러나 오웬을 비롯한 청교도 신학자들, 그리고 조나단 에드워즈는 그런 은사 체험이 반드시 회심을 동반하지 않으며 구원을 보장하지 않는다는 점을 강조하였다. 곧 그런 은사를 체험하고 한동안 교회를 위해 열심히 일하다가도 타락하여 영원히 버림받을 수 있다는 것이다.*10 이런 이들도 상당한 성경 진리와 신학적 지식을 터득하여 남들을 잘 가르치며 탁월한 설교의 은사를 받아 많은 이에게 감동을 주고 유익을 끼치기도 한다. 그러나 남에게 전파하고 자신들은 결국 버림받는다. 이런 가르침에 따라 진단해 본다면 버림받을 목사들이 한국 교회에 얼마나 될까? 혹 우리 자신이 이런 부류에 속해 있지는 않은지 심히 두려워해야 할 일이다.

욕망의 미로에서 뒤틀린 목사의 영성

온갖 비리에 연루된 목사들의 범죄 행각이 언론에 폭로되면서 목사들이 이전과는 아주 다른 이미지, 즉 죄에 빠질 확률이 매우 높은 부류로 의심받게 되었다. 거룩해야 할 목사들이 왜 이렇게 범죄에 취약한 존재들로 전락하게 되었는가. 그것은 자신의 욕망을 적절하게 통제하는 데 실패했기 때문이다. 한국 교회 타락의 뿌리에는 복잡한 욕망의 미로에 갇힌 목사의 영성이 자리 잡고 있다. 한국 교회와 목사의 문제를 풀기 위해 목사 안에 꿈틀대는 욕망의 미묘한 역학에 대한 심층적인 분석이 필요하다.

어떻게 보면 목사가 자신의 욕망을 다스리기 가장 힘든 사람일 수 있다. 목사가 다루어야 할 종교적인 열망과 인정 욕구 자체가 가장 강렬하면서도 통제하기 힘든 열정이기 때문이다. 더욱이 그 욕망은 종교적인 대의명분으로 철저히 은폐될 수 있기에 기만의 위험성은 극대화되는 반면 분별의 가능성은 희박해진다. 자신과 다른 사람들을 눈멀게 하는 위장술이 뛰어난 것이 종교적인 욕망이다. 거기에 더하여 이 욕망을 한껏 부추기는 사회적·문화적 요인과 영적 미혹까지 결부되면 욕망의 위력은 통제 불능의 지경에 이른다.

청춘을 바쳐 목사로 헌신한 사람은 주님과 그의 나라를 위해 귀하게 사용받고 큰일을 하고 싶다는 원대한 꿈과 포부를 갖는다. 세상을 향한 모든 욕망을 버린 대신 목사로서 성공하려는 열망은 더욱 강렬해진다. 훌륭하고 성공한 목사가 되고 싶은 욕망 자체는 정당할 수 있지만, 이 욕망이 사회적·문화적 요인과 개인 안에 도사리고 있는 부패한 성향에 의해 얼마든지 왜곡될 수 있다. 모두들 하나님의 영광을 위해 일한다고 말은 할 수 있지만, 목회에 성공하고 큰 교회를 이루려는 것이 진정으로 누구를 위한 것인지, 그 명분과 실제는 확연히 다를 수 있다.

이론적으로는 인간의 전적 타락을 굳게 신봉하는 개혁교회 목사들이, 실제로는 자신들 안에 타락한 육신의 성향이 여전히 도사리고 있다는 사실을 망각하며 사는 것처럼, 지나치게 순진무구한 명분에 사로잡혀 자신의 욕망을 점검하는 일에 소홀한 경우가 많다. 그러나 인간은 대개 점검되지 않은 욕망에 의해 지배당한다. 측량할 수 없이 교활하고 부패한 육신의 소욕이 자신을 삼키려 한다는 사실을 절감하며, 항상 깨어 그 욕망의 움직임에 민감하지 않으면 그 욕망의 희생자가 될 수밖에 없다.

육신의 욕망은 우리의 눈을 멀게 하여 우리 마음을 사로잡고 있는 욕망의 정체를 파악할 수 있는 지각을 마비시킨다. 목사에게 이런 사태는 훨씬 더 악화될 수 있다. 목사 안에 있는 육신의 욕망은 하나님의 영광을 위한다는 거룩한 명분으로 교묘히 포장되기 때문에 자기기만의 위력이 몇 배나 커진다. 그런 목사일수록 자신은 하나님과 그 나라를 위해 열심히 일한다는 확고한 신념에 사로잡혀 그런 구호를 더욱 힘차게 외친다. 그러면서 자신이 추구하고 있다고 생각하는 목회 목표 너머에 자신이 미처 보지 못하는 궁극적인 목적이 있다는 사실을 감지하지 못한다. 그가 내건 하나님의 영광이라는 슬로건은 최종 목표가 아니라 중간 목표일 뿐이다. 그가 궁극적으로 원하는 것은 자기 실현과 자기 영광이며, 하나님의 영광이라는 명제는 그 목적을 이루는 방편으로 동원된 것이다. 육신의 욕망은 결국 그 욕구 충족을 위해 교인들을 도구화하며 하나님까지 이용하려고 한다.

목사 안의 종교적인 욕망이 육신의 부패성에 의해 자극받을 때, 그것은 하나님 대신 자아를 숭배하려는 열망으로 둔갑한다. 하나님을 향한 목사의 열심이 자신의 영광과 명성과 성공에 대한 욕망에 자극받을 때가 얼마나 많은가? 사람들에게 영광과 찬양을 받고 싶은 갈망은 자신이 경배를 받고 싶은 마귀적인 욕망이다. 목회자가 선 바로 그 자리가 하나님의 영광을 가로채고 자기를 숭배하는 무서운 죄에 빠질 수 있는 위태로운 자리다. 천사도 통제하지 못해 결국 마귀로 타락하게 한 바로 그 욕망이 목사들을 타락시키고 있는 것이다.

또한 이 사회와 교계에 팽배해 있는 자기 숭배적인 풍조와 가치관이 목사의 육적인 소욕을 더욱 부추겨 이런 위험은 극대화된다. 바울이 사람들의 신이 배라고 말했듯이(빌 3:18-19), 사람들은 탐욕스러운 자기 배, 육신의 욕망을 채우기 위해 미친 듯이 분요한 삶을 살고 있다. 사람들을 사로잡고 있는 대표적인 배(육신)의 욕망 세 가지가 물질에 대한 욕망, 섹스와 쾌락에 대한 욕망, 권력에 대한 욕망일 것이다. 배의 욕망이 가장 교묘하면서도 무섭게 위장되고 합리화될 수 있는 영역이 바로 종교다. 기독교는 물질적 풍요와 번영, 안락을 갈구하는 배의 욕망을 채우기 위한 도구로 전락하기 쉽다. 한국 교회에 만연한 기복 신앙과 번영 신학이 그 구체적인 표현이다. 목사들은 사람들의 배의 욕망을 잘 이용하여 교회 성장을 이끌어냄으로 자신들의 종교적인 야망, 즉 또 다른 형태의 배의 욕망을 성취하려 한다. 한국 교회의 타락과 세속화를 불러온 교회 성장은 십자가에 못 박히지 않은 교인들의 배의 욕망과 목사들의 자기 숭배 야심이 절묘하게 맞물려 빚어낸 산물이라고 볼 수 있다. 지금 한국 교회는 그 욕망의 쓴 열매를 톡톡히 맛보고 있다.

큰 교회를 이루는 것이 목회 성공의 척도라는 인식이 교계에 보편화되면서 목사들은 경쟁적으로 교회 성장을 추구하는 일종의 모방 욕망에 자극받는다. 목회에 성공하고자 하는 무의식적인 욕구가 모든 사역의 은밀한 동기로 작용한다. 그러면서도 그런 의도가 항상 천상의 언어로 감쪽같이 위장되기에 교인들을 완벽하게 속여 그들의 에너지와 자원을 하나님의 뜻보다 목회 성공의 야심을 이루기 위해 사용하도록 교묘히 유도할 수 있다. 성령의 은사까지 욕망을 실현하는 도구, 즉 하나님이 원하시는 교회를 세우기보다 교회를 성장시켜 목회에 성공한 목사라는 영광을 얻기 위한 방편으로 사용한다.

목사가 성령을 거스르는 육신의 소욕을 따라 목회하면 그의 영혼은 성령과 날카롭게 대립되고 성령이 공급해 주시는 풍성한 은혜와 평강이 고갈되어 사막과 같이 메마르고 피폐해진다. 외적으로 많은 것을 성취함에도 불구하고 채워지지 않는 내적 공허가 그들을 미친듯이 무언가 더 많은 것을 이룸으로 만족을 얻어 보려는 헛된 수고로 몰아간다. 목사들이 성공과 명예에 그토록 집착하는 모습은 그들의 영혼이 매우 공허하다는 반증이다. 영적 에너지를 자기 중심적 추구를 위해 모두 소진하면, 복음 사역을 열심히 하고 나서도 마음에 왠지 모를 허탈감이 밀려온다. 이렇게 영적으로 공허한 상태에서 목사는 죄의 유혹 앞에 무기력해지고 음란과 쾌락 같은 짜릿한 죄에 탐닉하기 쉽다. 대개 목사의 야망이 클수록 음욕도 커지며, 여러 부도덕한 죄에 빠질 확률이 높아진다.

결국 목사가 당하는 가장 큰 비극은 그의 타락한 욕망에서 초래된다. 마음의 중심에서 하나님을 향한 순수한 사랑이 떠나고 그 빈자리에 성공과 명예와 권력에 대한 야망이 가득 찰 때 그 심령은 온갖 정욕이 들끓는 죄의 온상이 된다. 목사가 은혜의 지배를 받지 못할 때 특별히 색욕을 통제하기 힘들어진다. 하나님보다 자신의 영광을 더 사랑하는 영적 간음이 육적인 간음으로 이어지는 것이다. 그러므로 세속적인 야망에 이끌려 주의 일을 하는 목사들은 이미 성적인 범죄에 빠져 있거나 조만간 빠질 확률이 매우 높다. 비록 겉으로 음행을 범하지 않았을지라도 주님만이 아시는 은밀한 죄, 음욕에서는 자유하지 못할 것이다. 나를 비롯한 한국 교회 대부분의 목사들이 이 위험 앞에 서 있다. 임박한 몰락을 피하는 유일한 길은 철저히 회개하여 깨끗하고 겸허한 마음, 주님을 향한 순결한 사랑과 헌신을 회복하는 것이다.

치명적인 중독으로부터 치유가 필요한 목사

사람의 강력한 욕구 중 하나가 인정 욕구다. 우리는 어려서부터 사랑받고 인정받아야 한다는 강박에 쫓기며 살아 왔다. 치열한 경쟁 사회가 이런 심리와 욕구를 더 부추겼다. 인정 욕구는 과도한 경쟁심과 성취 지향적인 성향을 자극한다. 그래서 우리는 남보다 더 앞서고 더 소유하며 더 성취해서 내가 실력 있고 중요한 가치가 있는 사람이라는 인정을 받아야 살맛 난다고 느낀다. 그제야 삶의 희열을 만끽한다. 사람들의 인정과 칭찬이 내 존재의 가치와 의미를 부여하는 결정적인 요인으로 작용하기에 거기에 목을 매고 사는 것이다.

그렇기에 우리는 마치 인정 중독자처럼 사람들의 인정과 박수갈채를 받고 싶어 목말라한다. 우리를 향해 '너는 중요한 가치가 있는 사람'이라고 말해 주는 사람을 애타게 찾는다. 주위 사람들이 우리의 존재 가치를 평가하는 배심원과 같은 역할을 하기에, 그들이 나를 성공한 자로 평가할지 실패한 자로 평가할지 노심초사한다. 우리는 아무에게도 인정받지 못하는 삶, 자기 자신마저 존재 가치를 느끼지 못하는 삶을 도저히 견디지 못한다. 그렇기에 우리가 하는 모든 일의 저변에는 인정 욕구가 깔려 있다. 아마 인정 중독이 약물 중독보다 더 강한 중독일 것이다. 신앙은 이 중독을 치유하기보다는 더 악화시킬 수 있다. 하나님을 섬기는 것보다 사람들에게 잘 보이려고 외식하느라 더 많은 에너지를 쏟으며 신앙생활하는 경우가 많기 때문이다.

이 중독에서 가장 절실하게 치유받아야 할 사람이 나와 같은 목사일 것이다. 어떻게 보면 목사들은 교인들의 인정을 먹고사는 존재일 수 있다. 교인들에게서 인정과 존경을 받을수록 목사의 명예와 주가는 그만큼 올라간다. 훌륭한 목사인가 아닌가, 성공한 목사인가 실패한 목사인가가 그들의 평가에 달려 있다. 그렇기에 주의 일을 하면서도 교인들의 기대에 부응하여 좋은 평판을 들을 수 있는 가면과 외양을 만들어 내느라 쉼이 없다. 은혜가 없는데 은혜가 있는 목사처럼 자신을 꾸미는 데 무의식적으로 엄청난 에너지를 소진한다. 괜찮은 목사, 솔직하면서도 의식이 있는 목사처럼 보이기 위해 자신의 이미지를 관리하기에 여념이 없다.

물론 인정 욕구 자체는 하나님이 주신 정당한 욕구다. 인간은 원래 하나님의 영광과 인정을 추구하는 존재로 지음받았다. 인간이 하나님의 영광만을 추구할 때 가장 존귀하고 영광스러운 존재가 된다. 하나님의 영광에 대한 강렬한 인정 욕구가 없는 이는 하나님을 결코 바르게 섬길 수 없다. 경건의 핵심은 인정 욕구라고 할 수 있다. 숭고하고 거룩한 영광을 열망하는 이는 그보다 훨씬 저급하고 부끄러운 영광을 추구하지 않는다. 우리가 하늘의 영광에 대한 비전에 눈멀고 그 영광에 대한 사모함을 잃어버렸기에 이 땅의 헛된 명예와 영광에 껄떡거리는 비루하고 추한 모습을 보이고 있는 것이다.

어떤 목사가 모 기독교 단체의 회장이 되기 위해 거액의 선거 자금을 뿌려서 물의를 빚었다. 각 교단 총회장 선거에서도 이런 추태들이 비일비재하게 벌어진다. 세상 사람들보다 목사들이 헛된 명예를 구하는 모습이 더 저질스럽고 추악하게 보이는 이유는 무엇일까? 그들의 문제는 명예욕이 많은 것이 아니라 진정한 명예욕이 없는 것이다. 너무도 저급한 영광, 즉 자신들을 한없이 욕되게 하는 부끄러운 영광을 좇는 것이 문제다. 하나님의 탁월한 영광을 배설물 같은 세상의 영광을 위해 헌신짝처럼 내팽개치는 행위는 팥죽 한 그릇에 장자권을 팔아넘긴 에서의 행동보다 훨씬 더 망령된 짓이다.

저급한 욕망을 좇는 것은 정신 나간 몇몇 목사들만의 문제가 아니다. 한국 교회가 세속화된 깊은 요인은 우리 교회 지도자들의 인정 욕구가 하늘을 향해 비상하는 추진력을 잃고 이 땅으로 추락한 데 있다. 하나님의 영광을 갈망하며 하나님이 인정하시는 목회를 추구하기보다 거룩한 명분으로 포장된 육신의 소욕에 사로잡혀 이 땅에서의 성공과 영광을 좇다 보니 주님의 교회가 이 지경에 이르게 된 것이다.

한국 교회가 새로워지려면 무엇보다 우리의 인정 중독을 성령 안에서 치유받아야 한다. 성령은 종말의 영이다. 성령은 현세 지향적인 목회 비전과 성공을 이루기 위해 마구 끌어당겨 사용할 수 있는 능력이나 은사가 아니다. 오히려 우리 마음을 이 땅의 영광에서는 멀어지게 하고 하늘의 영광과 비전에 강하게 끌리게 하는 종말론적인 추진력이다. 그러므로 우리가 성령에 사로잡히면 인정 욕구가 강렬한 내세 지향성을 회복하게 된다. 성령께서 우리 어두운 마음에 예수 그리스도의 얼굴에 있는 하나님의 영광을 아는 빛을 비춰 주심으로 우리 마음이 그 탁월한 영광에 매료되면, 이 땅에서 비록 무명할지라도 하나님이 알아주심으로 만족하고 기뻐하며, 세상 기준으로 실패한 것 같을지라도 하나님 나라에서 충성된 종으로 평가받기를 추구하게 된다. 이런 종말론적인 신앙은 결코 우리가 도달할 수 없는 높은 영적 경지가 아니라 참된 신앙과 경건의 기초다. 우리는 이 기본에서 너무 멀어져 있다.

하늘에 속한 목사들을 만나다

말씀을 전하기 위해 여러 교회를 방문하다 보면 곳곳에 숨어 있는 훌륭한 목사들을 만나는 기쁨을 종종 누린다. 이런 분들을 보면 마치 밭에 감춰진 보화를 발견한 듯 마음이 들떠 혼자 간직하기보다는 이 비밀을 퍼뜨리고 싶은 충동을 억제하기 힘들다. 이런 분들이 이상적인 목사로 알려지고 부각되어 한국 교회의 일그러진 얼굴을 쇄신했으면 좋겠다는 소원을 가져 보지만, 현실적으로 그럴 가능성은 희박해 보인다. 왜냐하면 이런 목사들은 이 시대가 별로 흠모할 만한 조건을 갖추고 있지 않기 때문이다. 요즘 교계 풍토에서는 뜰 만한 이들이 아니다. 이들은 대개 지방에 있는 작은 교회의 이름 없는 목사에 불과하니 누가 이들을 거들떠나 보겠는가?

지방에서도 신출귀몰한 재주와 카리스마로 교회를 급성장시켜 일약 스타 목사로 등극하는 이들이 있다. 이들은 전국적으로 불려 다니며 정체된 목회의 돌파구를 찾아 헤매는 가련한 목사들에게 교회 성장의 비법을 한 수 가르쳐 주기에 눈코 뜰 새 없이 분주하다. 그러나 내가 말하는 목사들은 그런 특출한 은사나 재주도 없는 그야말로 별 볼일 없는 이들이다. 그렇다면 무엇이 이들을 그렇게 훌륭하고 아름다운 목사가 되게 하는 것일까?

이들은 평생 작은 교회 목사로 빛을 보지 못하고 묻혀 지낼 것이다. 이들은 이 세상에서 무명해도, 이 땅 기준으로는 실패한 것 같아도 주님과 교회를 섬기는 일 자체로 행복한 목사들이다. 이것은 말처럼 쉬운 일이 아니다. 나이가 들수록 이 세상에서 인정받을 만한 무언가를 이루어 놓지 못했을 때, 자신의 존재가 전혀 알려지지 않고 묻힐 때 우리는 그것을 견디지 못해 한다. 그래서 우리는 우리 존재를 아주 멋지게 포장하고 약삭빠르게 홍보하여 사람들의 존경과 인정을 최대한 확보해 놓으려 한다. 그러나 이 땅에서 유명하고 성공한 목사가 되어야만 행복할 수 있는 사람은 아직 육적이고 미성숙한 사람이다. 세상의 인정과 명예에 목말라하는 것은 그만큼 속이 허하기 때문이다. 주님으로 속이 꽉 찬 영혼은 그런 것으로부터 초연할 수 있는 놀라운 자유함이 있다.

몇 달 전 몇몇 시골 교회가 연합하여 개최한 집회에서 말씀을 전하고 왔다. 그곳에서 열악한 농촌 교회에서 수고하는 목사들을 만났다. 어떤 목사는 설립한 지 100년 가까이 되었으나 교인은 딱 한 명 밖에 안 남은 교회에 부임하여 10년이라는 긴 세월 동안 한결같은 모습으로 봉사하고 있었다. 지금은 교인 수가 10명 정도로 늘었으니 10년 동안 열 배 성장한 셈이다. 그 목사는 과거 건축가로 활약했던 때의 재능을 살려 그 척박한 땅에 아담한 교회당까지 지어 놓았다. 죽어 가던 농촌 교회가 활기를 되찾는 모습을 보고 감동받은 그 교회 출신들이 후원의 손길을 보내기 시작한 것이다.

말할 수 없이 열악한 농촌이나 산간 오지에 있는 교회에서 충성스럽게 목회하는 목사들을 볼 때마다 깊은 감사와 존경의 마음을 갖게 된다. 그들이 비록 나에게 배운 사람들이기는 하지만 나와는 비교할 수 없이 훌륭한 주의 종들이라는 생각이 든다. 솔직히 나는 그 목사처럼 10년 동안이나 그런 곳에서 주님을 섬겨야 한다면 주의 일을 안 하려고 할 것 같다. 나 같은 자는 교수라도 돼서 어느 정도 명예와 영광이라도 누려야 주님을 섬길 놈이라는 것을 아시기에 이 자리에 있게 하신 것 같다. 빛도 없이 이름도 없이 주님을 섬기라고 멋지게 설교는 하지만, 실제 내가 잊히고 무명해지는 것은 견디지 못하는 위인이니, 만약 그런 자리에서 주님을 섬겨야 한다면 아마 줄행랑칠 것이다. 나는 이 땅에서 상을 많이 받았으니 하늘에서 받을 상은 별로 없을 게다. 그러나 그런 목사들은 이 땅에서 아무 명예와 영광도 없이 고난 가운데 주를 섬기느라 수고했으니 하늘의 상이 클 것이다.

그들은 비록 이 땅에서는 작고 초라한 시골 목사라고 무시당할지 모르나 하나님 나라의 관점에서 보면 참으로 위대한 사람들, 하늘에 속한 목사들이다. 이들 앞에 서면 왠지 내가 왜소해지고 부끄러워진다. 유명한 목사들 앞에서는 조금도 위축되지 않는데 말이다. 미안하지만 어떤 큰 교회 목사들은 왜 그렇게 작고 추해 보이는지 모르겠다. 하늘의 인정과 영광에는 아랑곳하지 않고 이 땅에서 헛된 영광을 얻기 위해 헐떡거리는 이들은 이 땅을 구르는 검불같이 작고 가벼운 위인들이다. 하늘에 속한 목사들의 신발 끈을 풀기도 감당할 수 없는 땅에 속한 소인배들이다. 이들이 이 땅에서 온갖 기득권과 영광을 누리지만 하늘에서 받을 것이라고는 상 대신 화이며, 영광 대신 수치 밖에는 없을 것이다.

한국 교회는 하나님 나라 관점에서 참으로 존경받을 만한 목사상을 재정립해야 한다. 세상적인 성공의 잣대로 꼭 대형 교회를 이룬 사람만을 성공한 목사이며 한국 교회를 대표하는 목사로 치켜세우는 영적 무지에서 깨어나야 한다. 젊은 사역자들은 그런 목사를 선망하여 추종하지 말고, 이 땅에서 잠시 무명해도 하늘에서 영원히 유명할 것으로 기뻐하며 주님을 섬기는 위대한 주의 종들, 이 땅이 도무지 감당할 수 없는 하늘의 광휘로 휩싸인 영광스러운 사역자들이 되기를 갈망해야 한다.

목사의 교주 근성

진정한 선생, 진정한 목사는 자기 영광을 드러내기를 부끄러워하고 유일하신 선생님의 영광만을 추구하는 거룩한 수줍음을 가졌다. 그리고 사람들에게 그 선생님을 가리켜 보이는 손가락 역할을 한다. 사람들이 그분을 보도록 가리키고 자신은 뒤로 물러나는 것이다. 오스왈드 챔버스가 말했듯, 선생의 가장 중요한 역할은 자신은 잊히게 하는 일이다. 얼마나 우리 선생들이 세상에서 사람들에게 영원히 기억되려고 하는지 모른다. 사람들의 마음에 자신의 이미지를 영구히 각인시키려고 한다. 사람들을 주님께 인도하고 자신은 조용히 뒷배경으로 사라지는 것을 못 견딘다. 우리 안에 주님은 잊혀도 나는 영원히 기억되고 추앙받기 원하는 교주 근성이 꿈틀거리고 있다.

교회의 선생은 사람들에게 참 선생님이신 주님을 가리키는 신호일 뿐이다. 신호판이 화려하고 유별나 사람들의 시선을 끌어 그가 가리키는 대상을 보지 못하게 하면 대형 사고가 발생할 수 있다. 우리 선생들이 자신의 영적이고 학적인 탁월함으로 교인들의 마음을 홀려 주님께만 바쳐져야 할 그들의 존경심을 훔칠 수 있다. 마치 어떤 처녀를 순결한 신부로 한 남자에게 중매해야 할 이가 그녀를 교묘히 꾀어 그 순결을 더럽히는 것과 같다.

우리 선생들이 얼마나 이런 짓에 능통한지 모른다. 은사와 카리스마가 남다르고 학식과 경륜이 많을수록, 고차원적인 경건의 꼼수로 자신을 완벽하게 포장하는 영특함을 가진 사람일수록, 이런 짓을 할 잠재력과 위험성이 크다. 우리 안에는 자신의 탁월함으로 사람들을 매료시켜 자신을 은밀히 추종하게 하려는 교주 근성이 도사리고 있다. 우리는 우상숭배자인 동시에 사람들이 우리를 숭배하도록 유혹하는 우상숭배 유발자들이다.

참된 선생의 표지는 십자가다. 십자가가 그의 심장을 관통하여 자신이 숭배받으려는 마귀적인 욕망을 도살해야 한다. 그리고 주님만을 충실히 가리키는 소박한 표지 역할로 만족하고 즐거워하는 겸손한 마음을 창조해야 한다. 참된 선생은 자신의 죄와 못남뿐 아니라 탁월함까지 부인한다. 자신의 탁월함을 과시하여 사람들을 끌려고 하지 않는다. 오히려 자신의 뛰어남을 겸허히 낮가림하는 방식으로 발휘하여 주님의 영광을 더 온전히 드러내는 통로가 된다.

전에 옥한흠 목사가 자신은 포장에 능한 사람이라고 솔직하게 말하는 것을 들었다. 은사와 학식이 뛰어난 목사일수록 교인들을 거의 완벽하게 속일 수 있을 정도로 자신을 기발하게 포장할 수 있다. 교인들은 우리 선생들에게 사람들을 홀려 주님보다 자신을 바라보게 하려는 부패성이 있음을 기억하고 이런 데 말려들지 않게 주의해야 한다. 그리스도를 닮은 마음과 인격을 갖지 못한 선생일수록 이런 욕망이 강하게 발동한다. 그러므로 특정 한 선생만 지나치게 따르는 것은 위험한 일이다. 요즘 '멘토링'이 유행하는데, 모범적인 목회자나 교수에게 배우는 일은 귀하다. 그러나 특정한 사람을 멘토로 삼으면 그 사람의 철학과 특성, 색채에 지나친 영향을 받을 수 있다. 그 멘토의 틀에 갇혀 그의 노예가 될 수 있다.

인간 선생을 존경해야 하나 그를 추종해서는 안 된다. 지나간 세대 혹은 교회 역사 속에 훌륭한 선생들의 덕을 기리고 그들의 본을 따르는 것은 귀한 일이나 그들을 지나치게 미화하고 찬미 일변도로 추앙하는 것은 그들을 우상화하는 어리석은 짓이다. 교회 역사 속에 기라성 같은 선생들로부터 귀한 신앙의 유산을 전수받아야 하나 그들의 위대함에 매료되어 그들을 숭배하는 수준에 이르러서는 안 된다. 칼뱅의 충실한 후예가 되는 것과 그의 노예가 되는 것은 아주 다르다. 아우구스티누스나 칼뱅, 조나단 에드워즈 같은 영적인 거장들도 모두 성령이 사용하신 불완전한 선생, 도구에 불과하다. 우리의 유일한 멘토, 선생으로 삼아야 할 이는 주님 한 분뿐이시다.

목사의 불완전함, 2퍼센트 부족한 것은 목회의 결격 사유가 아니라 오히려 하나님께 사용받는 비결이며 은혜의 통로다. 하나님은 빈틈없이 완벽하고 탁월하여 하나님의 영광을 다 가로챌 사람과 같이 일하시지 않는다. 오히려 하나님은 하나님께만 영광이 돌아갈 정도로 충분히 부족하고 약한 사람을 사용하신다. 이단의 교주들은 자신의 약함이 절대 드러나지 않도록 자신을 신비의 베일로 완벽하게 가린다. 그것이 교인들의 추앙을 끌어내는 방법이다. 그러나 복음 사역자들은 자기의 탁월함을 감추고, 오히려 자기의 약함을 자랑한다. 그래서 교인들이 목사가 아닌 주님만을 바라보게 한다. 우리의 약함을 통해 주님의 능력이 온전히 나타나며, 모든 영광이 하나님께만 돌아간다. 그러니 우리도 바울처럼 우리의 약함으로 인해 기뻐하고 자랑할 수 있어야 한다.

어리석은 교인들

교인들은 자신의 약함을 자랑하며 겸손히 주님만 드러내는 참된 목사를 알아보는 분별력을 가져야 한다. 어떤 교회에서 설교하다가 '목사가 죽어야 한다'고 했더니 한 교인이 큰소리로 아멘으로 화답해 심각한 대목에서 그만 폭소가 터지고 말았다. 목사로서 나는 우리 목사들을 주로 비판해 왔지만 어디 한국 교회 문제가 목사들에게만 있겠는가. 교인들이 마치 자신들은 무고하게 피해를 입은 사람들인 양 한국 교회의 문제를 목사들의 탓으로만 돌리는 모습을 자주 본다. 그러나 교인들 또한 목사들 못지않게 중대한 책임을 져야 한다.

  교회의 대형화로 인해 발생한 온갖 비리와 부작용이 어찌 목사만의 책임이겠는가. 교인들이 대형 교회로 꾸역꾸역 모여들지 않았다면 어찌 대형화가 이루어졌겠는가. 사실 대형화의 주역들 중 하나가 교인들이다. 대형 교회를 이룰 수 있는 모든 인적·물적·정신적 자원뿐 아니라 그 명분과 의의까지 제공한 이들이 바로 교인들이다. 그러니 대형화를 추구하지 않는다는 목사들도 찾아오는 교인들을 냉정하게 내치지 못해 어쩔 수 없이 대형 교회가 되었다는 핑계를 대는 것이다. 교인들의 의식이 깨어 있다면 대형 교회는 존재할 수도 없고 순진한 영혼들을 홀려 야심을 채우려는 목사들은 발붙일 곳이 없었을 것이다. 대형화를 성공의 기준으로 보고 그런 것을 선호하는 세속적인 가치관과 허영심, 대형 교회에서 누릴 수 있는 다양한 혜택과 안락함을 원하는 다분히 이기적인 마음이 교인들을 대형 교회로 몰려들게 했다.

목회자가 아니라서 참된 교회관을 잘 알지 못했다고 핑계댈 수 없다. 목사가 잘못 가르쳐서 그렇다고 변명만 할 수도 없다. 개신교인(Protestant)이 된다는 것은 무엇을 의미하는가? 성경과 개혁교회의 기본 정신에 입각하여 거기에 위배되는 것을 거부하고 항거할 수 있는 투철한 개혁 정신을 가진 교인이 됨을 뜻한다. 목사의 그릇된 가르침에 부화뇌동하는 것은 프로테스탄트 정신에 정면으로 상충하는 것이다. 잘못 가르치는 것도 문제지만 거기에 말려드는 어리석음도 무고하지 않다. 죄의 근본은 무지다. 우리 모든 그리스도인은 왕 같은 제사장으로서 진리를 깨닫게 하시는 성령께 친히 인도함을 받는 이들이다. 영적으로 민감하고 깨어 있으면 쉽게 파악할 교회의 잘못된 가르침과 관행조차 제대로 분별하지 못하고 휘둘리는 것은 그만큼 영적으로 어둡고 성경적으로 무지하다는 증거다. 왕 같은 제사장으로서의 자격과 특권을 스스로 포기해 버린 것이다. 아무리 목사가 개혁 의지를 가지고 대형화를 극복하고 교회를 쇄신하려고 해도 교인들의 의식이 깨어 있지 않으면 모든 노력이 허사로 돌아갈 수밖에 없다.

교회 갱신의 열쇠는 목사뿐 아니라 교인들이 함께 쥐고 있다. 한국 교회가 새로워지는 길은 목사를 포함해서 모든 교인이 변하는 것이다. 교인들이 성경적으로 계몽되고 영적으로 눈을 떠서 교인들의 영적 무지와 어리석음을 교묘히 이용하여 종교적인 야욕을 채우려는 음흉한 목사들의 잔꾀를 간파할 수 있어야 그런 자들이 교계에서 더 이상 활보하지 못하게 된다. 영이 조금이라도 깨어 있는 사람이라면 쉽게 감지할 수 있는 속되고 너절한 인격과 혼탁한 영성을 소유한 목사가 시무하는 교회에 인산인해를 이루는 기막힌 현실을 어떻게 이해해야 할까. 인간적으로는 멀쩡하게 보이고 반듯하게 생긴 사람들이 그런 곳에 앉아 넋두리 같은 설교를 들으며 아멘을 연발하는 모습은 참으로 보기가 민망하고 안타깝기 그지없다. 교회의 행태나 설교가 기독교의 무늬로 찬란하지만 그 알갱이는 완전히 비기독교적이고 세속적이다 못해 거의 이단에 가까운 목사와 교회들이 횡행하는 참담한 현실이 어디에서 기인한 것인가. 나쁜 목사들뿐 아니라 어리석은 교인들 때문이다. 영적 무지와 어리석음 때문에 종교업자 같은 목사들에게 영적으로 유린·착취당하고 있는 것이다. 어떻게 보면 이것도 진리의 말씀을 부지런히 알고 따르기를 싫어하는 그들 마음 깊숙이 자리 잡고 있는 불순종에 대한 하나님의 징계이며 심판인지 모른다.

어떤 교회에서는 온갖 명목으로 교인들로부터 최대한 헌금을 뜯어낸다. 헌금을 많이 하면 복을 받는다는 온갖 감언이설의 당근과, 헌금 떼어먹으면 몇 곱절 게워 내는 손해와 징계가 임한다는 공갈의 채찍으로 교인들을 몰아쳐 헌금 실적을 극대화하는 비결이 놀랍게 잘 먹힌다. 그런데 그런 교회에서는 그렇게 열심히 헌금하던 교인도 성경적으로 가르치는 교회에 와서는 헌금을 자율적으로 하도록 하면 오히려 헌금을 하지 않는다. 이렇게 성경적으로 바르게 하면 도무지 순종하지 않으니 어쩔 수 없이 비성경적인 방법, 기복적인 꼬드김과 율법적인 겁박을 동원해서 헌금하지 않을 수 없도록 교인들을 몰아가는 것이다.

영적인 권위로 지배하고 군림하는 목사 밑에서는 착취당하면서도 꼼짝 못하나, 성경적인 원리를 따라 겸손하고 진실하게 교인들을 섬기려는 목사는 잡아먹을 듯 힘들게 하는 일부 교인들의 희한한 분열증적인 증상도 교회 문제의 특별한 연구 대상이다. 신실하고 온유한 목사들을 말려 죽일 정도로 힘들게 하는 장로들과 교인들이 있다. 편법과 술수를 쓸 줄 모르는 마음이 여린 목사들이 사납고 무례한 교인들에게 당하는 정신적인 폭력으로 영적 그로기 상태에 빠지는 경우가 허다하다. 그러니 영리한 목사들은 성경적으로만 목회하면 살아남지 못한다는 것을 알아채고 적당한 차선책을 택한다. 목사가 성경적으로 소신껏 목회하는 것을 감당할 만한 바탕과 준비가 갖추어지지 않은 교인들이 무수한 목회 현실에서 정상적인 목회를 하기는 무척 힘들다. 성령과 말씀을 따라 참신하고 올곧게 사역하는 목사들이 나와야 하지만, 그에 못지않게 그런 목회를 능히 수용하고 적극적으로 후원할 수 있는 성숙한 교인들이 구름 떼같이 일어나는 일이 시급하다.

교인들은 목사도 연약한 인간이며 죄인이라는 사실을 항상 염두에 두고, 기본적으로 바르게 목회하려는 목사라면 부족함과 연약함이 있을지라도 기다려 주고 참아 주며 농익은 목회를 할 수 있도록 사랑과 기도의 후원을 아끼지 말아야 한다. 처음부터 온전하게 모든 것을 구비한 목사는 없다. 그런 목사가 하늘에서 떨어지기를 기대할 수 없다. 목사는 하늘이 내리는 선물이지만, 주님이 이 선물을 완숙한 상태가 아니라 설익은 채 내려보내신다. 이 선물이 완숙의 경지에 이르게 하는 데 교인들의 역할이 크다. 좀 부족한 목사도 훌륭한 목사로 변화되게 돕는 아름다운 교인들이 있는 반면 좋은 자질을 가진 목사도 기를 꺾어 아주 망가트리는 악한 교인들도 있다. 그런 이들은 하나님이 교회에 하사하신 선물을 짓밟는 악을 행하는 자들이다.

교인들이 깨어 있는 의식과 냉철한 판단력을 갖는 것은 좋은데, 냉소적이고 비판적인 촉각만 날카롭게 곤두세워 교회를 겸허히 섬기려는 자세를 잃어버리는 것은 한국 교회에 나타나는 또 다른 우려스러운 현상이다. 의식 있는 지성인들 가운데 웬만한 교회에서 신앙생활하기 힘들 정도로 비판 의식이 지나치게 투철하여 교회를 세우는 데는 전혀 기여하지 못하는 이들이 많다. 상당한 전문 지식을 가진 한 교인은 어떤 목사의 설교도 들을 수 없을 정도로 모든 설교에 비판적이고 부정적이다. 어려서부터 교회에서 자랐으면서도 그는 어떤 교회에도 나가지 않는다. 그의 날카로운 판단력에 은밀히 똬리를 틀고 있는 독한 지적 교만이 불완전한 교회와 부족한 목사의 설교를 용납하지 못할 정도로 영적인 기인이 되게 한 것이다. 영적으로 성숙할수록 병들고 아픈 주님의 교회를 더 사랑하고 섬기며, 미숙한 목사라도 품어 줄 수 있는 넉넉한 도량과 겸손을 겸비한 이들이 참으로 프로테스탄트 정신에 투철한 그리스도인들이며 한국 교회의 희망이다.

목사의 회개

교회 세습의 선두주자라고 할 수 있는 충현교회 김창인 원로 목사가 지난해 교회를 아들에게 물려준 과오를 회개하는 성명을 발표했다. 그는 목사의 기본 자질을 갖추지 못한 아들을 무리하게 지원하여 위임 목사로 세운 것은 일생일대 실수이며 하나님 앞에 큰 죄악이었다고 말하며 울먹였다. 아울러 충현교회 교인들의 가슴에 씻기 어려운 아픔과 상처를 남겼다고 심심한 사과를 표했다. 노 목사의 눈물어린 고백이 듣는 이들의 마음에 짠한 애처로움을 느끼게 했다. 일단 자신의 잘못을 인정하고 통렬하게 반성하는 모습에서 어느 정도 회개의 진정성이 엿보인다. 사람이 연로해질수록 완고해져 회개하기가 힘들어지는데 뒤늦게나마 그런 모습을 보여서 그래도 다행이다.

교회 지도자가 자신의 죄를 겸허히 회개하는 모습을 보는 일보다 더 기쁘고 흐뭇한 일은 없다. 그런데 왜 이번에는 기쁘기보다 아쉬움만 잔뜩 남는 것일까? 그것은 김 목사 자신도 인정했듯 회개가 너무 늦었기 때문이다. 안하는 만 못한 회개라고 매정하게 잘라 말할 수는 없지만, 그의 과오가 빚어낸 엄청난 폐해를 회복하는 데는 아무 도움이 안 되는 무익한 회개다. 단지 본인만은 최소한 아직 신앙 양심이 살아 있는 목사라는 한 가닥 명예라도 건졌을 테고 곧 직면하게 될 주님의 심판에 대한 두려움과 불안을 떨쳐 버릴 수 있었을 것이다. 그러나 그의 회개는 그의 잘못으로 처참하게 찢긴 주님의 몸 된 교회의 아픔을 치유하고 회복하는 데는 별 도움이 되지 못했다.

왜 김 목사는 좀더 일찍 이런 회개를 하지 못했을까? 그랬더라면 그의 회개를 기점으로 교회 세습의 흐름을 어느 정도 막을 수도 있었을 것이다. 그러나 지금은 김 목사로부터 시작된 교회 세습이 한국 교회에 역병처럼 번져가고 있다. 그 아들 목사가 왕성했던 교회를 거의 다 망치고 은퇴할 때가 됐는데, 이제 와서 물러나라고 외친들 무슨 소용이 있을까? 그런 부자지간의 갈등이 어째 볼썽사납기만 하다. 마치 패륜적인 아들과 아들을 그 지경이 되게 한 아버지의 불행한 공방전을 보는 것 같은 인상을 지울 수 없다. 탐욕 때문에 인륜까지 저버릴 정도로 비참하게 몰락한 한 가정을 보며 말할 수 없는 비애를 느낀다.

회개는 때를 놓치면 참된 회개를 하기 어렵다. 자신과 교회 전체의 회복이 회개의 목적이다. 따라서 아무리 늦어도 자신의 과오로 교회가 입은 피해를 회복할 수 없을 때까지 회개를 미뤄서는 안 된다. 너무도 많은 것을 잃어버리고 다시는 봉합할 수 없는 깊은 상처를 남긴 후에 하는 회개는 진정한 회개라고 할 수 없다. 김 목사의 때늦은 회개를 거울삼아 여러 범죄와 비리로 주님의 교회를 극심한 혼란과 궁지로 몰아간 목사들이 더 늦기 전에 속히 회개하고 잘못을 바로잡아야 한다.

하나님의 거룩한 말씀을 전하고 교인들의 본이 되어야 할 공인이 저지른 범죄는 일반 교인의 죄와 비교할 수 없이 중대하며 주님의 교회에 심대한 타격을 입힌다. 목사의 범죄는 주님의 교회에 큰 스캔들을 불러오며 주님의 소자들을 실족하게 하는 무서운 결과를 초래한다. 그러므로 목사의 그런 죄를 가볍게 여겨서는 안 되며, 용서라는 이름으로 그런 목사를 쉽게 강단에 복귀시켜서도 안 된다.

그는 회개함으로 죄를 용서받았을지라도 주님의 교회와 백성에게 끼친 엄청난 해악을 생각하며 평생 통회하고 겸허히 자숙하며 살아야 한다. 진정한 회개는 회개한 마음의 상태, 즉 겸손하고 애통한 마음으로 계속 살아가는 것까지 포함한다. 죄에 대한 부끄러움을 느끼지 못하고 철면피처럼 뻔뻔스러운 사람은 자신이 언제 그랬느냐는 식으로 전처럼 행동한다. 흔히들 회개하면 주님이 용서하시고 우리 죄를 기억도 하지 않는다고 했으니 우리도 우리 죄를 잊어야 한다고 말한다. 물론 용서받은 과거의 죄를 다시 기억하여 낙심하고 정죄하는 것은 어리석은 일이다. 그런 죄의식은 떨어 버려야 한다. 그러나 우리는 과거의 죄를 잊으려 해도 잊을 수 없고 또 잊어서도 안 된다. 우리는 그 죄를 기억하며 평생 겸허한 자세로 살아야 한다. 요즘 사람들이 회개했다고 하면서 자신의 죄를 너무 쉽게 잊어버린다. 그리고는 전과 똑같이 경솔하고 부주의한 모습으로 살아가다가 다시 죄를 짓는다. 이런 피상적인 회개와 값싼 용서의 은혜가 한국 교회를 병들게 하고 있다.

전병욱 목사의 모습에서 이런 얄팍한 회개와 용서의 남용을 본다. 그가 진정으로 회개하여 마음이 깨지고 겸비해졌다면 그렇게 성급하게 교회를 시작하지는 않았을 것이다. 더구나 이미 죄가 공개적으로 드러난 마당에 구체적으로 고백하거나 회개하는 모습을 보이지 않았다. 그것이 회개의 기본 요소인데도 말이다. 전 목사를 따르는 이가 그를 변호하는 글에서 전 목사가 회개했는지는 하나님만이 아시는 일이니 우리가 판단할 일이 아니라고 했다. 그러나 이는 회개가 무엇인지도 모르고 하는 말이다. 목사는 자신의 죄에 대해서 그 범죄를 아는 모든 이들 앞에 공개적으로 충분히 납득할 만한 고백을 하고 뉘우치는 자세를 취함으로써 회개의 진정성과 투명성을 보여야 한다. 그것이 개혁교회가 가르쳐 온 회개의 기본이다. 전 목사가 이런 회개를 했는가? 그는 계속 발뺌하다가 모든 범죄 사실이 들통 나서 더 이상 부인할 수 없게 되자 마지못해 범죄 사실을 인정했다. 그러나 그는 고작 "교회와 하나님 앞에 죄를 범한 사실이 있어, 이를 회개하는 마음으로 당회에 지난 7월 사임서를 제출하였다"고 말했을 뿐이다. 이것을 회개라고 할 수 있을까?

공적 회개는 제기된 혐의와 의문에 대해 분명히 인정을 하거나 부당하게 오해받고 있는 점이 있으면 해명해야 한다. 그것이 자신의 범죄로 인해 혼란과 고통 속에 휩싸인 수많은 교인에 대한 최소한의 예의이며 사죄하는 태도다. 그의 고백은 범죄의 실체와 진상을 교묘히 감추는 아주 애매모호한 고백이었다. 진실을 밝히는 것이 아니라 고단수로 덮어 버리는 행위였다. 그러니 이미 밝혀진 사실을 놓고도 진실 공방이 계속된 것이고 온갖 소문과 억측이 난무하여 교인들을 더 혼란스럽게 한 것이다. 이런 태도 때문에 급기야 그를 따라 교회를 시작하는 이들은 그의 범죄가 심각한 것이 아니라고까지 변호하고 나섰다. 전 목사는 그의 범죄 사실을 두루뭉술하게 고백하고 넘어감으로써 빠져나갈 길을 만들어 놓았다. 실체가 없는 모호한 고백을 통해 여전히 그에 대한 환상에 빠져 있는 추종 세력을 규합할 수 있었던 것이다.

악어의 눈물

가장 진실해야 할 회개까지도 진실을 호도하여 자신의 죄를 은폐하고 교인들을 농락하며 하나님을 우롱하는 악한 범죄의 수단으로 악용될 수 있다. 거기에 눈물까지 비치면 사람들을 감쪽같이 속이는 사악한 악어의 눈물이 된다. 또 다른 비리를 저지른 대형 교회 목사도 이런 교활한 회개의 제스처로 교인들의 감상주의와 온정주의를 이용하고 순진한 교인들을 방패막이로 삼아 빠져나갈 길을 찾는 비열함의 극치를 드러냈다.

목사가 비록 범죄하고 실족할지라도 회개의 자리에서만은 진실해야 하는 것이 그에게 남은 마지막 희망이다. 모든 죄를 용서받을 수 있는 유일무이한 기회인 회개까지 자신의 죄를 교묘히 은폐하는 수단으로 삼는다면 그 영혼은 영원히 구제받지 못하며 그런 목사에게 배우는 교인들의 영혼도 위태로운 지경에 처할 것이다. 그러므로 교인들은 그 목사를 위해서라도 그런 쇼맨십 같은 회개만큼은 절대 용납해서는 안 된다. 목사가 진실한 회개를 통해 부끄럽고 추한 치부까지 드러냈을 때, 교인들이 그를 깊은 사랑과 용서의 품으로 끌어안는 것은 참으로 아름다운 일이다. 그러나 참인지 쇼인지조차 분별하지 못할 정도로 영적으로 무지하여 너무 쉽게 용서하는 것은 사랑이 아니라 진리의 성령을 거스르는 죄악이며 주님의 몸 된 교회를 허무는 행위다.

2005년, 한 단체에서 주최한 회개 기도회에서 조용기 목사가 이런 회개 기도를 했다. "테레사 수녀나 슈바이처 박사와 같이 자기를 희생하고 이웃을 위해 봉사하고 헌신한 저들에 비해 나는 이중적으로 살았습니다. 배고픈 사람, 헐벗은 사람을 입술로만 사랑한다고 말하면서 이중적으로 잘 먹고 잘 입고 잘 살아 부끄럽습니다. 사회가 고통당하고 무너져 갈 때 사회의 부정과 악에 대해 무관심하고 침묵했던 비겁함을 뼈저리게 느낍니다."*11 그런 포괄적인 죄는 누구에게나 해당한다. 이런 식으로 구체성 없이 두루뭉술하게 죄를 고백하는 것은 정말 드러내야 할 자신의 치부와 부끄러운 죄를 교묘하게 은폐하고 죄에 예민한 양심을 가진 사람처럼 꾸미는 교활한 가식일 뿐이다. 그런 고백은 자신의 명성과 위신에 전혀 손해를 입히지 않고 오히려 자신의 겸손과 경건을 과시하게 된다.

이런 회개의 문제점을 지적하며 김선주 작가는 「한국 교회의 일곱 가지 죄악」(삼인)이란 책에서 조용기 목사가 진정으로 회개하려 한다면 다음과 같은 기도를 드려야 할 것이라고 했다.

저는 하나님의 종이라는 명분으로 분에 넘치는 고액 사례금을 받고 있습니다. 그리고 교회 재정과 행정을 제 마음대로 주물렀고, 교회의 투명성을 요구하는 성도들을 신본주의를 내세워 출교시켰습니다. 하나님의 이름을 팔아 나의 독재 행위를 정당화했습니다.

교회 재산을 내 명의로 멋대로 바꾸었으며 큰아들 조희준의 사업을 위해 교회 부동산을 담보로 수백억 원의 돈을 대출해 주었습니다. 100퍼센트 교회 재정을 투자해 만든 「국민일보」의 주식을 저와 제 큰아들 조희준의 소유로 바꾸었습니다. 이것은 하나님과 성도의 눈물 어린 헌금을 도둑질한 것입니다. 제 아내와 동생, 사돈 등을 교회 소유 기관의 요직에 앉혀 족벌 체제를 구축했습니다.

또한 정년을 연장시키기 위해 두 번이나 교단의 헌법을 개정하여 교회와 교단을 농단했습니다. 이 대가로 저와 우리 가족은 성도의 눈물 어린 헌금으로 잘 먹고 잘 살고 있습니다. 가난한 형제의 자녀들이 목숨을 걸고 국방의 의무를 행할 때 저의 세 아들은 미국 시민권을 얻게 하여 타인의 생명을 담보로 하여 안락을 취하게 했습니다. 청와대의 조찬 기도회에 나가 시민을 억압하고 학살한 독재자를 하나님의 이름으로 축복했습니다. 이 모든 것을 하나님과 교회와 성도 앞에 회개합니다.

이제 저의 명의로 된 모든 부동산을 교회에 환원하겠으며, 교회의 재산으로 투자한 「국민일보」 주식 전부와 경영권도 교회에 환원하겠습니다. 그동안 교회 산하 기관에서 횡령한 것이 있다면 조목조목 따져서 다 환원하겠습니다. 그리고 지금 즉시 담임 목사직을 사임하여 낮은 자리로 돌아가 세상에 버림받은 작고 미약한 한 생명을 돌보는 일로 여생을 다하겠습니다."[12]

온갖 비리에 연루된 목사들은 우리의 일그러진 자화상이다. 우리 중 누가 그들에게 먼저 돌을 던질 수 있을 만큼 하나님 앞에 순결하겠는가? 우리 모두 정도에 차이는 있지만 실패한 죄인들이다. 드러나지 않았을 뿐이다. 나를 포함하여 목사들이 세상과 교인들을 향해 회개하라고 외치기 전에 먼저 뼈를 깎는 각성과 통렬한 회개 운동에 나서야 한다. 그것만이 침몰해 가는 한국 교회를 살리는 길이다. 경건의 쇼가 아니라 진실한 회개가 필요한 때다. 참된 회개는 죄를 살리고 거짓된 자아가 궁지에서 빠져나갈 길을 만드는 사특한 행위가 아니라, 죄를 도살하고 옛 자아가 산산이 부서지게 하며 우리가 고이 보존했던 명성과 업적을 가차 없이 날려 버린다. 이렇게 헛된 야망을 좇던 목사의 옛 사람이 철저히 죽는 회개를 통해 다시 소생한 목사들만이 한국 교회를 이 몰락의 위기에서 구할 수 있을 것이다. "주여 우리 실패한 목사들에게 회개의 영을 부어 주소서! 그래서 당신의 교회를 새롭게 하소서!"

토론을 위한 질문

1. 한국 교회에 목사가 되려는 이들이 유난히 많은 이유가 무엇이라고 생각하는가?
2. 교회에서 신앙의 열심이 있고 성품이 좋은 청년을 보면 목사가 되라고 권하는 통례는 지혜로운 일인가?
3. 신학교의 순기능과 역기능은 무엇인가?
4. 성화의 은혜가 있는데 목회의 은사는 없는 이가 목사가 됐을 경우 어떤 문제가 야기될 수 있는가?
5. 심각한 죄에 빠져 있는 목사가 여전히 설교는 그럴싸하게 해서 하나님의 은혜가 함께하는 것처럼 교인들을 감쪽같이 속일 수 있다고 생각하는가?
6. 거룩함의 열매 없이 은사만 있는 목사가 처할 수 있는 위험은 무엇인가?
7. 교회의 세속화를 불러오는 목사의 타락한 욕망은 무엇이며, 왜 목사들은 이 욕망의 정체를 발견하고 다스리는 데 실패하는가?
8. 우리의 인정 욕구는 왜 문제가 되며, 어떻게 거듭나야 하는가?
9. 하나님 나라의 관점에서 존경받을 만한 목사상은 어떤 것인가?
10. 경건과 실력이 탁월한 목사일수록 어떤 위험에 처할 수 있는가? 그에 대해 목사 자신과 교인들이 어떻게 대처해야 하는가?
11. 못된 목사 밑에서는 착취당하고 선한 목사는 힘들게 하는 어리석은 교인들의 두 가지 양상에 대해 논의해 보자.

5

한국 교회
설교,
이래도 되는가

한국 교회 설교 탐방기

일전에 어떤 교회 홈페이지에 올라와 있는 동영상 설교를 시청하였다. 마침 담임 목사가 공석이었던 그 교회에 초청받아 온 목사가 설교를 했다. 그 목사는 외국에서 설교학을 공부하여 박사 학위를 받았고 강해 설교를 꽤 잘한다는 평을 듣는 이였다. 설교를 전공한 이답게 성경 본문을 잘 풀이해 주고 현실 상황에 적절하게 적용하여 쉽고 명료하게 메시지를 전달하였다. 세련된 언어 구사, 부드러운 억양과 어조, 유연한 몸짓과 표정, 무엇 하나 흠잡을 데가 없었다. 그런데 그가 설교 중에 던진 한 마디가 마치 맛있게 요리한 음식 국물에 바퀴벌레 한 마리가 빠진 것처럼 듣는 이에게 심한 불쾌감을 안겨 주었다. 무슨 말이길래 그랬을까?

그가 신학대학을 다녔던 1970년대에 서울의 한 여자대학에서 남편 후보감에 대한 설문 조사를 했는데 선호하는 남편감의 직업 중 목사가 거의 최하위, 이발사 바로 밑이었다는 것이다. 그런데 자기 아내가 이발사보다 못한 목사와 결혼했으니 참 대단한 사람이라는 것이다. 이 말을 들으며 문제의식을 느끼지 못한다면 문제가 있는 사람이다. 물론 설교 문맥 속에서 그 말을 이해해야 한다. 과거처럼 목사가 천대받는 상황이라면 목사가 되려고 하는 사람들이 지금처럼 많겠는가 하는 맥락에서 나온 말이다.

목사들이 그 예화를 간혹 드는 데 유의해야 할 점이 있다. 만약 그 설문 조사에 대해서 말하려면 목사가 남편 후보감으로 거의 최하위였다는 정도로 말하면 족하다. "이발사 바로 아래였다"거나 "이발사보다 아래였다"는 식으로 말하는 것은 삼가야 한다. 왜냐하면 듣는 이들에게 이발사는 천한 직업이라는 것을 당연시하는 인상을 강하게 전달하기 때문이다. 그런데 그 목사는 거기서 한 걸음 더 나가 이발사보다 못한 목사와 결혼했으니 자기 아내가 대단한 사람이라고 말했으니 큰 실수를 범한 것이다. 그가 그 실수를 인식하고 있을까? 그랬으면 좋으련만 목사들이 자신의 실수를 전혀 인식하지 못하는 경우가 많다. 그래서 계속 유사한 말실수를 하는 것이다.

유머로 듣고 넘기면 되지 뭐 그런 것까지 물고 늘어지느냐고 할 사람이 있을지 모른다. 그러나 이것을 한 번 짚고 넘어가려는 이유는 동료의 실수를 흠잡으려는 것이 아니라 우리 자신을 돌아보는 거울로 삼기 위함이다. 나를 포함한 목사들이 얼마나 이와 유사한 말실수를 범하는지 모른다. 말 한 마디에서 인격과 영혼의 얼굴이 그대로 드러날 수 있다는 사실을 잊지 말아야 한다. 그 교회 출석 교인만 8천 명이고 인터넷으로 설교를 듣는 이들도 많을 테니 그 중에 이용업에 종사하는 이들도 상당할 것이다. 그들이 그런 말을 들을 때 어떤 기분이 들까? 직업의 귀천을 따지지 않는 것이 건전한 상식으로 자리 잡고 있는 요즘, 하나님 나라의 가치관을 전해야 할 목사가 은연중에 그와 정면으로 상충되는 가치를 퍼뜨리고 있다는 사실은 안타까운 일이 아닐 수 없다. 이것은 모든 직업에 대한 정당한 존엄성을 강조하는 종교개혁의 기본 정신에도 완전히 위배된다.

교활한 목사의 얼굴이 엿보이는 설교

말 한마디를 그렇게까지 확대해석할 필요가 있느냐고 힐문할 이가 있을지 모른다. 그러나 어떤 말은 결정적으로 우리 안에 담긴 인격과 가치관과 욕망을 표출하기도 한다. 설교자들이 성경 지식과 경건하고 은혜로운 말로 잘 포장하여 멋진 설교를 하면서도 불현듯 내던지는 말에서 자신이 어떤 존재인지 정체를 드러내는 경우가 있다. 예리하지 못한 대부분의 청중은 알아채지 못한다. 앞에서 언급한 목사는 멋지게 성경 말씀을 전하면서 동시에 자신의 깊은 욕망 속에 도사리고 있는 것이 무엇인지를 드러냈다. 그것은 아주 세속적인 가치관이다. 그의 말 속에는 목사는 이발사와 상대가 되지 않는다는 우월 의식이 숨어 있다. 그가 하나님 나라의 복음을 전하지만 그가 은밀하게 전달하는 정신은 정결한 성결의 영이 아니라 세속에 물든 불결한 영이다.

지금은 매끄럽고 경건한 말과 태도 속에 은밀하게 똬리를 틀고 있는 세속의 영을 분별할 수 있는 지혜가 필요한 때다. 일명 '빤스 목사'라고 불리는 이가 있다. 그가 목사 부부 2천여 명이 모인 자리에서 도저히 필설로 옮길 수 없는 말을 했는데[1] 그를 비판하는 목소리가 커지자 많은 목사가 도리어 그를 두둔하고 나섰다. 어떤 취지와 문맥에서 그런 말을 했는지 고려하지 않고 비판해서는 안 된다는 것이다. 그러나 이는 영적 우맹의 극치를 드러내는 말이다. 어떤 맥락에서 그 말을 했는가와 상관없이 수많은 청중 앞에서 버젓이 그런 말을 할 수 있다는 자체가 그가 얼마나 왜곡된 인격을 소유했는지 드러낸다. 그 말 자체만으로 그의 어두운 심령과 교주적인 목회관이 그대로 표출된다. 영적 지각이 조금이라도 있으면 쉽게 분별할 것을 보지 못하고 수많은 목사가 그를 추종하며 한 수 배우려 한다. 어찌 목사라는 자들이 이토록 무지몽매할 수 있단 말인가?

유식한 척하다가 무식이 탄로 난 설교

기독교 방송에서 방영하는 설교를 듣다 보면 은혜받기보다는 시험 들 때가 많다. 얼마 전에도 수만 명이 모이는 대형 교회의 저명한 목사가 설교하는 것을 잠시 들었다. 설교 중에 유명한 실존주의 철학자이며 소설가인 장 폴 사르트르를 언급하면서 그가 노벨상까지 받은 사람인데도 믿음이 없는 허무주의자였기에 죽음 앞에 두려워 떠는 비참한 말로를 맞이했다고 했다. 그러나 사르트르가 노벨상을 받지 않은 것은 웬만큼 상식이 있는 사람이면 익히 아는 사실이다. 그가 노벨문학상 수상자로 확정되었으나 그 상을 거부해서 세계적인 화제가 되었던 사실을 기성세대 중에 모르는 사람이 거의 없을 것이다. 그러나 한국 교회를 대표하는 듯 행세하는 그 목사는 그런 상식조차 갖추지 못했다. 잘 모르면 설교를 준비하면서 확인이라도 한 번 해 봤어야 하는데 조심성도 없이 자신의 무지를 그대로 드러냈다. 그 목사는 확실한 근거도 없이 어디서 주워들은 얘기를 장황하게 늘어놓으며 허무주의의 괴수를 단죄하였다.

물론 사르트르는 극단적인 무신론자다. 설교의 맥락에서 꼭 언급할 필요가 있다면 그의 잘못을 지적할 수 있다. 나도 인간론 강의에서 그의 사상을 신랄하게 비판한다. 그러나 그런 비판은 최소한 그에 대한 기본적인 지식에 근거한 것이어야 한다. 사르트르같이 대중에게 널리 알려진 저명한 인물을 강단에서 언급할 때는 각별한 주의를 기울여야 한다. 자칫 잘못하면 목사의 무식이 들통 나 세간의 웃음거리가 될 뿐 아니라 개신교 강단에서 드러난 지적 천박함이 한국 교회 얼굴 전체에 먹칠하기 때문이다. 그 목사는 자주 그와 유사한 실수를 범한다. 이런 과오는 듣는 이들에게 그가 전하는 설교의 다른 내용까지 그 신빙성을 의심하게 한다.

사르트르 같은 허무주의자를 기독교 입장에서 비판할 때도 올바른 지식 위에서 최대한 공정하게 문제점을 지적하여 정중함과 온유함을 겸비한 품격 있는 기독교의 이미지를 세상 사람들에게 전달해야 한다. 강단에서 신앙과 하나님의 이름으로 너무도 경솔하게 판단하고 정죄하는 경우가 있는데, 이것은 일종의 영적 횡포이며 독선이다. 그리스도인들이 신앙의 이름으로 세상을 향해 무례하게 굴 때가 매우 많다. 무신론자라고 해서 무조건 다 몹쓸 인간으로 매도해서는 안 된다. 신앙인들로부터 절대 본받지 말아야 할 것이 많은 반면 불신자들로부터도 배우고 도전받아야 할 부분이 있다.

우리는 신앙인으로서 사르트르의 무신론적이고 허무주의적인 사상을 철저히 배격해야 한다. 그럼에도 같은 인간으로서는 사르트르가 인간의 불안한 실존의 문제를 끌어안고 치열하게 고민하며 자신의 철학과 신념에 충실한 삶을 살려고 몸부림친 사람이라는 점을 이해할 필요가 있다. 그리스도인이 세상 사람들의 고뇌와 생각을 알아야 세상에서 효과적인 증인의 역할을 할 수 있다. 사르트르가 노벨상 수상을 거부한 이유도 작가는 스스로 제도화되기를 거부해야 한다는 자신의 신념을 실천에 옮긴 것이라고 할 수 있다. 이런 면에서 그는 인간적으로 매력적인 사람이다. 그리스도인들, 목사들 중에서도 명예와 감투에 껄떡거리는 위인들이 얼마나 많은가? 사르트르는 이런 목사들을 한없이 부끄럽게 한다. 그는 극단적인 무신론자, 허무주의자였음에도 그의 허망한 신념에 충실한 삶을 살려고 노력했다. 그러나 우리는 존귀한 하나님의 자녀인데도 허망한 세상 영광을 얻기 위해 영광스러운 하늘의 대의를 헌신짝처럼 내팽개쳐 버리기 일쑤다.

위에서 언급한 목사는 학식이 부족한 사람이라는 것을 자타가 인정한다. 지금 그 점을 걸고넘어지려는 것이 아니다. 하나님은 좀 무식한 사람도 귀하게 사용하시는 경우가 있다. 그러나 목사가 다른 것에는 무식할지라도 성경에는 유식해야 한다. 하나님의 뜻과 마음을 아는 지혜에는 탁월해야 한다. 자신이 잘 모르는 주제에 대해 유식한 척하다가 낭패를 당하느니 자신이 잘 아는 성경 말씀을 바르게 전하기만 하면 된다. 30분이라는 짧은 설교 시간에 성경 본문을 기본적으로 강해하기도 벅찬데 왜 쓸데없는 얘기를 늘어놓으며 소중한 시간을 허비하고 있는지 참으로 안타까울 따름이다. 그 목사가 성경 강해를 하는 경우는 찾아볼 수 없다. 어떤 성경 본문을 가지고 설교하는지조차 알 수 없을 정도로 설교 본문과 내용은 완전히 따로 논다. 그런데 교인들은 그의 설교가 은혜롭단다. 요즘 교인들은 주님의 말씀을 들을 귀가 없는 모양이다. 아니면 그 귀에 심각한 이상이 생긴 걸까?

이 목사뿐 아니라 이런 종류의 실수는 우리 목사들이 부지기수로 범한다. 설교에 단골 메뉴로 등장하는 록펠러, 조지 워싱턴, 링컨, 제시 페니 등에 대한 일화는 확실히 검증되지도 않은 이야기가 많다. 유명한 목사가 그런 예화를 설교에 한 번 사용하면 다른 목사들도 덩달아 써먹기 시작해서 온 한국 교회에 엉터리 얘기가 퍼진다. 그렇게도 전할 메시지가 없어 교인들의 귀에 수없이 맴돌았던 식상하기 짝이 없는 예화 부스러기로 영혼들의 허기진 배를 더 허하게 만들어야 하는지 도무지 이해가 되지 않는다.

상당히 유식한 목사들도 예외는 아니다. 수만 명이 모이는 교회의 목사는 박사 학위도 있는데 설교 중에 조나단 에드워즈가 데이비드 브레이너드의 장인이라고 말하는 것을 들었다. 조나단 에드워즈는 인디안 선교사로 활동하다가 중병에 걸린 데이비드 브레이너드를 자기 집에 기거하게 하고 자신의 딸 제루샤에게 간호하게 하였다. 제루샤는 브레이너드가 죽을 때까지 극진하게 그를 보살폈고 브레이너드가 사망한지 넉 달 후 꽃다운 나이에 자신도 열병에 걸려 사망했다. 제루샤와 브레이너드가 순수한 영적 사랑을 나누었다는 설화가 있고 여러 추측이 무성하다. 일설에 의하면 브레이너드가 죽기 직전에 그녀와 약혼을 했다고도 하는데 확실한 증거는 없다. 조나단 에드워즈가 브레이너드의 장인이었다고 한 그의 말은 분명히 틀렸고, 풍설을 듣고 한 말이라 할지라도 확실한 근거가 없는 말을 한 것이다.

그의 설교도 기독교 방송을 통해 방영되었으니 수많은 사람이 들었을 텐데, 그 방송을 시청한 불신자나 평신도 중에는 그 사실을 아는 이들이 거의 없을 것이니, 앞에서 언급한 사르트르에 대한 무식한 발언같이 기독교를 우세스럽게 하지는 않아 다행인 셈이다. 그러나 거룩한 하나님의 말씀을 전한다는 강단에서 허위 보도에 가까운 실언을 남발하는 것을 결코 간과해서는 안 된다. 한국이 낳은 세계적인 목사라는 이는 설교하면서 유대인들이 미국과 세계의 경제계와 학계를 이끄는 탁월한 인물들이 된 것은 그들이 하나님을 잘 섬겼기 때문이란다. 이것이 무슨 망발인가? 예수 그리스도를 지금까지 거부하고 십자가의 원수로 행하는 그들이 하나님을 잘 섬겨 복을 받았다니 이 목사가 과연 복음의 기본을 아는 자인지 의심스럽다. 그런 사람이 한국이 낳은 세계적인 교회 지도자란다.

유식한 척하다가 무식이 탄로 난 전형적인 사례가 목사들의 설교를 비평한 정용섭 목사의 책에 잘 소개되어 있다. 설교에 현대신학자들을 자주 언급하는 비교적 박식한 목사가 한번은 존 로빈슨이라는 신학자가 쓴 「신에게 솔직히」(대한기독교서회)라는 책을 인용하며 하나님을 올바르게 이해하고 하나님 앞에 정직해지는 것이 신앙의 기본 도리라는 식으로 설교했다. 그러나 이 책은 하나님 앞에 정직하자는 단순한 내용을 담고 있지 않다. 그 당시 유행하던 사신 신학에 가까운 극단적인 내재주의(자유주의)신학을 바탕에 깔고 있는 책이다. 하나님의 초월성을 강조하는 전통적인 신 개념을 배격하고 하나님의 전적인 내재성을 강조한 새로운 신 개념을 주창한 책이다. 현대신학에 깊은 조예가 없는 대부분의 목회자들은 이런 사실을 모를 것이다. 일선에서 바쁘게 사역하는 목회자들이 방대하고 복잡한 현대신학에 능통하기는 현실적으로 불가능할 것이다. 그렇다면 차라리 존 로빈슨이라는 신학자를 언급하지 말고 그냥 하나님 앞에 솔직하자는 식으로 설교했다면 훨씬 나을 뻔했다. 그랬으면 잘 알지도 못하면서 괜히 유식한 척하다가 오히려 무식이 들통 나지는 않았을 것이다. 물론 교인들이야 전혀 눈치채지 못했을 것이다. 그러나 방송을 통해 널리 알려진 목사들은 자신의 설교를 듣는 귀가 많고, 그 중에는 유식한 척하나 무식한 것을 금방 알아채는 예리한 귀들이 있다는 것을 명심해야 한다.

그러므로 유명세를 타는 목사일수록 강단에서 하는 말에 각별한 주의를 기울여야 한다. 자신의 실수로 자기 자신만이 아니라 한국 교회 전체를 웃음거리로 만들 수 있기 때문이다. 우리 모두 모르는 것이 많다. 나도 그런 실수를 많이 한다. 무명하기에 탄로가 나지 않았을 뿐이다. 유식해질수록 자신이 무식하다는 지식에만 더 유식해질 뿐이다. 그러므로 자신이 정확하게 모르는 사안을 설교에 언급해야 할 경우 반드시 사실 여부를 확인해야 한다. 잘 알지도 못하는 현대신학과 철학을 어설프게 읊어 유식한 척하기보다 십자가의 어리석음을 자랑하는 설교자가 되는 것이 백번 낫다. 십자가의 어리석음을 통해 계시된 하나님의 지혜의 부요함과 탁월함을 밝히 드러내는 설교가 심오한 철학 사상을 곁들여 멋들어지게 자신의 유식함을 뽐내는 설교보다 하나님이 보시기에는 훨씬 더 유식하고 탁월한 설교다.

벌거벗은 목사를 보지 못하는 교인들

우리는 말로써 우리 영혼의 얼굴을 드러낸다. 그래서 어떤 이의 말이나 설교를 들으면 한없이 맑고 아름다운 영혼을 접하고 신선한 기쁨을 느낀다. 아마 그런 이의 설교와 모습에는 성령의 아름다운 얼굴이 투영되었을 것이다. 우리 말에서 우리 영혼에 담긴 지식, 인격, 영성, 욕망, 성향이 짙게 묻어 나온다. 이처럼 말은 자신을 다른 사람에게 알리는 계시의 방편이지만 동시에 자신을 교묘히 숨기고 미화하는 위장 수단이기도 하다. 우리 모두는 실제 자기 모습보다 더 괜찮은 사람으로 보이게 꾸미는 자기 미화의 본능적 욕구가 강하다. 그래서 말만 듣고 액면 그대로 판단하는 것은 오산이기 쉽다. 뛰어난 설교의 은사를 가진 목사가 설교의 위력을 이용해 실제보다 훨씬 영성이 탁월한 것처럼 자신을 교묘히 위장하여 교인들을 감쪽같이 속일 수 있다. 그러나 교인들은 속일 수 있을지 모르나 설교에서 그 사람의 됨됨이가 드러나는 것은 막을 길이 없다. 한 교회에서 오래 설교를 하면 사실 교인들 앞에 자신의 영혼을 벌거벗긴 듯 드러내게 된다. 영혼이 빈곤하고 누추한 이들에게는 끔찍하게 두려운 일이다. 그런 설교자에게는 목사의 영적 빈곤을 잘 알아채지 못하는 영적으로 어두운 교인들이 감사할 따름이다.

어떤 목사의 설교에는 세속적인 가치관과 욕망으로 일그러진 영혼의 추레한 몰골이 드러난다. 보는 사람의 낯을 뜨겁게 하는 부끄러운 모습을 본인은 전혀 의식하지 못하는 모양이다. 교인들마저 그런 헐벗은 영혼의 모습을 전혀 분별하지 못한 채, 복음적이지 않을 뿐 아니라 경박하기 짝이 없는 설교를 들으면서도 아멘을 연발한다. 하나님에 대한 열심을 가장한 세속적인 욕망에 사로잡혀 눈멀고 벌거벗은 치부를 드러내는 그 영혼에 끌리고 매료되는 교인들은 도대체 어떤 사람들인가? 그 목사나 교인들이나 다 같이 아름다운 성령의 얼굴이 나타나는 그리스도인의 모습을 도무지 분별할 수 없을 정도로 영적으로 어두운 사람들일 것이다. 그러니 그런 위인도 교인들의 영적 무지를 이용해 대형 교회를 이룰 수 있는 것이다.

목사는 그의 설교와 인격과 삶으로 교인들에게 아름다운 성령의 얼굴을 보여 주어야 한다. 교인들 또한 설교에서 아름다운 성령과 주님의 얼굴을 볼 수 있도록 영적으로 깨어나야 한다. 한국 교회의 일그러진 자화상은 아름다운 성령의 얼굴을 보여 주지 못하는 목사의 설교에서 기인한다고 볼 수 있다. 그렇다면 어떤 설교가 아름다운 성령의 얼굴을 보게 해주는 설교인가? 지금 한국 교회에서 그런 설교가 존재하기는 하는 것인가?

비평의 도마 위에 오른 한국 교회의 설교

한국 교회를 대표할 만한 목사들의 설교가 비평의 도마 위에 올랐다. 정용섭 목사가 쓴 책들, 「설교와 선동 사이에서」 「설교의 절망과 희망」 「속 빈 설교 꽉 찬 설교」(이상 대한기독교서회), 「설교란 무엇인가」(홍성사)에서 한국 교회 저명한 설교자들이 비평의 표적이 되었다. 통상적인 설교 비판과는 사뭇 다르게 이번 비평의 날 선 검은 한국 교회 설교가 전반적으로 안고 있는 문제의 정곡을 찌르고 그 폐부를 드러내 교계에 엄청난 반향을 불러일으켰다.

이 책에 대한 반응은 상당히 엇갈린다. 그의 비평은 어떤 이들에게는 통쾌함을 안겨 주는 반면 다른 이들에게는 심한 거부감과 반감을 불러일으킨다. 같은 맥락에서 그의 책이 설교 비평의 새로운 장을 열었다고 열렬한 호응과 찬사를 보내는 이들이 있는가 하면, 그의 비판을 자유주의자의 요설로 단죄하는 이들도 적잖다. 양극단 사이에 있는 대부분의 독자들은 예리한 통찰이 번득이는 그의 비평에 상당 부분 공감하면서도 왠지 모를 거부감을 느낀다. 그러면서도 그 찜찜함의 정체가 무엇인지 정확하게 규명하지 못해 난

감해한다. 나도 이 책들을 읽는 내내 시원함과 답답함이 교차되는 미묘한 심경의 변화를 체험하였다.

그의 비평을 어떻게 평가해야 하나? 비록 특정한 신학적 입장에서 한 비평일지라도 한국 교회 설교가 안고 있는 근본 문제를 간파했다는 점을 놓쳐서는 안 된다. 그렇다면 그의 비평을 어디까지 수용할 수 있으며 어디서부터는 거부할 수밖에 없는가? 정 목사가 어차피 벌여 놓은 판이니 뒤늦게나마 참여하여 이런 문제점을 짚어 보는 것은 설교의 발전에 큰 유익이 되리라고 본다.

정 목사가 펴낸 첫 번째 책 제목이 「속 빈 설교 꽉찬 설교」다. 그는 한국 교회 설교의 문제는 속 빈 강정과 같이 내용이 없다는 점을 지적했다. 성경 말씀이 설교되지 않는다는 뜻이다. 그는 설교에서 성경 본문이 철저히 침묵해 버리는가 하면, 설교 내용과 본문이 '따로 국밥'처럼 놀기도 하며, 그나마 성경이 해석되는 경우에도 말씀의 깊이에 천착하지 못한 채 변죽만 울리는 경우가 많다고 했다. 왜 이런 현상이 나타날까? 문제의 핵심은 설교자가 하나님의 말씀을 듣지 못한다는 사실이다. 그는 다른 책에서, 말씀을 듣지 못하는 설교자의 특징을 다음과 같이 정리했다. "성서의 말을 듣지 못하는 설교자는 언어가 말을 거는 경험이 없어서 절필하거나, 표절을 일삼거나, 겉멋만 부리는 시인처럼 청중의 종교적인 감수성에만 영적 촉수를 맞추는 악순환을 반복할 것이다."[2]

그들은 전할 하나님의 말씀이 없는 속 빈 설교를 과잉된 예화, 종교적인 여흥을 돋우는 개그, 피상적인 감정을 자극하는 선동, 잔소리같이 식상한 도덕률을 읊어 대는 닦달로 가득 채우고, 구색 맞추기 식으로 성경 말씀을 끼워 넣어 하나님의 말씀으로 기막히게 포장해 낸다. 이런 설교를 통해 교인들의 종교적 욕구에 부응하면서도 목사의 야망을 이루는 이중적인 목적을 효과적으로 달성한다. 결국 그런 설교에서 성경 말씀은 목사와 교인들의 필요와 욕망을 위해 도구로 이용될 뿐이다. 그는 한국의 유명한 설교자들은 거의 이런 식으로 설교에 일가를 이룬 이들이라고 했다. 그들의 설교는 감성의 표피층만 자극한 채 영혼에 깊은 공명을 일으키지 못한다는 점이 같다. 그 내용의 허접함이 어떤 목사의 설교에서는 한눈에 포착되지만 고단수의 기술과 노련미를 갖춘 목사에게서는 세련된 형태로 은폐되어 간파하기 쉽지 않다. 그러나 그것은 포장술의 차이일 뿐이다.

침묵하는 성경 본문

정 목사의 분석에 의하면 성경 본문이 철저히 침묵해 버리거나 성경 본문과 내용이 완전히 따로 노는 현상이 한국의 설교 명망가들 사이에 비일비재하다. 몇몇 사례들만 살펴봐도 이런 사실은 확연히 드러난다. 먼저 한국 교회의 대표적인 설교자로 손꼽히는 곽선희 목사는 설교에서 성경 말씀을 거의 무시해 버린다. 곽 목사는 설교에 지성적이고 교양적인 내용이 가득하지만 성경의 텍스트는 철저히 침묵해 버린다. '은혜를 맡은 청지기'라는 곽 목사의 설교를 평하면서 정 목사는 "그의 설교에서 성서 말씀은 구박받는 콩쥐 신세""[3]라고 일침을 가했다. 곽 목사의 설교가 성경에 대한 해석은 거의 없이 삶의 지혜와 정보를 장황하게 늘어놓으며 지성적이고 세련된 설교의 포즈를 취하는 것은 속이 빈 실체를 가리려는 애처로운 몸짓인지 모른다는 것이다. 정 목사의 날카로운 일갈을 들어 보자. 이것은 바로 "그 궁극의 실질은 전혀 없으면서도 어쩔 수 없이 궁극적인 것을 말해야 하는 사람이 빠져들 수밖에 없는 막다른 길이 아니겠는가. 기독교 진리와 영성의 깊이로 들어가지 못하고 단지 교리의 일반론에 머물러 있으면서도 어쩔 수 없이 신비로운 영성의 세계를 말해야 하는 사람이 빠져들 수밖에 없는 숙명이 아니겠는가. 평면적으로만 보면 그의 설교 행위는 득음의 경지에 들어선 소리꾼처럼 때로는 속삭이듯, 때로는 몰아치듯 청중들을 압박해 들어가기 때문에 잘하는 설교처럼 보이지만, 그것은 오히려 자신의 실체를 가리는 몸짓이 아니겠는가."*4

정 목사는 이같이 설교에서 성경 말씀이 무시되는 또 다른 예를 김진홍 목사의 설교에서 보여 준다. 김 목사가 스데반의 순교 장면을 기록한 본문(행 7:54-60)으로 '하늘이 열리며'라는 제목의 설교를 하는데, "36분짜리 설교에서 31분을 엘리야 이야기로 보낸 다음에, 본문에 대해서는 한마디 하는 것으로 설교를 끝낸다. 나는 하나님 말씀에 대한 그의 태도가 왜 그렇게 불성실한지 이해할 수 없다.…김 목사의 설교가 본문에 충실하지 않은 이유는, 김 목사가 성서 텍스트 안으로 들어갈 능력이 없으며, 그럴 생각도 없기 때문이다."*5 이렇게 김 목사는 성경 본문을 전혀 해석하지 않으면서도 청중을 자기 이야기로 빨려 들어가게 하는 탁월한 입심으로 설교를 끌고 나간다는 것이다. "그날의 설교가 워낙 빼어난 이야기꾼의 설교이기 때문에 나는 40분 동안 시간 가는 줄 모르고 듣기는 했지만 뭔가 허전한 느낌이 들었다.…왜 이런 일이 벌어졌을까? 그의 설교에는 무협지처럼 영웅들만 설치고 있지 하나님이 눈에 띄지 않았다는 게 그 대답이다. 하나님 이야기가 없는 설교를 듣고 은혜를 받을 수는 없지 않은가."*6 그의 설교에서 하나님과 그의 말씀은 영웅들의 이야기에 의해 뒷전으로 밀려난 신세가 되어 버렸다는 것이다. 정 목사는 이같이 한국 교회 강단에 하나님이 망각된 설교가 범람하고 있다는 뼈아픈 사실을 일깨워 준다.

더 나아가 정 목사는 설교에서 성경 본문이 무시되는 경우뿐 아니라 텍스트가 항상 목사의 종교적 확신과 구도에 따라 꿰맞추기 식으로 조작되고 훼손되는 위험성을 지적한다. 대표적인 예로 '예수 성공, 불신 실패'라는 구도 속에 복음이 각색되고 변질된다는 점을 들었다. 정 목사는 김삼환 목사의 설교에서 이런 경향이 두드러지게 나타남을 포착하였다. 그는 김 목사의 설교에 청중이 열광하는 "본질적이고 구성적인 요인은 그의 설교가 '예수 성공, 불신 실패'라는 패러다임에 뿌리박고 있다는 사실이다.…김 목사가 설교 도중에 노골적으로 '예수 성공, 불신 실패' 구호를 외치는 것은 아니지만 그의 설교에 철저하게 내면화되어 있다는 건 분명하다."[7] 김 목사가 어떤 성경 본문을 가지고 설교를 하든지 이 구도를 벗어나지 못한다는 것이다.[8] 정 목사가 지적하는 바는 그의 설교가 전반적으로 신앙의 승리주의에 치우쳐 기독교 신앙의 균형을 상실했다는 점이다. 그런 설교는 세상에서 성공한 강남 사람들에게는 어필할지 모르나 냉혹한 경쟁 사회에서 뒤쳐진 수많은 민초에게는 심한 자괴감을 안겨 준다. 그럼에도 그의 "설교가 여전히 강력한 호소력을 발휘하는 이유는 한국 그리스도인들의 신앙이 '예수 성공, 불신 실패' 구도에 바벨론 포로처럼 잡혀 있기 때문이 아닐까 생각한다."[9]

그러면서 정 목사는 젊은 설교자들에게 우리가 전하는 구원의 실체가 예수 믿으면 승리한다는 식의 단조로운 쪽 복음으로 축소되어 버릴 수 있는지, '예수를 믿고 구원받는다'는 것이 과연 무엇을 의미하는지를 성경 말씀을 따라 진지하게 고민해 보라고 도전한다. 이런 치열한 탐구가 없을 때 "우리의 목회와 설교는 시나브로 세속주의에 빠져들고 말 것이며, 따라서 군대 귀신이 들려 거라사 공동묘지에 살던 사람의 경우처럼 한국 교회 안에 이미 성공주의, 영웅주의, 제국주의, 사대주의, 천민자본주의, 교권주의라는 악령이 배회하고 있다는 사실을 눈치채지 못할 것이다. 아니, 그런 현상에 부화뇌동할지도 모른다. 오늘 누가 엑소시스트의 역할을 감당할 수 있겠는가."*10

변죽만 울리는 설교

정 목사는 앞에서 살펴본 설교들과는 달리 성경 본문에 충실한 듯 보이는 설교들도 말씀 중심으로 들어가지 못한 채 변죽만 울리는 경우가 많다는 점을 지적하였다. 위에서 살펴본 목사들은 성경 본문에서 설교의 주제만 따 오든가 아니면 텍스트와 상관없이 자기 할 말만 일방적으로 쏟아내는 데 반해 이런 목사들은 성경 본문에 근거한 설교를 하려고 노력한다. 전자의 경우는 그 문제가 쉽게 파악되지만 후자의 경우에는 성경을 강해한다는 세련된 자세를 취하기에 그 숨은 함정을 포착하기가 어려워 더 위험할 수 있다. 성경 말씀의 깊은 차원으로 들어가는 치열한 구도자적인 자세 없이 성경 본문의 표피층에서 설교 주제와 여러 아이디어를 뽑아내고 요령껏 나열하여 그럴듯하게 설교를 만들어 낸다. 거기에 적절한 예화와 감동적인 설교자의 경험담이나 간증까지 더해지면 거의 완벽에 가까운 설교가 탄생하는 것이다. 그러나 이런 식의 설교가 대중의 눈을 가릴 수 있을지는 모르나 중심을 꿰뚫어 보는 혜안을 가진 이에게는 그 실체를 감추기 어렵다.

정 목사는 이런 영적인 촉각이 남다르게 예민한 것 같다. 영적으로 벌거벗은 채 활보하는 설교자를 향해 "벌거벗었네!" 하고 소리치고 싶은 심정이라고 했다. 다른 이들에게는 쉽게 포착되지 않는 것들이 그의 영적 레이더망에는 영락없이 걸려든다. 한국 교회에 명실공히 탁월한 강해 설교자로서 인정받는 이동원 목사의 설교도 그의 매서운 비평의 눈초리를 비껴가지 못했다. 정 목사는 이 목사의 설교에서 위에서 지적한 문제의 전형적인 예를 발견하였다. 그는 이 목사의 설교가 한국 교회 대다수의 신자들이 듣기에 은혜로운 'A+' 설교인데 왜 자신에게는 전혀 은혜가 안 되는지 모르겠다고 투덜댄다. "이런 정도의 설교 내용과 기술, 그리고 진정성을 확보한 설교자라면 어디에 내어놓아도 손색이 없을 것이다. 그런데 다섯 권의 설교집과 열 편 가까운 인터넷 설교를 정독하고 시청했는데도 나는 그의 설교에서 별로 은혜를 받지 못했다. 왜 이렇게 허전할까? 기독교 진리를 향한 놀라운 집중력이 돋보인 설교라고 한다면 아무리 비평의 눈을 갖고 대한다고 하더라도 은혜의 불길이, 불길은 아니라고 하더라도 은혜의 온기나마 느껴져야 할 게 아닌가?"[11] 정 목사는 이 당혹스러움을 이렇게 토로한다. "그의 명성에 기대가 컸던 탓이었는지 모르지만, 이 목사의 설교를 접하고 난 후의 내 느낌은 '은혜 없음' 정도가 아니라 '속았다'에 훨씬 가까운 것 같다. 성서가 손가락으로 지시하는 하나님의 통치와 생명의 신비, 그리고 그 능력은 별로 보이지 않고 인간의 종교적인 심리와 그 해결책만 가득한 설교에서 나는 큰 배신감을 느꼈다."[12]

정 목사의 비평이 주관적인 면이 있지만 그동안 쉽게 눈치채지 못하도록 감쪽같이 숨겨져 있던 A+ 설교의 진실이 무엇인지를 포착했다는 점을 놓치지 말아야 한다. 그것은 이 목사의 설교가 세련된 설교술로 잘 포장되어 있지만 말씀의 깊이에 침잠하지 못한 채 성경 텍스트의 표피층에서 변죽만 울리고 만다는 점이다. 놀라운 말씀의 세계가 열리고 신비롭게도 말씀이 자신에게 말을 거는 체험을 한 이들에게서 흘러나오는 영적 감화력이 결여되었다는 것이다. 다시 말하면, 말씀 속에서 하나님과의 실존적인 만남을 체험한 설교자의 깊은 영성에서 우러나오는 말씀의 진국을 맛볼 수 없다는 것이다.

정 목사의 비평 중 비판할 부분은 분명히 짚고 넘어가야 하지만, 그의 지적은 가슴이 아프고 쓰리더라도 반드시 귀를 기울여야 한다. 그것만이 한국 교회의 설교가 발전하는 길이다. 위에서 지적된 문제가 어찌 이 목사만의 문제겠는가? 정 목사의 비평을 읽으면서 나 자신의 치부가 적나라하게 드러남을 보는 듯하여 심기가 불편했는데 아마 대부분의 목사들도 나와 비슷한 심정이었을 것이다. 우리 모두를 대표해서 그분이 비평의 화살을 몸소 담당하는 희생을 감수하신 셈이다. 정 목사도 인정했듯 위에 언급한 목사들도 나름대로 한국 교회를 위해서 일정한 역할을 했다. 그러나 이 시점에서 한국 교회의 설교는 새로운 차원으로의 도약이 불가피하다.

웃기는 설교의 전성시대

정 목사는 내용의 부실함뿐 아니라 선동적인 전달 방식이 한국 교회 설교가 안고 있는 또 다른 문제점이라고 지적하였다. 속 빈 설교는 결국 선동적일 수밖에 없다는 것이다. "내용이 풍부하다면 선동적으로 접근할 필요가 없지만, 그렇지 못할 경우에는 무언가 아우라 같은 것으로 내용을 대신할 수밖에 없다."[13] 설교에서 속이 빈 것과 선동은 서로 맞물려 있는 셈이다. 설교에 영혼을 감화하는 성경 말씀이 부재하니 종교적인 여흥을 돋우고 감정을 자극하여 청중을 감동시키려 하는 것이다. 결국 인위적인 선동이 성령의 감화를 대체한다. 육적인 열정이 성령의 감동으로 교묘히 위장되기에 분별이 어려워진다.

 목사들이 성경 본문을 깊이 해석하려는 치열한 노력 없이 청중의 감정과 심리를 이용하여 설교의 실용적인 효과를 극대화하려는 추세가 증증하면서 급기야 한국 교회는 웃기는 설교의 전성시대를 맞이하였다. 한국 교회에 '웃기는 설교'의 선풍적인 인기를 몰고 오는 데 선구자 역할을 한 이가 장경동 목사일 것이다. 그가 대중 설교자로 출현한 지 10년이 훌쩍 넘었지만 그는 아직도 건재하다. 그에 대한 인기와 호응이 예전과 같지는 않지만 장 목사는 여전히 기독교 방송에 단골로 출연하고, 전국을 휩쓸고 다니며 집회를 인도한다. 그는 특별한 유머 감각과 뛰어난 재담으로 청중을 매료시켜 설교 시간 내내 회중을 웃음의 도가니에 빠지게 한다. 그의 설교는 재미없는 세상에서 지치고 피곤한 이들의 스트레스를 확 풀어 주며 영적으로 메마르고 정체된 한국 교회에 성령의 신바람을 몰고 오는 듯하다. 정말 그의 설교를 통해 성령의 새바람이 불고 있는 것인가?

정 목사는 이런 현상에 깊은 우려를 표하며 그런 설교의 문제가 무엇인지 심층적으로 분석하였다. 그는 "젊은 설교자들 중에서 혹시라도 장 목사가 일으키고 있는 이런 신바람 설교에 마음을 빼앗기는 이들이 있을까 염려되어 욕먹을 각오로" 그 문제를 공론화한다고 하였다."[14] 그의 평가에 따르면, 장 목사의 설교가 몰고 오는 바람은 성령의 새바람이 아니라 공허한 영성의 헛바람이다. "그의 설교에는 청중과 강사의 신바람은 있을지 모르지만 말씀과 성령의 신바람은 별로 없다.""[15] 마치 '먹을 게 없는 잔치'와 같다. 그것도 "아무것도 먹지 못하고 쫄쫄 굶으면서도 배불리 먹은 것처럼 착각"하게까지 만드는 이중적 속임의 간교함이 깃든 말씀 잔치다.

이런 지적에 장 목사는 발끈할 것이다. 그는 자신을 비판하는 이들을 향해 자신의 설교가 웃기기만 하는 것이 아니라 들을 만한 내용이 있다고 자주 항변한다. 물론 그의 설교에는 유익하고 은혜가 될 만한 말도 많다. 교인들이 웃기기만 한다고 그런 설교를 좋아할 정도로 바보는 아니다. 재미있기도 하고 은혜도 되는 것 같기에 그런 설교를 듣는다. 그러니 도대체 무엇이 문제냐고 반문하는 이들이 있을 게다. 썰렁하게 웃기기만 하고 별 유익도 없는 설교라면 엉터리라고 쉽게 판단이 되는데 은혜와 감동이 있는 것 같기에 어찌 봐야 할지 상당히 헷갈린다. 여기에 더 은밀한 함정이 도사리고 있다. 얼핏 들어서는 그가 말씀을 전하는 것 같지만 사실 그의 설교는 말씀의 깊이에 전혀 뿌리내리지 못한 채 설교를 가벼운 담소거리로 전락시켜 버린 것이다. 일전에 기독교 방송에서 그가 설교를 하는데 그렇게 우스갯소리를 잘 하는 이가 놀랍게도 기본적인 구원의 진리를 제대로 설명하지 못했다.

정 목사가 그의 설교가 먹을 게 없는 잔치라고 하는 이유도 성경 말씀이 전혀 해석되고 있지 않다는 데 있다. 그는 내용이 없는 설교의 진부함과 허접함을 탁월한 재담과 익살로 은폐하여 청중을 웃겼다 울렸다 하는 감동적인 설교로 기발하게 둔갑시켰다. "그의 설교에는 꼭 있어야 할 것은 없고, 없어도 될 것은 차고 넘친다는 이야기다. 이것이 허무주의 영성이 아니고 무엇이겠는가!"*16 "그는 말씀의 깊이에 들어가지 못한 사람이 겪을 수밖에 없는 설교의 상투성에서 벗어나려고 청중을 감정적으로 다그치기 때문에 오히려 큰 문제를 일으킬 소지를 안고 있다. 장 목사에게는 바로 이게 문제다. 세계와 삶에 대한 충분한 이해 없이 어쩌다가 벼락부자가 된 졸부처럼 말씀에 대한 해석 능력 없이 청중을 제압할 수 있는 카리스마만 확보한 장 목사의 설교에는, 그런 능력이 없는 설교자의 그것보다 문제를 일으킬 위험성이 훨씬 높다."*17

그런 설교의 치명적인 문제는 성령이 말씀을 통해 우리의 영혼을 깊이 감동시킴에서 오는 위로와 기쁨이 아니라 인간의 익살과 잔꾀로 육신의 표피적 감성을 자극하여 창출해 낸 가벼운 웃음거리를 선사하며, 그것이 마치 성령의 은혜인 양 교인들을 현혹시킨다는 점이다. 그의 설교가 청중을 움직이는 힘은 결국 인간의 재담과 유머에 의해 조작된 감정과 열정이지 말씀을 통한 성령의 감동이 아니다. 그의 익살스러운 설교가 자아내는 과도한 육적 감동은 성령만이 불러일으키는 영적 감화를 대체하며 오히려 그런 성령의 역사를 방해하기까지 한다. 그래서 교인들을 하나님 나라의 현실로 인도하는 성령에 사로잡히는 데 거침돌이 된다. 그런 설교는 청중을 말씀의 깊은 세계에 뿌리내려 거기서 영적 자양분을 빨아들이며 성숙케 하지 못하고 피상적인 감정에 휘둘리는 공허한 영성을 벗어나지 못하게 한다. 결국 그런 설교는 교인들의 영성을 살리기보다 손상시키며 기독교 신앙의 본질을 훼손시킨다.

장 목사의 설교가 교계에 선풍을 일으키며 엄청난 대중성을 확보하는 데 성공했다고 해서 정체된 한국 교회 강단에 돌파구가 될 설교의 대안으로 착각해서는 안 된다. 장 목사의 설교는 목사들이 본받아야 할 좋은 설교의 정형이 아니라 반드시 피해야 할 나쁜 설교의 유형이다. 청중의 감정과 열정만을 잔뜩 자극시키고 말씀과 성령은 실종시켜 버린 설교 사역은 인기몰이에는 성공하여 설교자의 명성을 드높이며 그의 종교 왕국을 확장하는 데는 유용할지 모르나 하나님 나라에는 유익이 되지 못하고 오히려 손해가 될 수 있다.

정 목사에 의하면, 이것이 장 목사만의 문제는 아니다. 우리 모두의 문제다. 요즘 목사들이 설교에서 청중을 몇 번쯤은 꼭 웃겨야 한다는 강박에 사로잡혀 있는 모습을 보는 경우가 얼마나 많은가? 정 목사는 젊은 목사들이 이런 시류에 영합하여 말씀과 씨름하는 치열한 구도자적인 자세 없이 인간의 잔꾀와 해학을 동원하여 청중의 심리와 감정을 인위적으로 조작하려는 조잡한 설교 행태를 본받지 말고 말씀과 성령으로 진검승부하기를 간곡히 주문한다.

선동인가 성령의 감화인가

정 목사는 청중을 움직이며 감동과 흥분의 도가니로 몰아넣는 것이 인간의 설득 기술뿐 아니라 미혹의 영의 작용에 의해서도 가능한가를 타진하였다. 설교가 대중을 설득하고 감동하는 힘이 있다고 해서 그것이 반드시 성령의 역사라고 단정하는 것은 금물이다. 설교 사역에 있어서도 성령뿐 아니라 미혹의 영이 발 빠르게 움직이기 때문이다. 악령도 청중을 감화시키는 성령의 사역을 모방하는 데 명수다. 그러므로 청중에게 미치는 성령의 감동과 악령의 자극을 분별하기가 쉽지 않다. 더구나 설교가 상당한 대중적인 호소력을 확보했을 때 은밀한 악령의 작용이 성령의 역사로 위장될 가능성은 극대화된다. 정 목사는 이런 위험을 정확하게 포착하였다. "설교자가 영적이고 신학적인 성찰을 게을리 하면 자신의 설교가 대중적인 호소력을 확보하는 그 순간부터 성령과의 관계가 느슨해지고 오히려 악령과의 관계가 돈독해질 가능성이 높다."[18]

정 목사는 이런 위험에 빠졌다고 의심되는 설교의 한 사례를 붙잡고 씨름했다. 바로 윤석전 목사의 설교다. 그는 엄청난 카리스마를 뿜어내는 윤 목사의 설교가 "성령의 힘에 의한 것인지, 악령의 힘에 의한 것인지 분별하고 싶다"고 했다.[19] 한국에서 손꼽히는 초대형 교회를 이루었고 그가 인도하는 집회에 수천 명의 목사가 몰릴 정도로 막강한 파워를 발휘하는 윤 목사의 설교를 향해 악령의 장난인지도 모른다고 시비를 거는 정 목사는 대책 없이 무모한 것인가, 아니면 남다른 영적 분별력이라도 가진 것인가? 정 목사의 지적이 타당한 근거 위에 기초한 것이라면 한국 교회의 강단이 얼마나 심각한 위기에 처해 있는지 여실히 드러나게 될 것이다. 미혹의 영이 은밀하게 작동하는 설교에 수많은 교인뿐 아니라 목회자들까지 완전히 홀려 있는 셈이니 말이다.

정말 그런지를 확인하기 위해서는 정 목사가 과연 정당한 근거 위에서 비판하는지를 살피는 것이 급선무다. 정 목사는 마치 신들린 것처럼 설교 행위에 몰입하는 윤 목사의 모습을 이렇게 묘사했다. "그의 설교 모습은 한편으로는 구령 열의를 억제할 수 없는 표출인 것 같고, 다른 한편으로는 극도로 불안한 내면세계의 발산인 것 같다."[20] 정 목사는 단순히 외형적인 모습만으로는 이를 판단할 수 없다고 했다. 쉰 듯하면서도 혈기 찬 음성으로 고래고래 소리치거나, 부담스러운 얼굴 표정과 몸짓 등 자신의 취향에 맞지 않는다고 해서 트집 잡는 게 아니라는 것이다. 그의 생각으로는 그런 기이한 설교 형태가 성령에 사로잡힌 사람의 내면에서 분출되는 억제할 수 없는 그 무엇이라면 별로 문제 삼을 일이 아니다.

그러나 윤 목사가 설교 중에 교인들로 하여금 끊임없이 아멘을 복창하게 하고 설교 후에는 통성기도를 반복하게 하는 것은 대중을 선동하는 태도에 가깝다고 지적했다. 그렇다고 그가 설교에서 뿜어내는 열정과 카리스마, 그리고 설교에 심취한 교인들의 열광적인 반응이 성령의 감동이 아니라 모두 선동적인 것에서 비롯되었다고 볼 수는 없다. "만약 윤 목사의 설교에 성서가 제시하고 있는 분명한 영성이 담보되어 있다면 비록 외형적으로 대중 선동적인 요소가 보인다고 하더라도 무조건 배척할 수는 없을 것이다."[21] 그러므로 윤 목사가 어떻게 설교하느냐보다 무엇을 설교하느냐를 살펴본 후에야 그의 설교에 대한 최종 판단을 내릴 수 있다.

정 목사의 분석에 의하면 윤 목사의 설교에서 성경 말씀은 하나의 구조, 즉 '예수 천당, 불신 지옥'이라는 패러다임에 꿰맞추기식으로 왜곡되고 남용되고 있다. "그의 설교에 등장하는 모든 성서 이야기나 교회의 신앙 이야기는 한결같이 이 단순한 구조를 보강하기 위한 재료로 사용될 뿐이다."[22] 그의 설교에서 성경 본문은 거의 무의미하다. "그는 '예수 천당, 불신 지옥'을 강화하고 자극하기 위해서 성서의 표면적인 정보를 발췌할 뿐이지 그 텍스트의 지평에 들어가는 일은 없다."[23] 그의 설교에서 성경 텍스트는 완전히 침묵하거나 아니면 획일화된 구조에 맞추어 왜곡되거나 훼손되기 일쑤다.

윤 목사가 설교에서 전하는 핵심 메시지가 '예수 천당, 불신 지옥'이라는 것이 무슨 문제인가? 그것이 바로 복음의 골자가 아니고 무엇인가 하고 생각할 이들이 있을 것이다. 복음의 핵심 주제가 하나님의 나라임에는 분명하다. 그러나 성경이 증거하고 있는 하나님 나라는 '예수 천당, 불신 지옥'이라는 구도로 축소될 수 없다. 하나님 나라는 윤 목사가 말하는 천당처럼 타계적인 세계만을 의미하지 않는다. 하나님 나라는 그리스도와 성령 안에서 이미 현실화되었으나 종말에 가서야 완성될 영적인 실체다. 하나님 나라의 양면성, 즉 '이미' 우리 가운데 실현된 면과 '아직' 완료되지 않은 측면은 긴밀하게 연결되어 있다. 기독교 영성은 '이미'와 '아직' 사이의 역설적인 긴장 가운데 형성되고 배양된다. 이 둘 사이의 긴장과 균형이 깨질 때 기독교 신앙은 왜곡될 수밖에 없다.

이러한 현상이 윤 목사의 설교에서 두드러지게 나타난다. 그의 설교에는 그리스도 안에 이미 임한 하나님 나라의 내용이 구체적으로 무엇이며 그 나라의 축복과 원리가 무엇인지에 대한 성경적이고 신학적인 진술이 거의 전무하다. 사후의 천당에 초점을 맞추는 그의 설교는 교인들을 성령의 현존 가운데 실체화된 하나님의 통치를 삶 속에 구현해 가는 기독교 신앙에서 멀어지게 한다. 교인들을 이 땅 위에서 하나님 나라의 백성으로 살도록 양육하는 것이 아니라 타계적인 세계에 대한 종교적인 집착에 빠져 하나님 나라의 영적 현실을 도피하는 광신으로 치우치게 한다. 그리하여 하나님 나라의 실체에 뿌리를 내려야 하는 기독교 영성에 심대한 해악을 끼친다. 그의 설교는 겉으로 볼 때는 복음의 핵심을 전하고 있는 것 같지만 내용적으로는 비성경적인 광신을 부추기고 있다. 이 점에 있어서 정 목사의 지적은 옳다. "이처럼 이미와 아직 사이의 변증법적 긴장 가운데에 심화하고 기다려야 할 하나님 나라를 '천당, 지옥' 패러다임으로 해체하는 것은 기독교 신앙을 왜곡하는 것이다."[24] 그의 설교는 복음적인 무늬만 띠었지 참으로 복음적이지는 않아서 문제다.

윤 목사는 교인들로 하여금 영원한 지옥 형벌에서 사람들을 구원해야 한다는 강박에 사로잡히게 하여 미친 사람 취급을 받으면서도 전도하지 않을 수 없을 정도로 광적인 열심을 내게 한다. 그것이 그 교회 성장의 결정적인 비법일지 모른다. 그는 '천당, 지옥' 패러다임을 목회적인 필요와 비전을 위한 방편, 즉 교회 성장의 적절한 도구로 활용하고 있는 것이다. 이 세상과 모든 연을 끊은 것 같은 타계적인 천당과 지옥 설교가 아이러니하게도 철저히 세상 중심적이다. 그의 설교는 내세와 하늘의 언어로 가득하지만 그 설교가 궁극적으로 지향하는 바는 교회 성장이라는 세속적인 야망 성취다.

윤 목사 안에 꿈틀거리고 있는 걷잡을 수 없는 욕망의 광기가 표출되는 설교의 한 대목만 살펴봐도 그 사실은 자명해진다. "성전을 지으려는 마음만으로도 하나님이 기뻐하시고 축복한다 하셨으니 노량진을 다 사서 성전을 짓는다고 하면 얼마나 기쁘시겠습니까? 밑져야 본전이지 않습니까? 제가 배포가 크잖아요. '제일 큰 교회를 내 평생에 주님께 지어 드릴 수 있도록 도와주세요'라고 했으면, 50년 후에 세계에서 제일 큰 교회가 생길 것을 믿고 기도하는 것입니다(「절대적 기도생활」, p. 194)."*25

이미 2장에서 지적했듯, 주님이 십자가에서 피를 흘리심으로 허무신 건물 성전을 다시 세운다는 것은 주님의 고난을 헛되게 하며 십자가의 원수로 행하는 것이다. 그런 적그리스도적 행위를 뜻하는 말을 사용하는 것은 종교개혁과 성경의 가장 기본적인 진리마저 부정하는 행위다. 성전 건축이라는 이름으로 엄청난 자금을 쏟아부어 화려하고 웅장한 건물을 짓는 것만큼 하나님의 뜻에 거스르는 일이 없음에도 그것이 하나님이 기뻐하시는 일이라고 교인들을 독려하여 그들의 자원과 에너지를 끌어내는 것은 성령을 대적하고 하나님을 우롱하는 죄다. 그의 설교에 이런 문제가 여실히 드러난다. "주님 오시면 '아무개야 네가 시집갈 때까지 벌어 놓은 것을 모두 가져다 성전 짓는 데 바치지 않았느냐? 하늘에서 새 예루살렘이 내려올 때 그곳에서 내가 살 권리를 네게 주리라' '아멘, 내가 3년밖에 못 번 것인데요' '아니 그래도 영원히 살게 하리라' '10년밖에 못 번 것인데요' '아니 영원히 살게 하리라'(「절대적 기도생활」, p. 212)."*26

이런 윤 목사의 설교에 수많은 교인이 열광하며 그에게 한 수 배우기 위해 수백, 수천 명의 목회자들이 집회 때마다 몰려든다니 한국 교회가 이제는 갈 때까지 간 모양이다. 설교에 아름다운 성령의 얼굴이 나타나는지 아니면 욕망으로 일그러진 목사의 얼굴이 드러나는지조차 분별하지 못할 정도로 교인들과 목회자들이 영적으로 어두워져 있고 이런 영적 무지와 어두움을 최대한 이용하여 자신의 종교적 야망을 채우려는 교활한 시도가 아직까지 잘도 먹혀들어 가는 것이 한국 교회의 참담한 현실이니 이를 어이할꼬. 그렇다고 해서 절망할 때는 아니다. 정 목사의 말대로, "지금이야말로 희망의 노래를 부를 때다. 왜냐하면 새벽이 가까울수록 어둠이 짙다는 말이 있듯이, 거칠 게 없는 듯 분출되고 있는 윤 목사의 카리스마는 한국 교회에 새로운 신앙의 세계가 동터 오기 직전의 조짐일 가능성이 높기 때문이다."*27 제발 그렇게 되기를 소원한다. 그때를 대망하면서 말씀과 성령에 사로잡혀 새 시대를 여는 참신한 설교자들을 준비시키는 것이 무엇보다 시급하다.

복음에 충실한 설교

속이 텅 빈 채 선동과 닦달을 일삼는 설교와 대조되는, 말씀으로 속이 꽉 차 성령에 의해 작동되는 설교는 어떤 것인가? 정 목사가 말하는 꽉 찬 설교는 성경 정보 차원의 지식이나 텍스트에 대한 피상적인 해석으로 가득 찬 설교를 의미하지 않는다. 그것은 성경을 통해서 열리는 영적 세계에 들어간 사람이 들을 수 있는 하나님 말씀으로 채워진 설교를 뜻한다. 정 목사의 비평에서 이런 설교의 몇몇 사례를 접하게 된다. 그 중 하나가 옥한흠 목사의 설교다.

설교자는 가장 먼저 복음의 근본인 케리그마(예수 그리스도의 구속 사건에 대한 진술)에 천착해야 하는데 옥 목사는 이 일에 정통한 사람이다. 옥 목사는 요즘 사람들이 따분하고 식상하게 여길 수도 있는 케리그마를 초지일관 붙들고 설교의 근간으로 삼았다. 정 목사는 이런 옥 목사를 본받아 젊은 목사들이 한눈팔지 말고 케리그마에 집중할 것을 요청한다. "만약 그런 설교를 전할 마음이 생기지 않거나 그것에 관해서 할 말이 별로 없다면 자신이 기독교 설교자인지 아닌지 처음부터 다시 생각해야 할 것이다."*28

한편 정 목사는 젊은 목사들이 배우고 본받을 만한 설교로 추천한 김기석 목사의 설교가 영성과 문학이 한데 어우러져 빚어낸 고품격 신앙 에세이라고 평하면서도 케리그마의 제시는 상대적으로 빈약하다는 아쉬움을 표했다. "필자는 그의 설교에 원초적인 케리그마가 상대적으로 취약하다는 사실을 발견하고는 약간 당혹스러웠다. 그의 설교는 예수 그리스도의 십자가와 부활, 그의 재림이 왜 기독교 신앙의 토대인지에 대한 직접적인 해명을 충분하게 따라가지 않는다.…예수 그리스도의 사건이 담지하고 있는 원초적인 구원 사건이 그의 설교에서 힘을 발휘하지 못하고 있는 이유가 못내 궁금하다."[29] 나도 김 목사의 설교에 이런 부분이 미흡하다는 인상을 강하게 받았는데 정 목사가 잘 지적해 주었다.

그에 비해 옥 목사의 설교는 근본적인 케리그마에 충실하다. 정 목사는 바로 그 점이 "옥 목사의 설교가 청중들에게 강력한 메시지로 다가가는 이유"라고 보았다.[30] 대부분의 목사가 케리그마를 전하는 것이 아니냐고 반문할지 모른다. 그러나 그 차이는 옥 목사처럼 기독교 신앙의 근본을 꿰뚫어 보는 시각을 가지고 말씀의 깊이에 들어가 진술하느냐 아니면 교리적인 명제를 풍월을 읊듯 반복하느냐에 있다. 이렇게 상투적으로 케리그마를 되풀이해서는 옥 목사의 설교에서 볼 수 있는 강렬한 호소력을 기대하기 어렵다. 옥 목사는 다른 데 전혀 한눈팔지 않고 오직 본문에만 집중하며 성경 텍스트의 참된 의미를 풀어내려고 절치부심한다. 정 목사의 말로 표현하면 성경 본문을 풀어낼 내공을 갖춘 사람이다. "그런 내공이 없는 설교자들은 성서 텍스트에 관해서 한두 마디 하면 더 이상 할 말이 없다. 그래서 선정적인 예화에 기울어지거나 청중들을 심리적으로 압박한다."[31]

정 목사는 옥 목사가 설교를 교회 성장이나 목회적인 필요를 위해 도구화하지 않았다는 점을 후하게 평가하였다. 한국 교회 설교가 도덕주의로 치우친 데 대해 강하게 비판하는 정 목사가 의외로 옥 목사의 도덕적인 설교만은 긍정적으로 보는 것도 옥 목사의 설교 전반에서 진정성을 엿보았기 때문일 것이다. "이런 신앙적 진정성이 뒷받침하고 있기 때문에 그의 도덕적 설교는 설득력이 있을 뿐만 아니라, 다른 한편으로 청중들이 듣기 언짢아하더라도 그것에 구애받지 않는 힘을 확보하고 있다. 이는 곧 그의 설교가 목회의 기능에 속한 게 아니라 영적 본질에 속한 것이라는 뜻이다."[32] 또한 옥 목사의 도덕적인 설교가 개인적인 차원에 머물지 않고 사회적인 차원까지 포괄한다는 점을 정 목사는 높이 평가하였다. 그는 옥 목사가 기독교 신앙이 개인주의적 경건과 영성에 매몰되는 것을 날카롭게 비판하고 그리스도인들의 대사회적인 책임을 강변하는 것을 지적하며 이렇게 평한다. "소위 복음주의 설교자들 중에서 그리스도인의 사회 윤리적 책임을 옥 목사만큼 강조하는 설교자를 찾아보기 힘들 것이다."[33]

하지만 그는 옥 목사가 그의 평생을 투신하고 그의 모든 열정을 쏟아부은 제자 훈련에 대해서는 작심이라도 한 듯 시비를 건다. 제자 훈련으로 사람이 근본적으로 변하지 않는다는 것이다. 그는 그런 훈련은 교인들을 신앙적 상식과 세련미를 갖춘 이들이 되게 할지 모르나 그들을 본질적으로는 변화시키지 못한다고 본다. 사랑의교회가 "덩치는 커졌겠지만, 그리고 세련미는 많아졌겠지만 실제적인 변화는 없었을 것이다. 한국 교회의 모습이 바로 사랑의교회에 투영되고 있다고 보아야 한다"는 게 그의 주장이다.[34] 정 목사가 제자 훈련의 한계를 지적하는 점과, 변화는 전적으로 성령의 역사, 즉 하나님의 현존과 통치가 실현된 새로운 세계와의 만남을 통해 가능하다는 주장에는 어느 정도 동의할 수 있다. 그러나 성령의 역사와 경건의 훈련을 서로 배타적인 것으로 보는 데 대한 나의 견해는 다르다. 여기서 나와 정 목사 사이에 성령론적 관점의 차이가 뚜렷해진다. 이 점에 대해서는 뒤에서 논의해 보려고 한다(부록 참고).

조직신학적 강해 설교

두 번째 우리가 살펴볼 꽉 찬 설교의 실례는 마틴 로이드 존스의 설교다. 정 목사는 로이드 존스라는 이름을 얼마 전까지만 해도 들어 본 적이 없었는데 그의 설교를 처음으로 접하고 여러 번 놀랐다고 한다. 설교를 불붙는 논리라고 정의하는 로이드 존스가 뜨거운 용암을 분출하듯 영적 에너지를 쏟아 내며 설교하는 적극성에 놀랐고, 많은 부분에서 그의 입장이 자신과 일치한다는 점에 놀랐다는 것이다. 그뿐 아니라 그렇게 같음에도 자신의 설교와는 달리 로이드 존스의 설교는 대중적인 설득력까지 가지고 있다는 점에 또 한 번 놀랐다고 한다.[*35] 사람들의 취향에 맞추어 인간적인 요소를 가미하거나 사람들의 감정을 자극하여 선동하지 않고 오직 하나님과 그의 구원 행위에 집중하면서도 그같이 대중을 감동시키는 설교를 할 수 있다는 사실에 그는 감탄한다.

정 목사는 설교자들이 로이드 존스의 설교에서 특별히 배워야 할 두 가지 장점을 지적했다. 먼저 하나님이 제대로 설교되지 않는 한국 교회 강단에 로이드 존스는 하나님을 설교하는 것이 과연 무엇인지를 보여 주는 좋은 견본이다. 그는 목사들에게 이렇게 조언한다. "하나님 중심의 설교가 무엇인지 한 수 배우고 싶은 사람이 있다면 로이드 존스의 설교를 숙독하시라. 그의 설교는 공중곡예사처럼 어느 한순간도 한눈팔지 않고 성서 텍스트를 통해서 계시되는 하나님과 그의 구원 행위에 집중하고 있다."[*36] 정 목사의 진단에 따르면, 한국 교회 설교의 위기는 강단에서 하나님이라는 말은 남발하지만 하나님은 제대로 설교하지 않는다는 점이다. 설교에서 하나님은 인간 중심적인 필요와 목적을 위해 이용될 뿐 온전히 드러나지는 않는다. 설교에서 인간 중심적인 요소를 철저히 배격하고 우직할 정도로 하나님께만 초점을 맞추는 로이드 존스의 설교는 수요자 중심의 설교가 점점 늘어나는 이 시대에 경종을 울린다.

다음으로 정 목사가 로이드 존스의 설교에서 높이 평가하는 점은 그의 강해 설교가 탄탄한 조직신학의 기반 위에 세워져 있다는 사실이다. 그는 로이드 존스를 "조직신학적 강해 설교라는 고유한 설교 세계를 개척한 사람"[*37]이라고 호평했다. 로이드 존스가 조직신학이 설교에 별 도움이 안 된다는 기존의 편견을 깨고 설교에 있어서 조직신학이 얼마나 중요한 역할을 하는지를 역설하는 점이 정 목사의 마음에 쏙 든 모양이다. 그는 "성경에서 끌어낸 진리의 총체인 조직신학이 언제나 설교의 배경을 이루면서 중심적인 영향력을 행사해야 한다."[*38]는 로이드 존스의 주장에 전적으로 동의했다.

정 목사가 말하는 조직신학이란 단순히 기독교 교리를 사변적으로 논하는 것이 아니라 성경 전체가 증거하고 있는 하나님의 영적 현실에 대한 총괄적인 해명이다. 창조로부터 종말에 이르기까지 총체적인 기독교의 진리를 관통하는 조직신학적인 시야를 가진 사람만이 성경 속에 펼쳐지는 하나님 나라의 영적인 현실을 제대로 포착할 수 있다는 것이다. "성서의 총괄이라고 할 조직신학적 사유 안에서 영적인 현실성을 또렷하게 확보할 수 있다면 매 순간 예민한 영감으로 빼어난 시를 창조해 내는 시인처럼 훨씬 풍부한 설교 세계를 발견할 수 있을 것이다."[*39] 로이드 존스에게 이런 영민한 조직신학적인 통찰이 있기에 성경 본문 속에 담겨 있는 무한한 복음의 광맥이 그의 영적 시야에 포착되는 것이다. 그의 설교가 청중의 마음을 사로잡으려는 인위적인 요소가 전혀 없음에도 대중에게 강력하게 어필할 수 있었던 까닭은 청중을 성경 말씀과 기독교 진리의 영적인 심층으로 끌어들일 수 있는 저력이 있었기 때문이다.

이런 탁월함에도 불구하고 로이드 존스의 설교는 정 목사의 신학적 취향에는 맞지 않는 비호감형이다. 정 목사는 로이드 존스가 성경의 축자영감설을 따르고 세상을 악하다고 보는 데서 그의 설교는 분파적이고 소종파적인 성격을 나타낸다고 했다. 그는 특별히 로이드 존스의 설교가 세상을 적대적으로 보고 세상 죄의 심각성을 강하게 지적하는 데 반발하며 그와 길을 달리할 수밖에 없다고 결별을 선언했다. 로이드 존스는 "죄가 가득한 세상을 향해서 회개하라고 적극적으로 외치고 있는 반면에", 자신은 하나님의 구원 사역에 "'귀를 기울이자'고 소극적으로 중얼거리고 있을 뿐"이라고 했다. 하나님의 주권에 속한 심판과 구원을 설교자가 마음대로 예단하여 확정하듯 선포할 수 없다는 것이다. 설교자가 하나님의 존재의 신비에 직면할수록 그 앞에서 소극적으로 설교할 수밖에 없으며, 그럴 때 성령이 더 적극적이라고 한다. 여기서 그의 인간론과 구원론에 대해 여러 이의를 제기하고 싶은데 그 논의는 잠시 뒤로 미루도록 하자(부록 참조).

영성 설교

정 목사가 비평한 설교 중에서 가장 후한 점수를 받은 설교들은 그의 신학적 관점에 별로 거스르는 것이 없거나 그런 것이 미처 포착되지 않은 설교들이다. 옥한흠 목사와 로이드 존스 목사의 설교는 정 목사가 제시한 바른 설교의 기준인 성경 텍스트에 충실하며 성령에 의해 추동되는 기본 자격을 갖추었음에도 그의 신학적인 입장에 맞지 않는다는 결격 사유 때문에 최고의 설교 후보에서 탈락한 셈이다. 좋은 설교의 기본 요건을 갖추었을 뿐 아니라 정 목사의 신학적이고 영적인 입맛에도 딱 맞아 앞에 두 사람보다 더 좋은 점수를 받은 설교 중의 하나가 김영봉 목사의 설교다.

일반적으로 대중성이 높은 설교는 신앙의 깊이가 없다. 이는 대중적으로 널리 알려진 설교자들에게서 전반적으로 나타나는 단점이다. 정 목사는 이러한 약점을 극복하고 신앙적인 깊이를 담아내면서도 여전히 대중적일 수 있는 설교의 가능성을 김 목사에게서 발견했는데 그 비결은 바로 깊은 영성에 있다고 보았다. 이 영성이란 삼위일체 하나님과 영적인 연합에 들어가 영적 현실을 실제 삶 속에 누리는 것인데 이러한 영성 추구에 김 목사는 온 몸을 던져 정진해 왔다고 보았다. 김 목사는 자신이 힘써 실천하려는 영적인 삶을 이렇게 묘사했다. "예수 그리스도의 영이 저를 좀더 오래, 좀더 깊이, 좀더 넓게, 좀더 철저하게 다스릴 수 있는 환경을 만들고 그 환경 안에 머물러 있도록 하는 데 제 의지는 사용되어야 한다."[40] 그의 목회 사역 또한 영성 목회라고 특징지을 수 있을 정도로 성도 한 사람 한 사람의 영적인 성장에 초점을 맞췄다. 그의 설교는 교회 성장과 같은 목회적인 필요나 목적이 아니라 오직 교인들이 그리스도 안에서 전인적으로 변화되는 영적 성장이라는 한 가지 목적을 위해 주력한다.

정 목사는 영적인 삶과 목회를 실천하는 사람만이 담보할 수 있는 영적 통찰력이 김 목사의 설교에서 번득임을 확인하였다고 한다. 영적 통찰력을 가진 사람만이 성경 텍스트의 표피층을 뚫고 성경의 깊은 세계로 들어가 그 말씀을 들을 수 있다는 것이다. 곧 성경이 설교자에게 말을 거는 사건을 체험하고, 설교자와 텍스트의 진정한 소통이 이루어지는 셈이다. 정 목사의 진단에 의하면 많은 설교자가 텍스트와의 소통 없이 청중과의 소통에 능숙한, 즉 청중을 움직이는 기술이 뛰어난 달인이 된다. 자신이 성경 말씀과 불통하는 상태에서 교인들을 말씀의 깊은 세계로 인도하기는 턱없이 부족할 뿐이다. 그래서 선동과 닦달을 일삼는다. 청중을 텍스트와 소통하는 차원까지 이끌 수 있는 능력은 김 목사처럼 설교자 자신이 성경 말씀이 여는 영적 세계에 깊숙이 들어갔을 때 자연스럽게 흘러나온다. 이런 면에서 김 목사의 설교는 청중을 설득하는 진정한 영적 감화력이 있다고 보았다. 그는 "기독교 신앙의 상식을 밋밋하게 읊조리거나, 또는 반대로 선정적으로 강요하는 게 아니라 청중들이 스스로에게 설득당할 수 있도록 설교"할 줄 아는 사람이다."[41]

최고의 설교?

마지막으로 정 목사가 평가한 최고의 설교는 단연 판넨베르크의 설교다. 그에게 있어 판넨베르크는 설교자로서 지존의 위치에 있으며 그의 모든 설교 비평을 주관하는 절대적인 척도로 작용한다. 정 목사처럼 판넨베르크를 탁월한 신학자일 뿐 아니라 영성의 대가이며 위대한 설교자라고까지 평하는 것을 지금까지 들어본 적이 없다. 일견 그의 평가는 나름의 논리가 있다. 그가 지적한대로 신학과 영성을 별개로, 혹은 서로 적대적으로 보는 것은 아주 잘못된 편견이다. 오히려 신학과 영성은 유기적으로 긴밀하게 연결되어 있다. 신학은 영적 실체에 대한 합리적인 해명이기에 영적인 경험과 통찰이 없으면 결코 탁월한 신학자가 될 수 없다. 정 목사는 판넨베르크의 설교에서 이런 신학과 영성의 절묘한 융합을 발견하였다. 그의 설교는 "그 어떤 설교자의 설교보다 훨씬 풍부한 영성을 담고 있으며", 그런 면에서 판넨베르크는 성경의 영적인 세계를 "신학적인 차원에서 우리에게 열어 주는 영적인 스승이다."[42]

정 목사는 판넨베르크의 설교를 통해 한국 교회 설교의 문제가 무엇이며 병든 강단을 어떻게 치유할 수 있을지를 진단하려고 하였다. 그의 설교가 다른 이들의 설교와 특별히 다른 점이 무엇인가? 그것은 그의 설교의 중심이 철저히 하나님께 고정되어 있다는 점이다. 판넨베르크는 하나님을 설교하는 데 정통한 사람이다. 그는 인간의 경건과 믿음보다 하나님의 신실하심에 더 역점을 기울인다. 예를 들어 아브라함의 믿음에 대해 설교하면서도 아브라함의 믿음 자체보다 그것을 가능하게 한 하나님의 약속과 주도적인 행위에 초점을 맞춘다. "이처럼 판넨베르크 설교의 상수는 늘 하나님이다."[43] 그는 설교에서 항상 우리를 찾아오시는 하나님과 그의 구원 행위에 주목한다. 하나님의 주권적인 행위만이 인간을 이 세상의 허무주의 속박에서 해방하며 그 통치 아래서만 인간에게 자유와 평화가 있다고 확신하기 때문이다.

정 목사는 이렇게 하나님께 영적인 시선을 고정시키지 못한 채 다른 곳에 한눈파는 설교 행태가 한국 교회가 안고 있는 치명적인 병폐라고 지적했다. 하나님이 구원하시고 통치하시는 세계에 대한 영적인 통찰이 없으니 사람에게 눈을 돌릴 수밖에 없다. 하나님의 관심과 뜻에 온 마음을 기울이기보다 사람들의 관심과 필요에 민감해지고 그들의 마음을 사로잡는 데만 신경을 곤두세우다 보니 강단에서 하나님이 설교되지 않는 어처구니없는 사태가 발생한 것이다.

정 목사의 이런 지적은 우리 설교자들이 귀담아들어야 한다. 그러나 그가 개인 구원에 대한 주관적 확신을 강조하는 것까지 하나님을 잊어버린 설교의 일탈 행위며 단순히 인간의 심리 현상을 다뤘다고 보는 것은 지나친 비약이라고 본다. 또한 한국 교회 신앙이 주관주의로 치우치는 경향이 교리와 신학을 무시한 서구의 경건주의와 각성 운동, 그리고 청교도 운동이 미친 영향으로 보는 견해는 비판할 여지가 많아 뒤에서 한 번 짚고 넘어가야 할 대목이다(부록 참조).

그럼에도 정 목사가 판넨베르크의 설교를 예로 삼아 하나님이 망각되고 있는 한국 교회 강단에 하나님이 설교되어야 한다는 점을 주지시켜 준 데는 귀를 기울여야 하며 그에게 한 수 배워야 한다. 정 목사에 따르면, 하나님을 제대로 설교하기 위해 설교자에게 가장 중요한 영성은 하나님과의 일치, 즉 하나님의 통치 속으로 들어가는 것이다. 이런 영성을 소유할 때 하나님에 대한 인식의 차원이 달라진다. "우리에게 하나님의 나라, 즉 그의 통치에 관한 인식의 지평이 확대된다면 우리의 설교는 전혀 새로운 차원으로 들어설 수 있을 것이다. 그 이전까지는 하나님에 대한 약간의 정보를 토대로 청중들을 닦달하는 데만 신경을 곤두세웠다면 이제는 오직 하나님의 자유로운 통치와 그 세계에만 온 영혼을 기울이게 될 것이다."[44]

그렇다면 어떻게 그런 영성의 바탕 위에서 설교할 수 있는가? 정 목사가 제시한 가장 바른 길은 조직신학 공부다. 이게 무슨 뜬금없는 소리인가 의아해하는 이들이 많을 것이다. 조직신학이 '조진 신학'으로 버린 자식 취급받는 상황에서 참된 영성의 지름길이라니 도무지 믿기지가 않는다. 하지만 조직신학을 가르치는 나에게는 이보다 더 반가운 소리는 없다. 나는 설교에 있어서 조직신학이 필수불가결하다는 판넨베르크와 정 목사의 주장에 전적으로 동의한다. 판넨베르크는 "조직신학적 고찰이 없이 성서 주석에서 직접 설교로 들어갈 수 있다는 생각은 잘못"이라고 힘주어 말했는데 바로 내가 설교자들에게 꼭 해주고 싶은 말이다.

창조부터 종말에 이르기까지 펼쳐지는 하나님의 구원 행위와 하나님 나라에 대한 진리를 총괄적으로 사유할 수 있는 조직신학의 훈련 없이 성경이 담고 있는 영적 세계와 진리를 설교를 통해 제대로 풀어낼 수 없다. 정 목사의 멋진 표현을 빌리면, "조직신학은 소리꾼으로 하여금 득음의 세계로 들어가게 하는 고도의 소리 훈련처럼 설교자에게 하나님의 세계로 들어가게 하는 고도의 신학적인 사유 과정이다. 참된 소리꾼은 하나의 음에도 무한히 다양한 색깔의 소리가 숨어 있다는 사실을 실제로 느끼고, 그 안에서 자유롭게 소리를 구사할 줄 안다. 참된 설교자는 기독교의 작은 도그마 안에도 무한히 다른 영적 갈래들이 숨어 있다는 사실을 실제로 인식하고, 그 안에서 자유롭게 설교할 줄 안다.".[45]

정 목사의 평가에 의하면, 판넨베르크야말로 이런 풍요로운 조직신학적 성찰의 토양 위에 최고의 설교를 꽃피워 낸 설교의 대가다. 그의 설교는 겉보기에는 우리 설교와 비슷해 보여도 프로 9단 바둑 기사와 아마추어 5급의 차이처럼 차원이 아주 다르다. 사실 그가 이렇게 극찬하는 판넨베르크의 설교는 좀더 격조 높은 신학적이고 지적인 표현과 논리의 옷을 입었을 뿐, 그렇게까지 과대평가할 수준은 아니다. 머리 좋은 사람들이 설교의 식상함을 피하고 기발한 아이디어가 번득이는 메시지를 창작하려는 유혹 때문에 성경 말씀에 자신의 창의성을 지나치게 불어넣는 경우가 많은데, 지적으로 탁월할수록 이런 지성인의 꼼수를 완벽하게 위장해서 자기보다 지적으로 한 수 아래인 사람이 전혀 눈치채지 못하게 한다. 진부하게 들리는 십자가의 원초적 의미를 도외시하고 에둘러 가며 색다른 의미를 고안해 내는 판넨베르크의 설교에서도 이런 지적인 허세가 엿보이는데 정 목사는 십자가에 대한 그보다 더 정확한 진술을 접하지 못했다고 감탄한다. 판넨베르크의 신학에 지나치게 의존하는 그의 태도에 심기가 왠지 불편해진다.

이 문제에 대해서는 뒤에서 좀더 논의하기로 하고 마지막 결론까지 마저 들어 보자. 정 목사는 하나님 나라에 관심이 없는 한국 교회의 설교자들을 향해 회개를 촉구한다. 설교자들의 마음과 관심의 초점이 이 세상에서 하나님 나라로 전환되어야 한다. 설교의 목적이 교회 성장과 목회 성공이 아니라 하나님의 나라와 그 영광이어야 한다는 말이다. 설교자는 이미 우리 가운데 임했으나 아직도 완성되어야 할 하나님 나라를 전파하라고 부름받은 이들이다. 그러니 거기에 목숨과 운명을 걸어야 한다는 정 목사의 절절한 호소에 어찌 아멘으로 화답하지 않을 수 있으랴.

도전과 아쉬움을 준 설교 비평

정 목사는 마치 검을 빼 들고 홀로 거대한 적진 속으로 용맹스럽게 뛰어드는 투사와 같이 한국 교회를 주도하는 막강한 세력과 정면으로 맞서 진리 투쟁을 벌이느라 고군분투해 온 사람이다. 마치 생명을 앗아 갈 수 있는 의료 사고를 눈감아 주듯 사람들의 영원한 생명을 위태롭게 하는 설교 사고가 판치는 한국 교회 강단의 문제에 나몰라라 하는 신학자들의 직무 유기를 더 이상 묵과할 수 없어 자신만이라도 분연히 일어난 것이다. 그는 한국 교회를 병들게 하는 비진리가 난무하고 있는데도 왜 이런 문제를 신학적으로 진단해야 할 신학자들이 침묵하고 있느냐고 묻는다.

그는 이제는 아무도 시비를 걸 수 없을 정도로 한국 교회의 대표적인 목사로 자리를 굳힌 조용기 목사의 설교에 대해서도 신학적인 문제를 제기한다. "여기서 신학자들에게 한마디 하고 싶다. 조 목사의 설교가 정말 문제가 없다고 생각하는가, 아니면 긁어 부스럼 만들지 않겠다는 것인가, 혹은 다른 연구 과제에 시달려서 이런 문제에 간섭할 만한 여유가 없는 것인가? 신학적인 담론이 실종되었다는 것은 한국 교회의 비극이다. 내가 이렇게 물귀신처럼 동료 신학자들까지 물고 늘어지는 이유는 조 목사의 설교가 '민중 치유 설교'라는 설교학 교수들의 진단이 터무니없다는 사실을 확인했기 때문이다."*46 정 목사는 예수를 믿으면 소위 삼박자 축복을 받는다는 조 목사의 주장은 거짓말이라고 단언한다. 그런 설교는 민중을 치유하고 욕망으로부터 자유하게 하여 하나님 나라의 주체가 되게 하기보다 그들을 이 세상 욕망의 주체로 억압하고 농락하는 결과를 낳는다는 것이다. 그들을 세상의 번영과 풍요에 집착하게 함으로써 그리스도 안에 구현되는 참된 영성과 하나님 나라의 특성을 심대하게 훼손한다는 것이다. 그의 비판은 예리하며 거침이 없다. 그의 용기와 진리에 대한 열정은 교계의 실세들의 눈치나 보며 몸을 사리는 데 급급한 신학자들이나 그들의 비위를 맞추는 아부에 능숙한 설교학 교수들을 심히 부끄럽게 한다.

정 목사는 한국 교회의 설교가 안고 있는 문제를 어떤 면에서 아주 예리하고도 정확하게 지적하였다. 그럼에도 그의 비평을 전반적으로 주관하고 있는 신학적인 잣대는 한 쪽으로 굴절되어 있다. 성경의 여러 부분을 신화로 보는 등 그의 성경관은 매우 급진적이며, 그의 인간론, 구원론, 성령론은 많은 허점을 드러낸다. 이런 신학적인 입장 때문에 그가 바르게 지적한 부분까지도 그것을 꼭 들어야 할 사람들에게 설득력을 잃어버리고 자유주의자의 독설로 무시되어 버린다. 주관적인 신학을 자신의 비평에 지나치게 투사한 나머지 그의 설교 비평은 신학 비평으로 와전되어 버렸다.

자신의 주관이 완전히 배제된 비평이란 불가능하다. 그러나 정 목사가 첨예하게 대립된 신학적 논점을 지혜롭게 피해서 좀더 객관적이고 유연한 입장에서 비평했다면 그의 탁월한 분석과 통찰이 더 빛을 발하여 한국 교회 설교 갱신에 크게 기여했을 것이다. 그랬다면 비판의 대상들에게 그의 날카로운 비평의 칼날을 피해 쉽사리 빠져나갈 빌미를 제공하지 않았을 것이다.

　비록 정 목사의 신학에 동의하지 않을지라도, 그가 이루어 놓은 긍정적인 비평의 산물까지 진보주의자의 요설로 싸잡아 도매금으로 넘겨 버려서는 안 된다. 그가 한국 교회 설교의 근본 문제를 예리하게 분석했다는 점을 인정할 필요가 있다. 그가 지적한 한국 교회 설교의 심각한 문제는 성경이 제대로 해석되지 않고 성령을 전적으로 의존하지 않는다는 점이다. 이 점에서 원론적으로 정 목사의 진단에 동의한다. 설교는 성경 말씀에 충실해야 하며 성령에 의해 온전히 이끌림을 받아야 한다는 것이 나의 확신이다. 하지만 그런 설교가 구체적으로 어떤 것인지에 대한 세부적인 내용에 있어서는 정 목사와 견해를 달리 한다."[47]

토론을 위한 질문

1. 설교자도 말실수할 때가 많다. 그러나 어떤 말에서는 그의 인격과 영성이 결정적으로 드러나는 경우가 있다. 그런 예를 들어 보자.
2. 유식한 척하려는 설교자의 유혹에 대해 생각해 보자.
3. 설교 속에 나타나는 아름다운 성령과 그리스도의 얼굴을 볼 수 있는 눈이 우리에게 있는지 생각해 보자.
4. 정용섭 목사가 지적하는 한국 교회 설교의 근본 문제는 무엇인가?
5. 성경 본문이 전혀 해석되지 않는 설교의 예를 들어 보자.
6. 성경 말씀에 깊이 들어가지 못하고 변죽만 울리는 설교는 어떤 것인가?
7. 웃기는 설교의 문제가 무엇이라고 생각하는가?
8. 정용섭 목사는 설교자들이 선동과 닦달을 일삼게 되는 이유가 어디에 있다고 보는가?
9. 정용섭 목사가 꼽은 옥한흠 목사 설교의 장점은 무엇인가?
10. 로이드 존스 목사의 설교에서 볼 수 있는 조직신학적인 강해 설교에 대해 어떻게 생각하는가?
11. 한국 교회의 설교가 어떻게 새로워져야 하는가?

6

아름다운 성령의 얼굴이 나타나는 설교

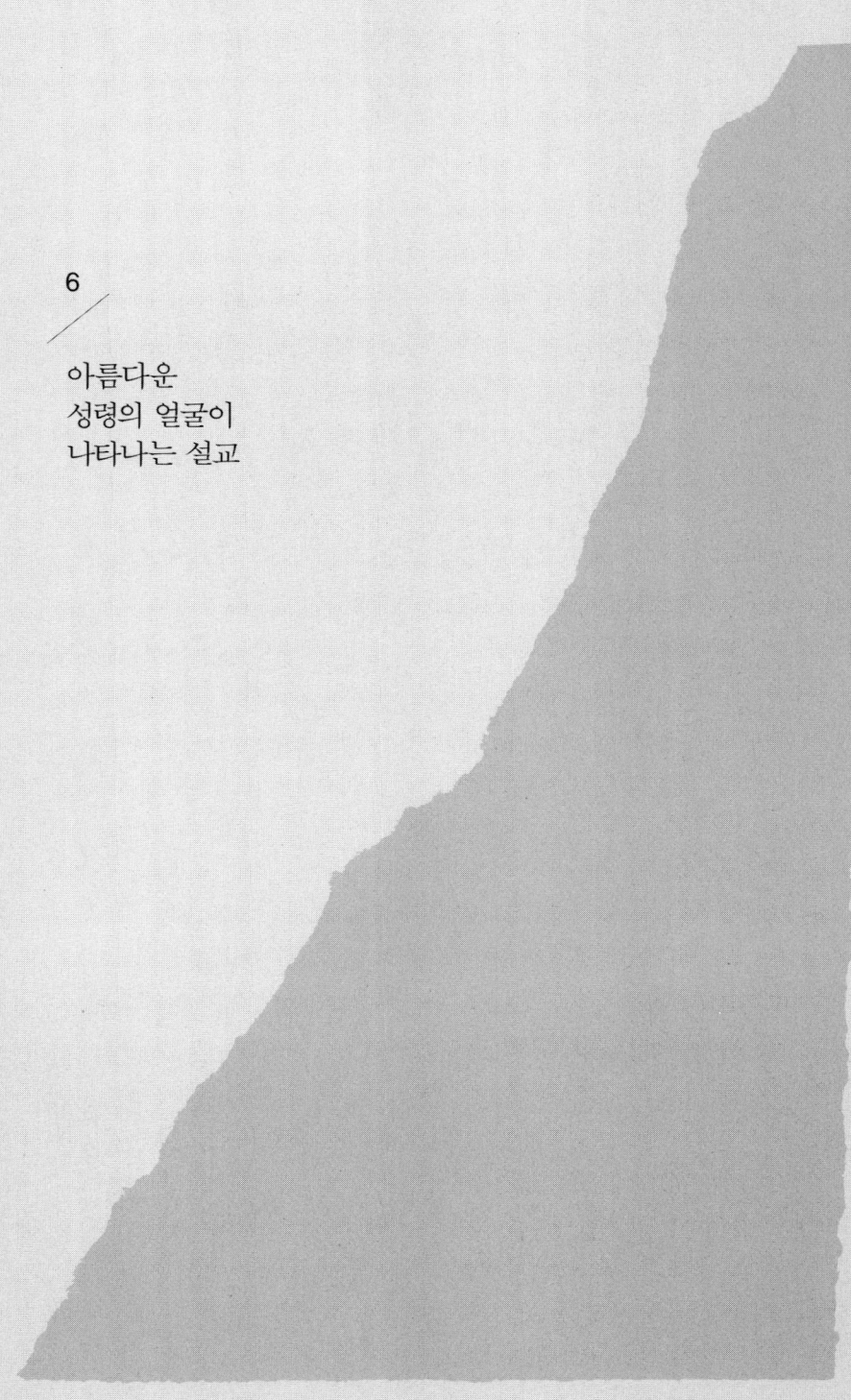

설교의 두 축: 말씀과 성령

정용섭 목사가 한국 교회에 성경에 충실하며 성령께 사로잡힌 설교가 필요하다는 중대한 사실을 일깨워 주었지만, 그런 설교가 어떤 것인지에 대해서는 만족할 만한 해답을 제시해 주지 못했다. 해서 우리에게 아직도 풀어야 할 과제가 남아 있다.

얼마 전부터 한국 교회에 강해 설교의 붐이 인 사실은 매우 고무적이다. 이런 운동은 설교가 우선적으로 성경 본문의 충실한 해석에 근거해야 한다는 중대한 가르침에 주목하게 하였다. 그러나 성경에 충실한 강해 설교에 대한 관심만큼 성령에 사로잡힌 설교에 대한 관심은 아직까지 미흡하다. 설교에 있어 말씀과 성령은 서로 뗄 수 없을 정도로 긴밀하게 연결되어 있다. 바울 사도에게 있어서 복음 전파의 두 축은 십자가의 도와 성령의 능력이었다 (고전 2:1-5). 칼뱅은 말씀과 성령은 항상 같이 가야 하며 성령이 없이는 말씀도 아무 효력이 없다고 하였다.[*1]

성경 본문을 잘 해석했다고 해서 그 설교에 자동적으로 성령이 함께한다는 보장은 없다. 탁월한 강해 설교에 성령의 역사가 부재할 수 있고, 성경 해석이 좀 미흡한 설교를 통해서 오히려 성령이 강하게 역사하실 수 있다. 주기철 목사를 비롯해서 과거 한국 교회에서 활동했던 기라성 같은 목사들의 설교를 지금의 강해 설교의 잣대로 평가한다면 모두 낙제감일 것이다. 그들의 설교는 거의 예외 없이 성경 해석도 부실하고 내용도 빈약했다. 그럼에도 그들의 설교를 통해 성령이 강하게 역사했던 역사적인 증거가 남아 있다. 지금도 어떤 목사의 설교는 성경 해석도 시원찮고 기발한 아이디어나 지혜의 번득임도 없고 논리의 엉성함에도 불구하고, 신비하게 청중의 마음을 움직이는 영적인 감화력이 있다. 사람들의 감정을 자극하고 선동하지도 않는데 그런 일이 일어나는 것을 어떻게 설명해야 할까? 반면 성경 강해가 탁월하고 세련되며, 정제된 언어와 빈틈없는 논리로 구성된 설교가 별 감화력을 미치지 못하고 열매가 없는 이유는 무엇일까?

그것은 설교에 있어 성령의 역사하심을 추동하는 것은 설교의 문자적 내용만이 아니라 그 외에 다른 요소도 있음을 시사한다. 과거 신학적인 혜택을 요즘같이 누리지 못하던 시절에 사역했던 목사들은 신학적으로 충실한 내용의 설교문을 작성할 만한 역량이 턱없이 부족했음에도 불구하고, 깊은 영성과 기도의 사람들이었기에 불완전하게나마 성령의 도구가 될 수 있었다고 본다. 그에 반해 지금은 설교자들이 학식이 깊어 뛰어난 강해 설교를 할 수 있는 자질을 갖추었음에도 그들의 설교를 통한 성령의 역사하심이 심대한 제약을 받는 경우가 많다. 그것은 설교자 자신이 성령이 자유롭게 사용할 수 있는 도구가 되지 못하기 때문이다.

성경을 잘 해석할 능력이 부재한 것이나 영성이 결핍된 것 모두 정도의 차이는 있지만 성령의 역사하심을 제한하기는 마찬가지다. 성경에 충실한 강해 설교와 성령의 능력에 사로잡힌 설교는 서로 별개의 것이 아니며 결코 양자택일해야 할 문제도 아니다. 설교에 있어서 이 두 가지 요소, 즉 말씀과 성령이 결합되어야 엄청난 시너지 효과가 나타난다. 지금까지는 성경 본문에 충실한 강해 설교에 관심을 집중했다면 거기서 한 걸음 더 나아가 성령에 이끌리는 설교에도 관심을 기울여야 할 것이다.

그러면 어떻게 성령의 능력에 이끌리는 설교를 할 수 있을까? 무엇보다 설교자 자신이 성령께 온전히 사로잡힌 도구가 되는 것이 중요하다. 설교 사역에서 설교자가 성령을 도구화하느냐, 아니면 성령의 도구가 되느냐 하는 양극 사이에 끊임없는 대립과 갈등이 존재한다. 설교의 은사가 탁월할수록 성령을 도구화하려는 위험은 커질 수 있다. 설교자로서 대성하려는 야망 때문에 성령의 능력을 간절히 구하게 되는 것이다. 아이러니하게도 설교자가 성령 충만을 간절히 구할수록 성령으로 충만하기 힘들 수 있다. 그것은 성령 충만을 자신의 비전을 이루기 위한 방편으로 삼으려는 강한 욕망이 그 안에 도사리고 있기 때문이다. 그 갈증이 성령의 생수 자체에 대한 목마름이 아니라 설교자로서의 성공에 대한 목마름이기 때문이다. 설교자가 성령의 충만함이 가장 필요한 사람인 동시에 성령으로 충만하기가 가장 힘든 사람인 이유가 바로 이 때문이다. 성령을 도구화하려는 설교자의 은밀한 종교적 야욕이 십자가에서 처리될 때까지는 성령으로 충만할 수 없다.

복음을 모르는 설교자들

설교자들이 안고 있는 더 뿌리 깊은 문제는 복음을 모른다는 데 있다. 설교자가 복음을 모르다니 무슨 뚱딴지같은 소리냐고 반문할지 모르나 이것이 우리의 엄연한 현실이다. 한국 교회의 많은 설교자가 복음을 모르면서 매주 설교하고 있다. 어떻게 이런 일이 일어날 수 있을까. 진정한 의미에서 복음을 안다는 것은 단순히 기독교의 진리를 교리적으로 또는 명제적으로만 아는 것을 의미하지 않는다. 복음은 그리스도의 얼굴에 있는 하나님의 영광을 아는 빛에 대한 증거이며, 성령은 복음을 통해 예수 그리스도의 얼굴빛을 우리 마음에 조명하여 그 영광을 보게 하신다. 그런 의미에서 바울 사도는 "어두운 데에 빛이 비치라 말씀하셨던 그 하나님께서 예수 그리스도의 얼굴에 있는 하나님의 영광을 아는 빛을 우리 마음에 비추셨느니라"고 했다(고후 4:6).

성령의 조명을 통하여 복음에서 그리스도의 영광을 보지 못하고서는 그리스도를 아는 참된 지식과 구원에 이르는 믿음을 갖기 불가능하다. 복음을 듣고 그 내용이 역사적인 사실임을 수긍하고 그것을 관념적으로 이해할 수 있을지라도 그 영광의 광채를 보지 못할 수 있다. 머릿속에 개념은 있으나 복음의 탁월한 영광과 아름다움을 맛보는 마음의 감각은 전혀 없다. 복음을 통해 의의 태양이신 그리스도의 광채가 대낮처럼 밝게 비치는데 아무것도 보지 못할 정도로 마음이 어두워져 있는 것이다. 거기에 더하여 "이 세상의 신이 믿지 아니하는 자들의 마음을 혼미하게 하여 그리스도의 영광의 복음의 광채가 비치지 못하게" 한다(고후 4:4). 오직 성령의 능력으로 사탄의 방해가 제어되고 어두워진 마음의 눈이 밝아져 복음에서 그리스도 영광의 광채를 보아야만 복음의 진리를 바르게 깨닫고 온전한 믿음에 이르게 된다.

이렇게 "그리스도의 영광의 복음의 광채"를 본 사람은 냉담한 상태에 머물러 있을 수 없다. 그는 그리스도의 영광에 매료되어 그 영광을 지고의 선으로 추구하는 새로운 삶의 목표와 갈망에 사로잡히게 된다. 동시에 주의 영광을 바라봄으로 주의 형상으로 변화된다. 주의 영광을 보는 것이 주와 같이 되는 것, 즉 성화와 영화의 비결이다. "우리가 다 수건을 벗은 얼굴로 거울을 보는 것 같이 주의 영광을 보매 그와 같은 형상으로 변화하여 영광에서 영광에 이르니 곧 주의 영으로 말미암음이니라"(고후 3:18). "그리스도의 영광의 복음의 광채"를 본 설교자의 특징은, 전인적으로 그리스도의 영광을 반영하는 복음 사역을 하는 데서 나타난다. 그는 복음을 전파함으로 그리스도의 탁월한 영광을 밝히 제시할 뿐 아니라 복음이 구체적으로 체화된 자신의 모습을 통해 그리스도의 영광을 반영함으로 그의 설교를 더욱 설득력 있게 한다. 이같이 아름다운 주님의 얼굴을 본 사람만이 영혼들에게 그 얼굴을 보여 주는 설교 사역을 감당할 수 있으며, 그런 설교가 교회의 이미지를 만들어 가는 데 지대한 영향을 미친다.

그리스도의 영광과 그 아름다움을 보고도 즐거워하는 감각이 없는 설교자는 복음의 피상적인 지식을 반복하며 변죽만 울릴 뿐, 영혼들을 복음의 심층적 차원으로 인도하여 그리스도의 임재와 영광에 맞닥뜨리게 하지는 못한다. 한국 교회의 많은 설교자가 복음을 모른다는 사실, 다시 말하면 그리스도의 영광을 보지 못할 정도로 영적으로 어둡다는 증거가 복음을 세상의 헛된 영광을 위해 도구화하려는 데서 확연히 드러난다. 곧 설교가 지향하는 바가 그리스도의 영광을 드러내는 것이 아니라 교회 성장과 목회 성공이라는 점에서 나타난다. 사람들을 끌기 위해 그들의 욕구와 필요에 맞추어 복음을 상품화한다. 설교가 교인들의 마음에 그리스도의 영광을 밝히 제시하여 그 형상으로 변화시키는 것이 아니라 세상의 영광과 번영을 암시하는 제국의 이미지로 그들의 마음과 상상력을 사로잡아 세상을 닮아 가게 한다. 이런 설교는 교인들이 그리스도의 영광을 보고 즐거워하며 그것을 최고의 가치로 추구하게 하는 것이 아니라, 세상 것을 얻어내기 위한 수단으로 기독교 신앙을 이용하도록 미혹한다. 교인들이 세속화되고 한국 교회의 얼굴이 이같이 일그러진 일차적인 책임은 강단에 있다. 그리스도의 영광에 눈멀고 제국의 영광에 홀려 있는 목사들이 그리스도와 하나님 나라의 영광을 증거하는 것이 아니라 복음으로 얄팍하게 포장된 자본주의 제국의 영광과 이미지를 전하기 때문이다. 그런 설교자들에 의해 복음은 왜곡되고 변질되며, 소경이 소경을 인도하는 형국이 벌어지는 것이다.

그리스도의 영광을 보도록 성령의 조명을 받는 것이 설교자에게는 필수다. 성령의 조명이 없으면 설교자는 성경이 마치 봉한 책처럼 자신에게 침묵하는 당혹스러움을 느낄 것이다. 성령이 조명하는 빛 가운데 그리스도 복음의 영광과 아름다움을 보지 못하는 사람에게는 성령이 복음을 통해 인격적으로 말씀하시고 감동하시는 일은 없을 것이다. 이런 성령의 조명과 감동하심 없이는 진정한 의미에서 설교 사역은 불가능하다.

"주의 영광을 내게 보이소서"

그리스도 영광의 복음의 광채를 입은 설교자는 과거 율법의 광채를 입은 모세보다 훨씬 더 탁월한 영광의 선포자들이다. 바울 사도는 옛 언약의 반포자인 모세보다 복음 전파자들이 맡은 직분이 더욱 영광스럽다는 점을 역설하였다. "돌에 써서 새긴 죽게 하는 율법 조문의 직분도 영광이 있어 이스라엘 자손들은 모세의 얼굴의 없어질 영광 때문에도 그 얼굴을 주목하지 못하였거든 하물며 영의 직분은 더욱 영광이 있지 아니하겠느냐. 정죄의 직분도 영광이 있은즉 의의 직분은 영광이 더욱 넘치리라"(고후 3:7-9).

복음 사역자들은 모세보다 더 놀라운 방식으로 주의 영광을 본 사람들이다. 모세는 약속의 땅으로 올라가면서 "주의 영광을 내게 보이소서"라고 간구하였다(출 33:18). 이것이 모세뿐 아니라 모든 하나님 백성의 갈망이며 이에 대한 응답으로 하나님이 당신의 영광을 나타내신다. 구약의 성막과 성전에 구름이 가득하고 하나님의 영광이 충만히 나타난 것은 모세와 다윗 같은 하나님의 백성이 가진 갈망에 대한 하나님의 응답이며, 하나님이 그들과 함께하시겠다는 약속의 성취라고 할 수 있다. 구약은 이렇게 손으로 만든 성전에 구름이라는 상징을 통해 나타난 것보다 훨씬 더 탁월하게 하나님의 영광이 말세에 나타날 것을 대망하였다. 그 영광이 바로 예수 그리스도의 나타남이다. 손으로 만든 성전이 아니라 인간의 육체 가운데 하나님의 모든 영광과 신성이 충만히 거한 것이다(골 2:9). 그래서 요한은 "말씀이 육신이 되어 우리 가운데 거하시매 우리가 그의 영광을 보니 아버지의 독생자의 영광이요 은혜와 진리가 충만하더라"고 하였다(요 1:14). 예수가 바로 하나님의 영광의 광채이며(히 1:3) 그를 통해 하나님의 영광을 아는 빛이 찬란하게 비치는 것이다.

이는 주의 영광을 보여 달라는 모세의 소원이 더 온전하게 성취된 것이다. 모세는 미처 예수 그리스도의 얼굴에 나타나는 영광을 보지 못했다. 그는 그 영광의 희미한 그림자, 후광만 보았을 뿐이다. 주님이 여자가 낳은 자중에 세례 요한보다 큰 자가 없는데 하나님 나라에서는 가장 작은 자도 그보다 더 크다고 하셨다(마 11:11). 세례 요한이 그전에 존재했던 주의 종들보다 더 큰 까닭은 그가 하나님의 영광을 가장 밝히 목격한 사람이었기 때문이다. 모세나 구약의 예언자들도 예수 그리스도를 통해 나타나는 하나님의 영광을 보기 원했지만 보지 못했다. 그러나 세례 요한만은 구약에서 대망하던 여호와의 영광을 그 누구보다 더 밝히 보았다는 점에서 그가 그 전에 존재했던 모든 사람보다 더 큰 자라고 하신 것이다.

그런데 하나님 나라에서 극히 작은 자라도 세례 요한보다 더 크다는 말씀은 무슨 뜻일까? 여기서 하나님 나라에서 지극히 작은 자는 예수의 구원사역이 완성되고 성령이 임한 후에 예수를 믿는 교회 시대의 성도를 의미한다. 오늘날 이름 없는 작은 신자가 모세보다 큰 세례 요한보다 위대한 까닭은 하나님의 영광을 그보다 더 밝히 보았기 때문이다. 세례 요한은 육신을 입으신 하나님 아들의 영광을 보았다. 그러나 그는 하나님의 아들이 죄인들을 대신해서 십자가에서 죽으시고 부활하심에서 하나님의 영광이 더 찬란하게 나타나는 것은 미처 보지 못했다. 오순절에 영광의 영인 성령이 임하는 것을 체험하지 못했다. 그는 아직 십자가와 부활로 완성된 복음을 듣지 못했고 그 복음의 진리를 조명하는 성령의 은혜를 누리지 못했다. 그에 비해 지금 신자들은 세례 요한이 듣지 못했던 복음을 듣고 성령의 조명을 통하여 거기서 빛나는 하나님의 탁월한 영광을 보았다. 그런 면에서 교회 시대에는 아무리 비천한 신자라 할지라도 모세보다, 세례 요한보다 더 큰 자다. 구약의 모든 성도가 누리지 못했던 영광과 특권을 누리는 사람이다. 주님의 말씀에 따르면, 그 사람의 위대함은 하나님의 영광을 얼마나 더 밝히 보느냐에 달려 있으며, 그런 의미에서 교회 시대의 신자들은 구원 역사에서 가장 위대한 사람들이다.

옛 언약의 중보자 모세는 곧 사라질 율법의 광채를 이스라엘 자손이 보지 못하게 하기 위해 그 얼굴에 수건을 썼으나, 새 언약의 일꾼들은 사라지지 않는 복음의 광채를 입었기에 수건으로 가리지 아니하고 오히려 밝히 드러낸다(고후 3:13). 모세가 주의 영광을 보여 달라고 구했지만 그가 본 것은 하나님의 등이었지 얼굴은 아니었다. 모세가 죽지 않고도 그의 소원대로 하나님의 영광을 보게 하시기 위해 하나님이 모세를 반석 틈새에 넣으시고 하나님의 영광이 지나갈 동안 모세를 손으로 덮었다가 하나님의 영광이 지나간 후 손을 떼 모세가 하나님의 등을 보게 하셨다(출 33:20-23). 그는 영광은 보지 못하고 그 후광을 본 셈이다. 모세가 하나님의 등만 봤다면 우리는 그리스도의 중재를 통해 하나님의 얼굴을 보았다. 우리가 육신을 입고 있는 한 직접 하나님의 얼굴을 보지 못하나, 마치 거울로 보듯 예수 그리스도의 얼굴에서 하나님의 얼굴을 보는 것이다. 그래서 아버지를 보여 달라는 빌립의 요청에 대해 나를 본 자는 아버지를 본 것이라고 주님이 말씀하셨다(요 14:9).

죄인들이 하나님의 영광을 보고도 죽지 않도록 온유하신 예수의 얼굴을 통해 그 영광을 보게 하신 것이다.

옛 언약의 중보자인 모세는 율법을 통해서는 죄의 문제가 해결되지 않았기에 죄에 대해 진노하시는 거룩하신 하나님의 얼굴은 보지 못하고 등만 볼 수 있었다. 복음의 영광에 의해 곧 대체되고 사라질 율법의 후광을 보았을 뿐이다. 그러나 이제 새 언약의 일꾼들은 예수 그리스도의 보혈로 말미암아 죄에 대한 하나님의 진노가 제거되었기에 복음을 통해 하나님의 영광을 보게 되었다. 하나님의 영광이 모세를 지나갈 때 하나님이 모세를 반석 틈에 넣고 손으로 덮어 모세가 그 얼굴을 보고 죽지 않게 배려하셨듯, 반석이신 예수 그리스도 안에 우리를 감추어 죄에 대한 하나님의 진노와 저주가 다 지나가게 하셨다. 십자가에서 예수 그리스도가 죄인들을 대신해서 하나님의 진노의 얼굴을 대면하였기에 그리스도 안에서 죄인들이 사랑과 기쁨으로 가득한 하나님의 영광스러운 얼굴을 보게 된 것이다. 모세를 손으로 덮어 그 얼굴을 보지 못하게 했으나, 이제 그리스도 안에 있는 우리에게는 그 손을 거두어 그 얼굴을 살짝 보게 하신 것이나 다름없다.

복음 사역자는 모세보다 탁월한 하나님의 영광을 보고 그것을 증거하는 이들이다. 그는 이 영광을 그의 삶에 최고의 가치와 목표로 추구하며 그의 설교의 대주제로 삼는다. 그는 다른 데 한눈팔지 않고 하나님의 영광이 그리스도를 통해 계시되었다는 한 가지 사실에 집중한다. 그 영광에 심취되어 있기에 그는 헛된 세상의 영광과 성공을 위해 청중의 요구와 취향에 맞추어 복음을 상품화하는 데 추호의 관심도 없다. 그의 유일한 소원은 자신이 그 영광을 계속 주목하므로 그와 같은 형상으로 화할 뿐 아니라, 다른 이들도 그 영광을 볼 수 있도록 그리스도의 복음을 성령의 능력에 사로잡혀 밝히 제시하는 것이다. 청중들이 그리스도의 아름다운 얼굴을 마음으로 볼 수 있는 설교를 하는 것이다. 그러기 위해 복음 사역자는 자신이 먼저 성령의 조명을 받아 성경이 증언하는 그리스도의 영광을 바르게 파악해야 한다.

영성과 신학의 실종

성경에서 펼쳐지는 하나님의 구원 역사는 그리스도의 영광을 드러내기 위해 치밀하게 계획되고 체계적으로 진행되었으며 완벽하게 성취되었다. 하나님의 영광은 구속사의 맥락을 따라 점진적으로 계시되었고 구원 역사의 정점인 그리스도의 십자가와 부활에 이르러 가장 찬란하게 빛났다. 예수 그리스도의 구속 사건에서 구약에 산재해 있던 모든 약속과 소망이 마치 흩어진 퍼즐을 맞추듯 서로 절묘하게 조합되고 연결되어 하나님의 영광을 드러내는 계시의 결정체를 이룬 것이다. 이 영광을 계시하는 복음의 진리는 혼란스러운 신비적인 개념으로 모호하게 표현된 것이 아니라, 합리적으로 납득하고 설명할 수 있는 언어와 논리 체계로 전달되었다.

그러므로 그리스도의 영광을 영적으로 보는 것은 성경을 구속사적인 관점에서 이해하며 복음의 진리를 체계적으로 파악하는 합리적인 인식과 상충되지 않는다. 성령의 조명을 통해 복음에 나타나는 신적인 영광의 탁월함을 보는 것은 어떤 신비한 빛이나 황홀경을 체험하는 것을 의미하지 않는다. 그 영광을 보는 것은 모든 합리적인 설명을 초월한 신비의 영역에 속한 것이 아니라 오히려 영적인 동시에 합리적인 이해에 근거한 것이다.

여기에서 복음에서 계시된 영적 현실을 통찰하는 인식론적인 방편으로서 성경에 충실한 신학이 필요하다. 어떤 설교자가 성령 안에서 하나님의 현존을 깊이 체험했다고 하자. 만약 그가 자신이 체험하고 있는 영적 현실을 합리적으로 이해하고 설명할 수 있는 신학적인 역량을 갖추지 못했다면 그는 온갖 신비주의적이고 체험주의적인 혼돈에 휘말리게 될 것이다.

성령의 임재를 깊이 체험한 사역자가 자신이 성령 안에서 누리는 영적인 실체를 성경적인 관점에서 논리적으로 잘 해명할 수 있는 신학적인 소양까지 갖춘다면 더할 나위 없이 좋은 설교자의 자격을 구비한 것이다. 신학적인 도구를 통해 그의 설교는 성령이 훨씬 더 효과적으로 사용할 수 있는 좌우에 날선 검으로 예리하게 갈고닦이게 된다. 성령의 불과 신학이 융합하여 만들어진 불붙는 신학, 그리고 로이드 존스의 표현인 불붙은 논리(logic on fire)로 승화될 것이다. 요즘 설교자들 중에는 신앙의 선진들이 가졌던 깊은 영성도 없고, 엄청난 신학적인 혜택을 누리면서도 공부를 게을리하여 최소한의 신학적인 자질마저 갖추지 못한 이들도 적잖다. 참된 영성뿐 아니라 신학까지 실종된 것이 우리 강단의 문제다.

많은 설교자가 성경에서 펼쳐지는 삼위 하나님의 구원 행위와 그 존재의 신비에 대한 점진적인 계시를 체계적이면서도 총괄적으로 이해하고 신학적으로 사유하는 설교의 기본기를 훈련하지 못했다. 신구약성경의 중심 주제인 새 언약의 '약속과 성취'를 구속사의 맥락을 따라 잘 간파하여 구약에 약속된 하나님의 언약이 예수 그리스도의 구속 사역을 통해 어떻게 성취되고 성령 안에서 우리 가운데 현실화되었는가를 제대로 설파하지 못한다. 그래서 새 언약의 영이신 성령이 부여하는 은혜의 풍성함과 영광, 성령 안에서 삼위 하나님의 임재와 주권적인 통치가 펼쳐지는 복된 영적인 현실을 밝히고 사람들을 그 복음에서 열리는 하나님 나라로 초청하지 못한다.

오늘날 강단에서 전파되는 메시지에 복음의 골자는 빠지고 온통 신자의 헌신과 열심을 고취시키는 윤리적인 지침과 권면으로 가득하다. 많은 교인이 도덕적으로 각색되어 복음의 핵심이 흐려진 율법적인 메시지에 짓눌려 그리스도 안의 자유와 생명력을 누리지 못하고 있다. 그리스도의 영광의 복음을 제대로 제시하지 못하는 설교가 결과적으로 한국 교회를 시들게 하는 데 지대한 영향을 미친 두 극단, 즉 무율법주의와 율법주의의 폐단을 낳았다. 삶과 유리된 믿음에 안주하게 하는 값싼 은혜의 복음이 도덕적인 해이와 방종을 조장했다면 그에 대한 반작용으로 윤리를 강조하는 설교는 사람들을 새로운 율법주의의 올무에 빠지게 하는 오류를 범했다. 개혁교회임을 표방하면서도 종교개혁의 구원관과 거리가 먼 전혀 개혁되지 않은 구원론을 전하는 교회가 부지기수다. 그것은 설교자들이 기본적인 구원의 진리마저 제대로 파악하지 못하고 있다는 반증이다. 그런 면에서 목사들이 기초 신학을 다시 공부해야 한다는 정용섭 목사의 질책은 근거 없는 것이 아니다.

성령의 조명과 신학

성령의 조명과 복음에 대한 합리적이고 신학적인 이해를 서로 대립되는 것으로 보는 경향이 있다. 신학교에서부터 신학생들 사이에 영파와 학문파, 기도파와 공부파의 양극단으로 나뉘는 경향이 나타난다. 목사들 중에도 신학 무용론에 빠진 신령주의자들은 신학에 대한 이해 없이 영적인 깨우침과 체험에 의존한 채 성경을 주관적으로 해석해서 많은 혼란을 야기한다. 그런가 하면 주관적인 감정이나 경험의 피상성을 경멸하는 주지주의자들은, 신학의 상아탑 안에서 지성의 빛과 합리적인 판단의 명료함에 도취되어 성령의 빛의 필요성을 절감하지 못한다. '신학의 실종'과 '영성의 빈곤', 이 두 가지 모두 한국 교회가 안고 있는 문제다.

　신학과 영성은 서로 대립되지 않지만 반드시 비례하지도 않는다. 정 목사는 판넨베르크 같은 위대한 신학자가 영성의 대가라고 하지만 꼭 그런 비례 등식이 성립되지는 않는다. 물론 복음의 영적 실체에 대한 합리적인 이해와 설명을 가능하게 하는 건전한 신학 없이 진정한 영성을 확보하기는 힘들다. 그런 면에서 신학도 전인적인 영성의 한 요소라고 볼 수 있다. 그러나 신학의 탁월함이 진정한 영성을 보장하지는 못한다. 바른 신학에 능통하고 그 분야에 일가를 이룬 사람도 복음의 핵심인 그리스도의 영광에 눈이 멀고 무심할 수 있다. 신학적인 이해가 꼭 영적인 인식을 담보하지는 못한다. 조나단 에드워즈가 지적했듯, "지적으로는 교리에 대해 아주 깊은 지식을 가지고 있을지라도 그 교리가 지니고 있는 거룩함의 아름다움은 전혀 맛보지 못할 수 있다. 지적으로, 즉 머리로는 알고 있지만 영적으로, 즉 가슴으로는 모르고 있는 것이다. 교리에 대한 단순한 지적 이해는 마치 어떤 사람이 꿀을 보고 만져 보기는 했지만 맛을 보지는 못한 것과 같다. 영적 지식을 가진 이는 꿀의 달콤함을 직접 맛본 자와 같다."[2] 하나님의 영광을 보는 데는 마음의 감각이 개입된다. 성령은 그리스도의 영광을 계시할 뿐 아니라 신자 안에 죄로 말미암아 마비된 영적인 감각을 소생시켜 그 영광에 눈뜨고 반응하게 한다. 이 마음의 감각을 가진 이는 그리스도의 영광의 아름다움을 음미하며 그 달콤함을 맛본다.

　복음에 나타나는 그리스도의 탁월한 영광과 아름다우심에 마음이 매료되지 않고서 어떻게 주님의 영광만을 추구하고 즐거워하며 주님을 열렬히 사랑할 수 있겠는가. 그 영광에 도취되지 않고서야 어떻게 헛된 영광을 좇도록 우리를 시험하는 세상의 강렬한 유혹을 뿌리치고 주님만을 따를 수 있겠는가. 성경과 신학 지식이 많을지라도 마음에 새로운 감각이 없는 사람은 신학 지식을 세상의 영광을 얻는 자료로 삼는다. 목사들의 문제가 설교를 목회 성공을 위해 도구화하는 것이라면, 신학자들의 문제는 신학적 업적과 탁월함을 뽐내 자신의 영광과 명성을 얻기 위한 도구로 이용한다는 점이다.

성령의 조명 가운데 그리스도의 영광을 보는 것이 참된 신학함의 기본이다. 신학 공부와 훈련의 모든 과정은 성령의 빛 가운데 진행되어야 한다. 그리스도의 영광을 우리 마음에 비추는 성령의 조명과, 그 빛 가운데서 성경 속에 펼쳐지는 하나님 나라의 영적인 현실을 총괄적으로 파악하는 신학적인 통찰이 하나로 아우러질 때 하나님을 아는 참된 지식에 이르게 되는 것이다. 현대신학 교육의 문제는 성령 충만과 신학 공부가 거의 연결될 수 없을 정도로 이원화되었다는 사실이다. 신학교가 지식은 좀 채워졌으나 성령으로는 충만하지 못한 복음 전파자들을 양산하고 있다. 이런 이들은 자칫하면 얄팍한 신학 지식 때문에 지적으로 교만해지고 마음이 강퍅해져 하나님을 도무지 두려워하지 않는 사람들이 될 수 있다. 결국 성경과 신학의 잔지식을 팔아 목사 짓 해 먹기에 급급한 비루한 인생들이 되는 비극이 초래된다.

복음을 체험한 설교자

진정한 설교자는 먼저 복음을 체험한 사람이다. 그는 자신이 전하는 복음의 사건에 실존적으로 참여하여 자신의 존재와 삶의 전반적인 의미를 재인식한다. 자신의 정체성을 예수 그리스도와 함께 죽고 다시 살므로 더 이상 죄의 지배 아래 있지 않고 하나님의 통치 아래 사는 새사람으로 새롭게 규정한다. 이렇게 복음의 사건이 단순히 과거의 역사적인 사건이 아니라 설교자의 실존을 획기적으로 변화시키는 사건이 되면서, 성경에 계시된 삼위 하나님의 구원 역사의 의미와 목적, 그 효력과 열매는 한층 더 명료한 진리의 빛 가운데서 또렷하게 인식된다. 이런 의미에서 그는 단순히 복음의 표피층에 머무르지 않고 복음의 심층으로 들어가 거기서 열리는 영적인 세계에서 종말론적으로 다가오는 세계의 능력과 생명을 체험했다고 말할 수 있다.

이렇게 복음의 사건에 실존적으로 참여하는 체험이 없는 설교자들은 성령 안에서 체험하는 말씀의 놀라운 세계에 아주 낯선 사람들이다. 그들은 복음의 사건, 예수 그리스도의 십자가와 부활이 이루어 놓은 새로운 영적인 현실, 즉 죄의 폭정에서 해방되어 하나님의 자비로운 통치를 받는 은혜의 세계를 맛보지 못했다. 구원의 복음이 성취한 영적인 실체가 자신의 삶과 경험 속에 전혀 체화되지 않은 채, 자신과 소외된 객관적인 정보 차원의 진리로 덩그렇게 남아 있는 셈이다. 성령을 체험할 때 비로소 그는 말씀 속에서 펼쳐지는 새로운 영적인 세계, 즉 죄의 지배에서 자유하고 하나님의 다스림을 받는 영적인 현실을 체험한다.

성령 안에서 설교자가 들어가는 영적인 세계는 부활하신 주님의 현존을 체험하며 삼위 하나님과 인격적으로 상호 내재하고 통교하는 신비한 연합이 현실화되는 복된 세계다. 이렇게 복음의 심층에서 열리는 종말론적인 세계에 들어가 하나님의 현존을 의식하며 체험하는 영성에서 우러나온 설교는 복음을 단순히 명제적인 진리로 전하는 것이 아니라, 청중들을 복음의 깊이로 인도하여 영적인 실체, 하나님의 현존과 맞닥뜨리게 한다. 설교자는 복음을 통해 선취된 종말의 세계가 우리 가운데 어떻게 현실화되는가를 자신의 삶에서 먼저 인식하고 체화하는 경험을 통해 성경이 계시한 삼위 하나님의 존재의 신비와 그 구원 행위의 근원적인 의미, 그리고 그 열매를 명료하게 파악하는 영적인 시야가 열린다. 이런 영성을 가진 설교자의 눈에 복음에 담긴 무진장한 진리의 광맥이 포착되며 풍부한 영감의 세계가 열린다.

하나님과 통하는 것이 그의 말씀인 성경과 통하는 길이다. 성령 안에서 삼위 하나님과 항상 통하는 사람에게는 하나님으로부터 오는 영감과 메시지가 고갈되는 법이 없다. 설교자에게 가장 우선적이고 중요한 일은 하나님과의 영적인 소통이 끊이지 않게 하는 것이다. 설교자가 청중과 소통하는 데만 온통 관심을 쏟지 말고 하나님께 집중하고 하나님과 먼저 통하기를 힘쓰라는 정 목사의 조언은 백번 지당하다. 한국 교회 강단의 모든 문제는 목사들이 설교의 핵심 주제인 하나님께 주목하지 않고 하나님과의 소통이 없어 하나님을 실제 모른다는 사실에서 비롯한다. 하나님과의 소통이 끊어진 설교자에게 위로부터 오는 신선한 메시지는 있을 수 없다. 이런 이들은 어쩔 수 없이 기독교의 기본 진리를 상식 수준에서 밋밋하고 식상하게 되풀이하거나, 아니면 하나님은 잘 모르는 대신에 사람들을 잘 다루고 움직일 줄 아는 재주와 잔꾀로 가득한 종교 기술자로 둔갑하여, 하나님의 말씀이 주어지지 않는 영적인 난감함과 공허함을 사람들의 감정과 심리를 인위적으로 자극하고 조작하는 설교의 기술로 메우려고 한다.

강단 아래서 성령으로 충만한 설교자

설교자들은 청중을 과도하게 의식하고 감동시키려는 데서 돌이켜, 하나님의 임재와 영광에 눈뜨고 집중하는 영성 계발을 위해 분투해야 한다. 로렌스 수사가 「하나님의 임재 연습」(두란노)이라는 책에서 보여 준 고전적 영성 훈련의 부활이 이 시대의 설교자들에게 절실하다. 그가 소란스러운 수도원의 식당에서 허드렛일을 하는 동안에도 하나님의 임재를 의식했던 것처럼, 환경이나 하는 일에 제약을 받지 않고 하나님의 임재를 끊임없이 의식하며 사는 경건의 연습이 필요하다. 성령 충만이란 지속적으로 하나님의 충만한 임재 속에 사는 것을 뜻하며, 설교자가 이렇게 살기 위해서는 삶의 모든 정황에서 하나님의 현존 앞에 산다고 의식하는 것을 체질화해야 한다.

많은 설교자가 안고 있는 빈곤한 영성의 문제는 설교할 때만 성령 충만을 구하며 강단 위에서만 성령의 임재를 의식하고 체험하려고 한다는 점이다. 설교자의 진정한 영성은 강단 위가 아니라 그 아래서 밝히 드러난다. 평상시 성령의 임재를 의식하지 않고 제멋대로 살다가 설교단에 오르기 전에 발작적으로 기도하여 성령의 사람으로 돌변할 수는 없는 일이다. 그런 이는 사역을 위해 성령을 도구화하려는 욕망은 강하지만, 자신의 삶 전 영역에서 성령의 인도함과 다스림을 받는 것은 거부하는 사람이다. 이런 설교자에게 말씀 속에서 영적인 세계가 열리는 체험은 빈곤하며 위로부터 주어지는 영감과 말씀도 희귀할 수밖에 없다.

그가 설교를 위해 성령을 도구화하려고만 하는 것인지 아니면 성령에 의해 주관되고 사로잡힌 사람인지는 설교단 아래서 확연히 드러난다. 성령에 사로잡힌 설교자는 특별한 사역을 할 때뿐 아니라 일상의 평범한 영역에서도 성령의 지배를 받으며 산다. 설교자의 참된 영성은 강단 아래서 성령의 충만함으로 입증된다. 그 모습을 통해 그가 얼마나 순수하게 하나님 자신과 그 임재를 갈망하며 매 순간 하나님과 동행하기를 사모하는지 밝히 드러난다. 이런 이에게 풍성한 말씀과 영감의 세계가 쉽게 열린다. 평소에 성령의 임재 속에 살지 않는 이들에게 성경은 봉한 책과 같고, 하늘의 영역은 좀처럼 열리지 않는다.

성령과 긴밀하게 교통하며 동행하는 삶을 살지 않는 이의 설교를 통해서도 간혹 성령의 능력이 역사할 수 있다. 이는 설교자가 부적합한 도구임에도 불구하고 청중을 배려하시는 하나님의 긍휼이며 설교자와 상관없이 역사하는 말씀 자체의 능력이라고 할 수 있다. 하지만 이런 일이 빈번하게 일어날수록 설교자의 영성에 치명적인 결과를 초래할 수 있다. 평상시 성령을 거스르며 제멋대로 살아도 강단 위에서 설교할 때는 성령의 은혜가 임하니, 그런 모순된 설교 행위가 상습화·고질화되어 나중에는 그에 대해 아무런 문제의식조차 느끼지 못하는 지경에 이르게 된다.

몰락하는 설교자들

어떤 목사가 거짓되게 사는데도 설교할 때는 항상 어떤 은혜가 함께한다면, 그는 버림받을 확률이 가장 높다. 과거 미국에 지미 스웨거트라는 유명한 TV 전도자는 설교로 수많은 사람을 감화시켰는데 설교하고는 곧장 창녀에게 달려가곤 했다. 매번 그런 짓을 되풀이했음에도 그는 여전히 사람들을 감동시키는 설교를 계속했다. 나중에 이런 사실이 들통이 나서 세간이 떠들썩했는데, 어떤 이는 그의 설교를 통해 사람들이 받았다는 감동은 성령에 의한 것이 아니라고 단언하기도 했다. 그러나 성령은 간혹 휘어진 막대기도 사용하여 그의 백성들을 축복하신다. 문제는 그런 사람은 남에게 전파한 후에 하나님께 인정받지 못하고 버림받을 수 있다는 사실이다.

강단 아래서 성령을 따라 살지 않음에도 불구하고 그의 설교에 성령의 능력이 함께하는 것은 하나님의 큰 긍휼인 동시에 설교자에게는 치명적인 위험이 될 수 있다. 자신의 설교에 성령이 함께하기 때문에 그만큼 하나님이 능력 있게 사용하는 종이라고 교인들을 감쪽같이 속일 수 있으며 스스로도 착각하기 쉽기 때문이다. 뛰어난 설교의 은사와 설교 시에 임하는 성령의 은혜가 오히려 진정한 자신을 보지 못하게 할 수 있다. 설교는 잘하지만 인격에 문제가 있고, 강단 위에서와 아래에서의 모습이 다른 이중적 자아로 살아가는 데 익숙해진다. 그는 점차 강단 위에서 가면 쓴 자신과 참된 자신을 혼동하게 된다. 자기기만에서 자기 확신에 이르게 되는 것이다.

거짓 예언자들이 그토록 자신 있게 자신들이 주의 이름으로 예언자 노릇하며 권능을 행했다고 주장한 것도 철저한 자기기만이 빚어낸 당당한 자기 확신 때문일 것이다. 그들은 주님의 지적과 책망이 심히 부당하다고 생각했을 것이다. 왜 자신들이 행한 사역과 거기에 수반된 권능으로 평가해 주지 않느냐는 불만 섞인 항의가 그들의 말에 깃들여 있었던 것이다. 그러나 주님이 보는 관점은 아주 달랐다. 주님은 그들이 무슨 사역을 했으며, 어떤 권능을 행했는가보다 어떤 삶의 열매를 맺었느냐를 우선 고려하셨다. 사역자의 진정성은 열매로 판단된다고 하신 것이다. 주님은 강단 위에서 감동적으로 설교하는 모습보다 강단 아래에서 형편없이 사는 모습을 보고 설교자를 판단하실 것이다. 주님이 찾으시는 열매는 설교단 위에서뿐 아니라 그 아래서도 지속적으로 성령과 동행하는 삶에서 필연적으로 나타나는 산물이다. 이 열매가 없는 설교자들은 평소에는 성령을 거스르고 살다가 설교할 때만 성령을 도구로 이용하려는 심각한 불법을 행하는 자들이다. 평상시 그들을 주관하는 것은 성령이 아니라 육신의 소욕이며 설교는 궁극적으로 세속적인 욕망의 성취를 지향한다. 그 목적 달성을 위해 성령의 능력을 끌어내리려는 것이다.

이런 설교자들은 설교 사역을 통해 자신들이 원하던 교회 성장을 이루어도 만족은 잠깐이고, 가시지 않는 내적 공허함에 쫓기며 더 많은 성취를 위해 허덕인다. 육신의 야망은 끝이 없고, 이 욕망에 사로잡힌 자들을 지치고 탈진하게 만든다. 이들의 심령은 성령과 날카로운 대립 관계에 있기에 성령만이 줄 수 있는 영적인 만족을 누리지 못하고 공허함에 시달린다. 설교를 은혜롭게 하고도 허탈감을 느끼며 그것을 채울 수 있는 영적인 대용물을 다른 곳에서 찾는다. 이런 상황에서 설교자는 죄의 유혹에 쉽게 빠져들며 특별히 음란의 죄같이 짜릿하고 자극적인 죄의 노예가 되기 쉽다. 이것이 세계적인 설교자라는 명성을 얻고도 몰락한 지미 스웨거트 목사가 생생한 견본으로 보여 준 거짓 설교자들의 비참한 말로다. 그들의 설교 사역으로 인해 많은 사람이 은혜를 받았다면, 그들의 실족함으로 인해서는 더 많은 사람이 시험에 빠졌다. 결국 그들은 주님의 교회와 복음에 더 큰 거침돌이 되었다. 이것은 단지 그들만의 문제가 아니라 모든 목사가 안고 있는 잠재적인 위험이다.

최고의 설교

참된 영성의 부재는 많은 설교자를 파멸로 내몰며 강단의 권위를 실추시킨다. 이런 영성이 빈곤한 데서 오는 문제, 즉 강단 위에서와 아래에서의 설교자의 모습이 현저히 다르고, 설교와 인격에 심각한 괴리가 있는 것이 한국 교회 강단을 쇠퇴하게 한 중대한 요인이다. 어떤 이가 한국 교회 설교의 실태를 진단하면서 한국 기독교가 "신뢰 잃은 말의 종교"로 전락했다고 지적하였다.[3] 요즘 설교가 교인들에게 잘 먹히지 않는 까닭은 설교 내용이 별로 들을 것이 없기 때문만이 아니다. 더 근원적인 이유는 목사의 말이 신뢰를 잃었기 때문이다. 설교자의 인격과 전혀 조화되지 않는 설교에 교인들이 귀는 열지 모르나 마음은 굳게 닫아 버린다. 자신이 전하는 메시지를 살아내지 못하는 설교자의 말을 교인들이 듣고 따를 것이라고 기대할 수 없다.

목사의 감동적인 설교보다 그 설교와는 딴판인 목사의 인격과 삶이 교인들에게 더 크게 말하는 법이다. 혹자가 말하기를 어떤 사람이 도덕적인 연설을 할 때는 그의 입에서 나오는 말보다 청중이 알고 있는 그의 삶과 인격이 더 큰소리를 내며 듣는 이들의 귀에 윙윙거리기에 그의 입에서 나오는 말은 잘 들리지 않는다고 했다. 설교를 듣는 이들의 마음속에서 자동적으로 "자기는 행하나, 자기는 가졌나"하는 삐딱한 의문이 꼬리를 물고 일어나는 것이다. 교인들은 설교자가 그 자신이 전하는 복음의 샘에서 생수를 마시며 진정한 만족을 누리는 모습을 보기 원한다. 복음이 설교자의 심령과 인격과 삶에 구체적으로 체화되어 전인격적으로 전달되는 메시지를 듣기 원한다. 복음의 깊은 곳에서 열리는 하늘의 영역에 들어가 삼위 하나님의 현존 앞에서 사는 설교자에게는 하늘의 광휘가 두르며, 그를 접하는 사람들에게 하나님의 임재를 느끼게 해준다.

내가 청년 시절 다니던 교회에 시무하던 목사는 학식이 부족해서 그의 설교에서 유창함이나 지적인 탁월함이라곤 찾아볼 수 없었다. 자신이 만주 봉천에서 신사참배를 반대하다가 고난당한 옛날 얘기를 자주 반복해서 교인들이 "우리 목사님 설교는 만주 봉천 한 바퀴 돌고 오면 끝난다"고 말할 정도였다. 오래전에 작고하신 그분의 설교를 나는 거의 기억하지 못하나, 그 목사 자신이 누구도 흉내 낼 수 없는 하늘의 메시지였다. 그를 만나면 신비하게도 하나님의 임재를 느끼게 되고 마음이 편안해진다고 많은 사람이 한결같이 증언했다. 자연스러운 그의 삶의 흐름에서 무의식적으로 흘러나오는 하늘의 향기와 영적 감화력이 있었다는 것은 그의 전인격과 삶이 성령의 임재에 사로잡혀 하늘의 영역에 거하고 있었다는 분명한 증거다.

안타깝게도 요즘은 그런 목사를 거의 찾아볼 수가 없다. 오늘날 설교자들의 입에서 나오는 메시지와 그들 존재 자체에서 흘러나오는 정신은 아주 이질적이다. 그들의 설교는 천상의 언어로 매끄럽게 포장되어 있지만 그들의 인격에서 전달되는 영은 시장 바닥에서나 배회하는 저속한 마케팅의 영과 별반 다르지 않다. 그들의 입은 하늘에 속한 영적이고 거룩한 것을 얘기하지만 그들의 마음속 깊은 곳에는 하나님까지 이용해서 이 땅의 속된 것을 얻으려는 육신의 소욕이 용솟음치고 있다. 이런 이들의 설교가 아무리 복음의 향기를 말할지라도 거기서 풍기는 것은 부패한 욕망의 메케한 냄새다.

삶으로 하는 설교 준비

성령에 이끌리는 설교는 설교자의 전인격과 삶이 성령께 온전히 사로잡혀 주관될 때 가능하다. 그런 설교는 성령으로 충만한 설교자의 전인격을 통해 흘러나오고 전달되는 하나님의 말씀이다. 주일에 강단 위에서 성령의 능력이 함께하는 설교를 하려면 주 중에 강단 밑에서 성령으로 충만한 삶을 살아야 한다. 주일 설교는 밖으로 드러나는 빙산의 일각에 불과하다. 그 표면 아래는 한 주간 성령과 동행한 삶이 깔려 있고 더 깊은 바닥에는 성령의 인도함을 받아 온 오랜 연단의 과정이 잠재해 있다. 한 저명한 설교자가 설교를 준비하는 데 얼마나 걸렸느냐고 묻는 사람에게 40년 걸렸다고 대답했다고 한다. 설교는 성령이 설교자를 인도하고 훈련하는 오랜 과정을 통해 배양된 인격과 영성, 은사와 지혜를 비롯한 모든 자질의 총화가 발휘되는 종합예술이다. 그러므로 설교자는 당장 써먹을 수 있는 설교의 요령과 기술을 배우려 하지 말고, 매일 성령과 동행하는 삶 속에서 성령이 사용하시기에 적합한 영적인 자질과 소양을 갖춘 사람으로 자신을 준비해 가는 데 힘써야 한다.

주일 설교 준비는 설교를 작성하기 위한 노력만이 아니라 일주일 동안 성령을 온전히 따르는 삶으로 해야 한다. 잭 하일즈 목사는 탁월하지는 못해도 한 주간 성령과 동행하는 이의 설교를 교인들에게 들려주고 싶다고 했다.[*4] 하나님은 매일 성령과 동행하는 사람을 통해 말씀하신다. 진실하지 못한 삶, 깨끗하지 못한 심령, 더러워진 양심으로 성령을 자주 거스르고 근심시키는 설교자는 성령의 조명을 받지 못하며 성령의 음성을 듣지 못한다. 성령은 그 사람을 통해 말씀하시지 않으며 능력으로 함께하시지 않는다. 설교자의 그릇된 삶은 주일 강단에 큰 영향을 미친다. 성령은 죄에 매우 민감하신 분이다. 성령을 거스르는 설교자의 죄가 강단까지 따라 올라가 말씀의 빛과 권세를 앗아 가며 성령의 역동적인 역사를 방해한다. 강단 위에서 설교자의 영성이 여지없이 들통 난다. 마치 범죄한 삼손이 힘이 빠지고 사슬에 매인 것처럼 성령의 능력이 떠나고 무력해진 자신을 발견하게 된다.

실제 설교를 준비할 때도 하나님과의 교통을 단절시키며 성령의 조명을 방해하는 요소가 있는지 성찰하는 기도와 회개가 가장 먼저 필요하다. 불신과 죄악으로 우리 마음이 어두워지면 아무것도 보이지 않고 들리지 않는 영적인 깜깜함과 막막함을 경험하게 된다. 깊은 회개와 기도를 통해 하나님의 임재와 영광을 볼 수 있는 청결한 마음을 회복하며 성령의 조명과 영감을 받을 수 있는 마음의 상태를 준비하는 노력 없이 성급하게 설교 작성에 뛰어들면 헛수고만 하게 될 것이다. 설교를 준비할 때뿐 아니라 항상 성령의 감화를 받을 수 있는 마음의 자세를 유지하는 것이 중요하다. 평상시에 성령의 임재 가운데 사는 이는 쉽게 성령의 감화를 받는다. 말씀을 읽고 기도할 때는 물론이고 인문학 서적이나 딱딱한 신학 책을 읽을 때도 영감의 순간이 자주 임하며, 일상의 단조롭고 자질구레한 일과 속에서도 영적인 깨우침을 받는 기회가 그치지 않는다. 이런 영감과 계시의 순간들을 잘 포착해서 활용하기 위해 그때그때 놓치지 않고 메모해 두는 습관을 기르는 것도 필요하다.

성령의 인도함을 받는 설교자는 교인들의 영적 상태와 필요에 민감하며 공동체를 향한 하나님의 메시지를 들을 수 있어야 한다. 성령은 오래전에 기록된 성경 말씀이 오늘을 사는 이들을 향한 하나님의 음성이 되게 하시며, 교회 안에 예수 그리스도가 동시대적인 실존으로 교인들에게 다가오게 하신다. 설교자의 역할은, 성령이 주시는 지혜와 통찰력을 통하여 두 세계, 즉 본문과 상황, 불변하는 진리와 급변하는 세계 사이에 적절한 다리를 놓는 것이다. 공동체가 처한 영적·시대적 상황에 전혀 맞지 않는 설교는 아무리 본문에 충실할지라도, 교인들에게 뜬구름 잡는 공허한 메시지로 들릴 수 있다. 어떤 설교는 공상의 인물들을 향해 설교하는 것 같이 교인들의 실존과 완전히 유리된 채 허공을 치기만 한다.

예기치 못한 슬픔과 고난 속에서 냉혹한 현실과 신앙의 괴리를 극복하려고 치열하게 몸부림치는 교인들의 실존의 깊이를 전혀 담아내지 못하고, 믿기만 하면 된다는 식의 가벼운 말을 무심하게 던지는 설교가 오늘날 교회에 만연하다. 설교자들이 말씀에 깊게 들어가지 못할 뿐 아니라, 교인들이 안고 있는 영적 문제와 고뇌의 심층부로 파고들지 못하기 때문에 그런 일이 벌어진다. 그런 이들의 설교는 듣는 이들의 심령에 와 닿지 않고 귓전만 맴돌 뿐이다. 하나님의 깊은 것까지도 통달하시며(고전 2:10), 사람들의 심장을 감찰하시는 성령의 인도함을 받는 설교자는 하나님의 심정과 뜻을 간파할 뿐 아니라 영혼들의 심층을 꿰뚫는 말씀을 전한다.

성령은 설교자가 성경을 연구함으로 하나님을 깊이 알아가게 하듯, 사람과 이 세상을 관찰함으로 이 세대를 분별하는 지혜를 터득하게 하신다. 그러므로 설교자는 말씀에 천착하는 동시에 현실에 뿌리내린 영성을 소유해야 하며, 성경과 함께 세상도 부지런히 공부해야 한다. 스펄전은 벌써 오래전에 신학생들에게 성경과 함께 신문을 보라고 권면하였다.""[5] 주일 설교를 어떻게 준비하느냐 하는 질문에 대해 칼 바르트도 "나는 한 손에는 성경을 다른 손에는 매일 신문을 든다"고 답했다."[6] 이 시대에 살아서 역사하는 하나님의 말씀을 전하기 위해서 성경 본문뿐 아니라 설교의 대상과 상황에 대한 연구를 게을리할 수 없다. 격변하는 시대 한복판으로 들어가 치열한 삶의 현장에서 보대끼는 사람들의 신음과 탄식을 들으며 시대의 아픔과 고뇌의 짐을 지고 하나님께 나아가 귀를 기울일 때 성령 안에서 텍스트가 상황에 적절하게 연결되는 영감 어린 메시지를 받게 된다. 설교자가 말씀의 씨앗이 발아되는 현장인 공동체의 상태와 필요에 항상 영적으로 민감할 때 공동체에 적실한 하나님의 말씀을 때를 따라 공급하는 사역자가 될 것이다.

게으른 자여

설교에 있어서 성령의 역할을 극단적으로 이해하는 이들은 인간적으로 설교를 준비하는 노력을 성령을 전적으로 의존하지 못하는 육적인 열심인 양 배격한다. 성령의 인도하심과 말하게 하심만 전폭적으로 신뢰하고 강단에 올라가면 성령이 전할 말씀을 주신다는 것이다. 그렇게 말하는 이들에게 루터는 성령이 말씀을 주시기는 하는데 '이 게으른 놈아'라는 말씀을 주신다고 일침을 가했다. 그런 주장을 하는 이들은 마태복음 10:19-20에 기록된 주님의 말씀을 성경적인 근거로 제시한다. "너희를 넘겨줄 때에 어떻게 또는 무엇을 말할까 염려하지 말라. 그때에 너희에게 할 말을 주시리니 말하는 이는 너희가 아니라 너희 속에서 말씀하시는 이 곧 너희 아버지의 성령이시니라." 그러나 이는 설교단이 아니라 법정에서 복음을 변호하는 특별한 상황을 염두에 두고 하신 말씀이다. 베드로가 산헤드린 공의회에 끌려가 복음을 변증할 때 이 말씀대로 성령이 그에게 할 말을 주셨다. 성령이 그를 충만하게 하셔서 죽음의 위협 앞에서도 조금도 위축되지 않고 담대히 복음을 전하게 하신 것이다(행 4:8-11).

설교자가 성령을 의존하다 보면 자신의 역할에 소홀할 수 있다. 성령의 은혜를 의지한다는 태도가 자칫 잘못하면 설교자의 열심과 노력을 약화시키고 게으름을 조장할 수 있다. 설교자가 성령의 능력에 사로잡히면 설교 사역이 전보다 훨씬 수월해지는 대신에 설교의 효력과 열매는 더 풍성하게 나타나기에, 성령의 은혜만을 믿고 더 태만해지기 쉽다. 육신의 힘을 빼는 것까지는 좋은데 꼭 해야 할 일까지 손 놓아 버리는 것이 탈이다. 육적인 설교자의 문제가 과도한 욕망과 열정이라면 영적으로 치우치는 설교자가 빠지기 쉬운 함정은 바로 게으름이다. 성령의 은혜만을 믿고 설교 준비를 열심히 하지 않는다. 영적인 것에 몰두한 나머지 학적인 것을 경시한다. 신학을 많이 공부한 이들이 성령으로 충만하지 못한 것이 문제라면, 깊은 영성을 추구하는 이들은 공부를 열심히 하지 않는 것이 큰 흠이다. 이런 이들은 "영감은 공부와 상관없이 오는 것이 아니라 공부 때문에 온다"[7]는 오스왈드 체임버스의 말을 가슴에 새겨야 하리라.

지금 우리는 2천 년 교회 역사에서 무르익은 신학의 풍요로운 열매와 혜택을 만끽할 수 있는 시대에 살고 있다. 설교자들이 손쉽게 참고할 수 있는 성경 해석과 설교를 위한 좋은 주석들과 신학 자료들이 무궁무진하다. 조금만 열심히 준비하면 좋은 설교를 만들 수 있는데도 너무 게을러서 성령의 능력이 함께하기 힘들 정도로 허접스런 설교로 교인들의 영혼을 피폐하게 하는 이들이 적잖다. 성령으로 충만하여 설교했던 스펄전도 공부에 더 이상 씨를 뿌리지 않는 사람은 더 이상 거두지 못할 것이라고 경고하였다.[8] 빌리 그레이엄 목사는 자신의 설교 사역을 회고하면서 만일 사역을 다시 한다면 두 가지를 바꾸겠다고 했다. 첫째는, 자신이 했던 것보다 세 배는 더 공부하겠다고 했다. 그동안 너무 많이 설교하고 너무 적게 공부했다는 것이다. 다음으로, 더 기도하겠노라고 했다.[9] 그의 뼈아픈 자성에서 나온 고백을 설교자는 잊지 말아야 하리라.

설교는 창작이 아니라 하나님의 말씀을 잘 듣고 전달하는 것이기에, 설교자는 우선적으로 성경 본문 연구에 충실해야 한다. 본문 연구에 소홀할 때 성경의 원저자이신 성령이 본문에서 의도하신 의미를 제대로 깨달을 수 없고 본문의 뜻에서 멀어질수록 설교에 함께하는 성령의 능력은 약화될 수밖에 없다. 설교자가 사람들의 욕구와 기호에 맞추어 말씀을 조작할 때, 즉 청중의 마음을 끌기 위해 쓸데없는 것을 말씀에 더 하거나 그들의 마음을 상하게 하지 않으려 꼭 해야 할 말을 뺄 때 성령은 근심하신다. 기발한 예화나 유머를 가미하여 설교의 효과를 돋우려는 시도는 오히려 성령의 감동을 삭감시키고 대체할 수 있다. 설교를 준비할 때도 성취 지향적인 성향이 강하게 발동하여 성령에 대한 전적인 의존을 힘들게 할 수 있다. 성경 강해가 탁월하고 신학적인 치밀함과 영적인 깊이가 있는데다 대중적인 적용성까지 두루 갖춘 불후의 명설교를 창작하고픈 유혹이 열심 있는 설교자들을 늘 따라다닌다. 설교 준비를 게을리하는 것뿐 아니라 열심히 하는 데에도 성령을 거스르는 위험이 도사리고 있다. 설교 행위에 과도하게 집착하여 그 자체를 거의 우상화함으로써 성령께 집중하지 못하는 것이다.

탁월함이 치명적인 약점

성령에 사로잡힌 설교자는 게으름과 과잉 열심이라는 양쪽의 함정에 빠지지 않도록 그 사이를 조심스럽게 줄타기하는 중용의 묘미를 터득해 가야 한다. 설교자가 매번 창조적이고 신선한 내용으로 꽉 차고 빼어난 문장으로 정교하게 다듬어진 고품격 설교를 만들어 낼 수는 없다. 설교자마다 설교의 은사와 학문적 소양과 배경이 다르기 때문에 모두에게 수준 높은 설교를 기대할 수 없다. 대부분의 목회자는 지식의 겉멋을 부리는 설교를 만들어 낼 만한 학식도 없고 그럴 만한 여유도 없다. 정신없이 쫓기는 각박한 목회 현실 속에서 성경 본문이라도 제대로 해석해서 설교한다면 그나마 다행으로 생각해야 할 형편이다. 비록 탁월한 내용의 설교 원고를 작성하지 못할지라도 성령과 매일 동행하며 성경을 올바르게 해석하고 깊이 묵상하는 가운데 영감받은 말씀을 수수하게 전하면 그것으로 족하지 않겠는가.

　설교는 인간의 탁월함을 드러내는 기념비적인 작품이 아니라 하나님의 손에 들린 오병이어와 같이 그 자체는 보잘것없는 것이다. 설교의 능력은 말과 지혜의 아름다움에 있는 것이 아니라 설교라는 비천한 방편을 통해 놀라운 기적을 일으키는 하나님의 능력에 있다. 설교의 미련한 것이 오히려 하나님의 능력만을 드러내는 역할을 한다. 설교를 지혜롭고 아름답게 꾸미는 노력으로 이 미련함과 비천함이라는 설교의 본질적인 특성을 제거해 버릴 때 하나님의 능력은 떠나갈 수 있다. 뛰어난 재담과 유머 감각으로 사람들을 끄는 것만큼 화려한 언어 구사력이나 지적인 탁월함으로 설교를 치장하여 사람들을 매료시키려는 것도 성령의 역사를 방해할 수 있다. 성령은 설교의 능력이 말의 유창함이나 언어의 존재론적인 능력이나 지식의 힘에 있지 않고 오직 성령께 있다는 사실이 드러나기에 충분할 정도로 보잘것없는 방편을 즐겨 사용하신다.

그러므로 설교자의 탁월함이 설교 사역에 거침돌이 될 수도 있다. 설교의 은사와 언변이 뛰어나고 지적 능력이 출중할수록 성령의 능력이 없이는 아무것도 할 수 없다는 자신의 처절한 무력함을 망각하기가 쉽다. 하나님의 은혜에 대한 절대 의존감은 상대적으로 약화되는 반면 자신의 재능과 학식을 의존하려는 뿌리 깊은 자만심은 더 팽배해질 수 있다. 그렇게 되면 설교자의 탁월함이 성령의 도구가 되기보다는 오히려 성령의 사역에 방해거리가 된다. 그러므로 설교자는 자신의 지식과 경륜이 주님께서 사용하지 않으면 아무 것도 아닌, 보잘것없는 오병이어에 불과하다는 사실을 절감하고 주님의 능력만 전폭적으로 의존하여 겸손하게 설교 사역에 임해야 한다.

설교자는 자신의 죄악뿐 아니라 탁월함도 십자가에 못 박아야 한다. 하나님께만 영광이 온전히 돌아가기에 충분할 정도로 자신의 뛰어난 지식과 재능은 주님 앞에 마치 아무것도 아닌 무(無)로 만들어야 한다. 키에르케고르가 말한 대로, 하나님은 무에서 우리를 창조하셨고 우리를 사용하시기 전에 먼저 우리를 무로 만드신다. 하나님이 아브라함에게 이삭을 주시고 이삭을 제물로 바치라고 하신 것처럼 우리에게 탁월함을 허락하시고 그것을 다시 제단 위에 올려놓고 죽이라고 하신다. 그리하여 하나님의 영광만을 위한 도구로 다시 부활하게 하신다. 그리스도를 영화롭게 하시는 성령은 자신이 영광을 받으려는 설교자의 욕망을 십자가에 못 박히게 하여 그를 통해 그리스도만이 드러나게 하신다. 이렇게 십자가에 못 박힌 사람만이 십자가에 못

박힌 구주를 전할 수 있다. 그 후에 설교자의 탁월함은 더 이상 하나님의 영광을 은밀히 가로채는 마귀적인 교활함이 아니라 하나님의 영광을 온전히 드러내기 적합한 그리스도적인 '수줍음'을 띨 수 있다.

두려움과 담대함

설교의 위기는 복음 전파자들이 설교를 잘해서 사람들의 칭찬과 영광을 받으려는 강한 인정 욕구에 이끌리거나, 설교의 큰 성과를 거두려는 성취 지향적인 욕망에 사로잡히는 데서 기인한다. 이런 욕망에 눈이 멀어 하나님이 보이지 않으니 청중에게만 관심을 집중하는 것이다. 예수님에 대해 설교하면서도 설교를 잘해서 좋은 반응과 성과를 이끌어내야 한다는 욕망에 사로잡혀 예수님을 잊어버린다. 그럴 때 설교는 하나님을 기쁘시게 하기보다 사람의 귀를 즐겁게 하는 행위로 변질되고 타락하게 된다.

사람들의 인정과 영광을 얻고 그들로부터 좋은 호응을 이끌어내려는 욕망의 뒷면에는 두려움이 있다. 설교를 못해서 청중의 사랑과 인정을 잃을까 봐 두려워하며 그들의 인정 위에 조심스럽게 쌓아 올린 명성에 금이 갈까 봐 노심초사한다. 그런 사람들은 지금까지 자신을 지탱해 주던 것들을 잃을 때 존재 전체가 심하게 흔들리고 붕괴되는 것 같은 위기를 느끼게 된다. 그래서 사람들 앞에 망가지는 것을 죽기보다 두려워한다. 이 두려움은 사람의 영광을 하나님의 영광보다 더 사랑한 대가로 받게 되는 형벌인 셈이다.

설교자가 하나님을 영화롭게 하려는 강렬한 열정을 가진 성령께 사로잡히면 그의 인정 욕구의 방향이 획기적으로 전환되어 하나님의 영광과 인정을 간절히 추구하게 된다. 이렇게 설교자를 주관하는 욕망이 바뀌면 그는 수많은 청중 앞에서도 그들의 인정과 반응보다 보이지 않는 한 분에게 더 집중하게 된다. 그의 두려움은 새로운 두려움으로 대체된다. 이전에 그릇된 인정 욕구와 과도한 성취 지향적인 욕망에 쫓길 때는 청중의 호응과 인정을 얻지 못하게 될까 두려워했는데, 이제는 하나님의 말씀과 뜻을 온전히 전파하지 못해 하나님을 기쁘시게 하지 못하게 될까 두려워하게 된다. 사람들의 인기와 호응을 잃기 싫어서, 그들의 비위를 상하고 거스르게 할까 두려워하던 데서 자유하여 하나님의 뜻이면 교인들이 싫어하고 부담스러워해도 가감 없이 하나님의 말씀을 전하게 된다. 성령은 하나님 앞에서는 두렵고 떨림을, 그러나 사람들 앞에서는 그들의 낯을 전혀 두려워하지 않는 담대함을 갖게 하신다. 이 담대함이 설교자가 반드시 가져야 할 덕목이다. 비겁한 자는 사람들의 아첨꾼이 될 수 있을지는 몰라도 결단코 하나님의 말씀을 대언하는 자가 될 수는 없다.

사람들의 비위나 맞추기에 급급한 겁약하고 소심한 설교자들이 있는 반면 사람들의 눈치를 전혀 보지 않고 소신껏 할 말 다하는 용감하고 대범한 설교자가 있다. 그러나 이런 용기가 성령에서 나온 담대함이 아니라 육신의 혈기에서 나온 무례함인 경우도 많다. 비겁함과 무례함은 하나님 앞에 두렵고 떨림을 잃어버린 사람에게서 나타나는 두 얼굴이다. 많은 설교자가 인간에 대한 기본적인 존엄성과 예의조차 없을 정도로 고압적이고 공격적이다. 이런 무례함은 하나님을 두려워함이 없는 데서 비롯된 인간 멸시다. 성령으로부터 오는 담대함에는 온유함과 겸손, 그리고 인간에 대한 존중과 사랑이 깊이 배어 있다.

설교자는 성령이 주시는 자유함 가운데서만 설교를 잘할 수 있다. 자유의 복음을 전하면서 죄의 결박에 매여 있는 것보다 더 비참한 일은 없다. 성령은 설교자를 옥죄고 짓누르는 죄의 세력으로부터 그를 해방하신다. 두려움과 긴장, 불안과 염려에서 자유하여 평안한 마음으로 설교하게 하신다. 설교자의 마음이 균형 잡히고 평안할 때 설레거나 당황하지 않고 차분하고 온유하게 설교하게 된다. 자유의 복음을 성령 안에서 자유를 누리는 모습으로 전해야 한다. 전하는 메시지만큼 전하는 자의 자세와 모습, 인상과 음성이 중요하다.

청중에게 전달되는 실제 효력에 있어서 몸짓 언어가 차지하는 비중이 상당히 크다는 사실은 잘 알려진 바다. 경직되고 불안한 모습, 흥분하고 혈기찬 음성은 자유의 복음과 상충되며 메시지의 설득력을 떨어뜨린다. 말을 너무 빨리 하거나 지나치게 큰 소리로 설교하는 것도 삼가는 것이 좋다. 온유하고 차분하게 전하는 것이 부드러운 복음의 성격과 부합하며 온유한 성령의 특성과도 조화롭다. 부드러운 음성에 성령의 은혜와 힘이 실릴 때 듣는 이들을 감화하며 그들의 강퍅함을 꺾는 역사가 일어난다. 성령은 설교의 내용뿐 아니라 설교자의 음성과 모습이 한데 어우러져 주님의 아름다운 얼굴이 듣는 이들의 마음에 그려지게 하신다.

성령은 설교자의 기억력을 새롭게 하며 생각을 윤활하게 해주고 혀를 풀어 주어 말의 자유함을 누리게 하신다. 설교를 준비할 때 잘 정리가 되지 않았던 것이 놀랍게 풀리고 미처 생각지 못했던 것들이 떠오르게 하신다. 어떤 경우에는 준비된 원고의 내용을 떠나서 자유롭게 말씀을 전하게 하신다. 이렇게 성령 안에서 자유가 주어질 때 각별한 주의가 필요하다. 자유하니 말실수를 범하기 쉽다. 까불다가 넘어진다. 성령은 설교자의 몸에 새 힘, 부활의 생기를 불어넣으심으로 피곤한 상태로 설교하고 난 후에는 몸이 더 가벼워지고 편해지는 은혜, 즉 성령 안에서 안식을 누리게 하신다.

설교 원고를 불태워 버리라

스펄전 목사는 설교 준비를 열심히 해서 설교단에 오르기 전에 설교 원고를 불태워 버리라고 했다. 설교 원고를 마음에 흡족할 만큼 완벽하게 작성하고 나면 무의식적으로 원고에 의존하게 되고, 그것이 종종 내용이 충실하고 잘 구성된 설교에 성령의 능력이 함께하지 않는 이유가 될 수 있기 때문이다. 설교 원고에 자신이 없을 때 더욱 성령의 도우심을 구하며 의지하므로 뜻밖의 결과를 체험하기도 한다. 아무리 좋은 설교를 준비했어도 성령이 함께하지 않으면 그 설교는 영혼들을 구원하고 새롭게 하는 데는 별 효력이 없다는 뼈저린 깨달음이 없는 한 설교자는 계속 낭패를 경험하게 될 것이다.

설교를 통해 성령의 은혜가 온 회중에게 이슬비처럼 때로는 소낙비처럼 내리는 놀라운 사건이 일어난다. 영적으로 눈먼 자가 눈을 뜨고, 억압된 자가 자유하게 되며, 죽은 자가 살아나고, 죄와 사망의 권세가 지배하는 암울한 현실에 하나님 나라가 임한다. 성령은 말씀하시는 인격일 뿐 아니라 행동하시는 인격, 즉 그 말씀하시는 바를 반드시 실행하시는 전능하신 인격으로 역사하신다. 성령은 복음의 핵심 내용인 새 언약의 은혜를 교회 안에 전달하여 실현시킨다. 새 언약을 성취하시는 성령의 사역을 편의상 7중 사역으로 정리할 수 있다. 조명하심, 자유하게 하심, 치유하심, 안식하게 하심, 풍성하게 하심, 아름답게 하심, 능력 있게 하심이 그것이다.

성령이 전달하는 새 언약의 핵심은 심령을 치유하는 은혜다. 성령은 하나님의 통치를 거부하는 불순종의 완고한 마음을 근본적으로 치유하신다. 우리 안에서 하나님과 원수 된 굳은 마음을 제거하고 하나님을 사랑하고 순종하는 부드러운 마음을 창조하며 그 마음에 하나님의 법을 심어 주신다(렘

31:31-33, 겔 36:26-28). 새로워진 심령에 주님의 통치가 회복된 천국이 도래한다. 생명의 근원인 하나님과 단절되어 사막처럼 황폐해진 심령이 은혜의 급습으로 생수의 강이 흐르는 물 댄 동산으로 변한다. 성령이 전달하는 새 언약의 은총은 우리의 상태를 극적으로 반전시키는 은혜다. 우리를 진리로 자유하게 하여 그리스도 안에서 참된 안식과 풍성한 생명을 누리게 하며 주님의 아름다운 형상으로 변화되게 하신다.

설교자가 성령으로 충만하여 하늘의 권능을 입어야만 죄와 사망의 권세에 매여 있는 많은 사람이 자유해지며 그리스도 안에서 새 생명을 얻는다. 제자들이 오순절에 성령으로 충만한 후에야 복음 전파의 사명을 수행할 수 있었던 것처럼 지금도 십자가의 죽음을 거쳐 개인적인 오순절을 체험한 이, 즉 성령으로 충만한 사람만이 복음 사역을 제대로 감당할 수 있다. 설교자가 성령의 충만한 임재와 역사하심 가운데 복음을 전할 때 죄로 망가진 인생들을 새롭게 하는 새 언약의 은혜와 새 창조의 능력이 함께한다. 흑암의 권세 아래 있는 자들에게 복음의 광채가 비치고 마음의 눈이 열리게 하시며 거짓의 속박에서 자유하게 하시고 심령을 변화시키는 역사가 일어난다. 만약 설교자가 성령으로 충만하지 않으면 이런 능력이 역사하지 않아 교회가 영적으로 피폐해지는 결과를 초래할 것이다. 그러므로 설교자가 성령으로 충만해지는 것은 교회의 사활이 걸린 문제다.

한국 교회가 강단의 권위를 회복하려면 설교에서 성령의 능력이 얼마나 중요한지 새롭게 눈떠야 한다. 바울 사도가 복음을 전할 때 오직 성령의 능력과 나타남만 의존했다는(고전 2:4) 점을 가슴에 새겨야 한다. 로이드 존스가 2차적으로 성령의 세례를 받아야 한다고 주장하는 데는 동의하지 못할지라도, 설교자들에게 성령의 능력을 부여받는 체험이 꼭 있어야 한다고 강조한 사실에는 주목할 필요가 있다. 교회 역사 속에 능력 있는 복음 사역을 감당했던 이들이 성령으로 충만한 후에 그들의 설교 사역이 얼마나 달라졌는지, 똑같은 설교를 했음에도 그 전에는 전혀 경험하지 못한 놀라운 능력과 변화가 어떻게 나타났는지에 대한 증언도 귀를 기울일 가치가 있다. 이런 체험을 했던 R. A. 토레이 목사는 성령으로 충만하지 않고는 차라리 설교하지 않는 것이 낫다고까지 말했다. 그런 조언을 꼭 따를 수는 없을지라도 그 말이 강조하는 바는 놓치지 말아야 하리라.

말씀과 기도

누가 성령으로 충만한 설교자가 될 수 있는가. 먼저 막중한 설교의 사명 앞에 절망한 사람이다. 자신의 무능을 절감하고 처절히 절망한 사람만이 성령의 능력을 전적으로 의존하게 된다. 성령에 사로잡힌 설교는 아이러니하게도 자기 절망에서부터 시작한다. 그러나 이 절망은 성령에 대한 전적 의존으로 이어지는 희망의 서곡이다. 설교자를 무릎 꿇게 하여 하늘의 능력을 간절히 구하게 하는 열렬한 기도의 견인차다. 설교자가 참으로 자신에 대해 절망하지 않는 한 하나님께만 매달리는 기도의 밑바닥까지 내려갈 수 없고 자신의 경륜과 은사와 지식을 은근히 의지하는 한 결코 성령으로 충만할 수 없다.

사도들에게서 볼 수 있듯(행 6:4), 기도와 말씀은 교회를 세우고 하나님 나라를 확장하는 복음 사역의 두 축이다. 하나님은 인간적인 관점에서 볼 때 가장 미미해 보이는 말과 기도라는 방편을 통해 당신의 뜻과 통치를 이 땅 위에 펼쳐 나가심으로 모든 능력과 영광이 하나님께만 돌아가게 하신다. 그렇기에 복음 사역은 자신의 힘과 지혜로 업적을 쌓아 자기를 과시하려는 성취 지향적인 성향이 강한 사람에게는 무척 힘들고 고역스러운 일이다. 인간적인 지혜와 잔꾀를 다 비워 세상 사람들에게는 약간 바보스럽게 보이는 이들, 육신의 혈기와 힘을 다 뺀 약골들만이 할 수 있는 일이다. 하나님만 의지하는 기도를 하기에는 육신이 너무 지혜롭고 강한 이들이 많다. 하나님은 자신이 사용하시는 설교자를 기도 외에는 소망이 없는 상황 속에 갇혀 있게 하신다. 설교의 능력은 바로 거기서 나온다.

능력 있는 말씀 선포를 위해 간절히 기도하는 것은 설교자 자신뿐 아니라 모든 교인의 사명이다. 설교는 결코 목사 혼자가 아니라 온 교회가 동참해야 할 사역이다. 기도가 없으면 말씀이 효력이 없고 열매도 나타나지 않는다. 목사의 은사와 실력이 아무리 뛰어나도 교인들의 기도 지원 없이 그의 설교에 성령의 큰 권능이 나타나기를 기대하기는 힘들다. 스펄전은 자신의 교회에 방문해서 탁월한 설교의 비밀을 알기 원하는 사람에게 자신의 설교를 위해 기도하는 모임을 보여 주며 자기 설교의 능력은 바로 거기서 나온다고 했다. 하나님이 교인들의 기도를 통해 목사의 설교를 축복하시는 까닭은 목사로 하여금 겸손히 교인들의 기도에 의존하게 하며 교인들도 기도로 하나님의 뜻을 이루는 복음 사역에 동참하게 하시기 위해서다. 목사의 설교 사역에 기도로 참여하는 교인들은 대개 설교에 더 큰 유익과 은혜를 누린다.

한국 교회에 능력 있는 말씀이 회복되려면, 목사는 겸손히 교인들에게 기도를 부탁해야 한다. 바울 사도도 교인들에게 자신의 복음 사역을 위해 기도해 달라고 간곡히 부탁하였다. 교인들에게 기도를 요청하지 않는 설교자는 얼마든지 자신의 실력으로 설교 사역을 꾸려 갈 수 있다고 생각하는 아주 교만한 사람이다. 아니면 교인들이 기도하면 설교를 더 잘해야 한다는 부담만 는다고 생각하거나, 교인들이 아무리 기도해도 자신은 설교를 적당히 때우거나 못하기로 작정했기에 기도를 부탁하지 않을 수 있다.

마지막으로, 설교 사역에 가장 필요한 것은 인내다. 오랫동안 말씀을 열심히 전해도 그 열매가 두드러지게 나타나지 않을 때 설교자는 지치며 설교 사역이 에너지와 시간을 무한히 소모하는 것이 아닌가 하는 회의마저 느끼게 된다. 그러나 성령을 따라 설교 사역을 하는 것은 바울처럼 모든 겸손과 눈물과 오래 참음으로 하는 것이다(행 20:19, 31). 어떻게 보면 설교자는 하나님의 소모품 같은 존재다. 설교 사역이 자신의 청춘과 함께 모든 것을 낭비하는 일처럼 보일 수 있다. 이렇게 무의미하고 소모하는 것 같은 설교 사역이 은혜를 받을 자격과 가치 없는 자들에게 무한히 낭비하시는 하나님의 오래 참으시는 사랑을 구체적으로 실천하며 증거하는 것이다. 그 은혜를 한없이 탕진하는 하나님의 사랑이 결국 탕자들을 설복시키듯, 자신의 모든 것을 낭비하는 것 같은 설교자의 사역이 마침내 죄인들을 하나님의 사랑의 품으로 돌이키게 할 것이다.

말씀과 성령에 사로잡혀 삼위 하나님의 놀라운 구원 사역과 은혜를 신실하게 선포하기 위해 자신의 청춘을 아낌없이 불태우는 젊은 설교자들이 많이 일어나기를 간절히 소망한다. 그래서 무너진 강단을 수축하며 하나님의 권능과 영광이 함께하는 설교의 진수가 무엇인지를 밝히 보여 주어야 한다. 이런 이들의 출현만이 일그러진 한국 교회의 이미지가 근본적으로 쇄신될 수 있는 희망이다.

토론을 위한 질문

1. 말씀에 충실한 설교와 성령에 이끌리는 설교는 서로 다른가?
2. 복음을 모르는 설교자는 어떤 사람인가?
3. 복음 설교자들이 모세와 세례 요한보다 더 위대한 이유는 무엇인가?
4. 설교자들이 영성과 신학의 균형을 잃고 한 쪽으로 치우칠 경우 발생하는 문제들을 생각해 보자.
5. 복음을 체험한 설교자는 어떻게 다른가?
6. 설교자의 영성이 왜 강단 아래서 입증되는가?
7. 왜 설교자는 자신의 죄뿐 아니라 탁월함도 십자가에 못 박아야 하는가?
8. 성령으로 충만하지 않고는 설교 사역을 감당할 수 없다는 말의 근거는 무엇인가?
9. 설교의 절망과 기도는 어떻게 연결되는가?
10. 설교자는 하나님의 소모품이라는 말의 의미는 무엇인가?

7

월요일
아침의 강단

전도는 이미지 메이킹

현대를 '이미지 메이킹 시대'라고 할 정도로 좋은 이미지 창출이 곧 경쟁력 확보로 인식되고 있다. 종교에 있어서도 마찬가지다. 브라이언 왈쉬의 말대로, "한 종교가 적극적으로 세계를 개종시키고 변화시키려 할 때, 가장 중요하게 사용되는 자원이 이미지다. 이미지는 상상력을 변화시키고, 상상력은 생활 방식을 낳기 때문이다. 세계화가 가장 잘하는 것이 바로 상상력을 변화시키는 것이다."[1] 세계화를 위해 기업들도 그 존재 가치와 의미를 최대한 효과적으로 부각시키는 이미지를 대내외적으로 만들어 내는 소통 전략에 총력을 기울인다. 아무리 내용이 좋고 건실할지라도 사람들이 그 진가를 알 수 있도록 이미지 메이킹하는 데 실패한다면, 경쟁에서 뒤처져 도태될 수밖에 없다. 이미지 메이킹은 내실은 없이 겉만 번드레하게 포장하는 가식적인 연출이 아니라, 자신의 참된 본질과 가치와 장점을 가장 적절하게 드러내는 표현 방식이라는 긍정적인 의미에서 개인에게도 중요하게 인식되고 있다. 사람들에게 호감과 신뢰를 불러일으킬 수 있는 이미지를 생성하는 것이야말로 삶의 지혜이며 자기를 실현하는 길이다.

참된 이미지는 인위적으로 포장하여 연출해 내는 가면이 아니라 내적 실체가 자연스럽게 묻어 나와 발현된 형상이어야 한다. 이런 면에서 모든 인간은 하나님의 형상을 반영해야 할 존재들이다. 그러나 죄를 범하고 하나님의 낯을 피해 숨은 인간은 하나님의 영광을 반영하는 이미지를 상실했다. 죄로 말미암아 일그러진 형상을 감추기 위한 가면을 꾸며 내는 데 쉼이 없는 인생을 살게 된 것이다. 주님은 사람들로부터 좋은 평판과 인정을 받아 내기 위해 쉼 없이 이미지 연출을 하는 인생들을 찾아오셔서 가면을 벗겨 주시고 자신의 참된 얼굴을 찾아 주신다. 복음을 통하여 그리스도의 얼굴에 있는 하나님의 영광을 아는 빛이 사람들에게 비칠 때 그들의 가면이 벗겨지고 하나님의 형상을 반영하는 참된 얼굴을 되찾게 되는 것이다. 그리스도인들은 그리스도 안에서 회복된 하나님의 이미지를 세상에 나타내기 위해 존재한다.

그렇게 볼 때 교회의 사명은 이미지 메이킹이라고 할 수 있다. 하나님의 영광을 반영하는 이미지, 즉 인위적으로 연출된 이미지가 아니라 말씀과 성령으로 빚어진 이미지를 세상에 보여 주는 것이다. 그것이 바로 전도이며 선교다. 이 이미지는 그리스도 안에서 하나님이 원하시는 인간의 형상이 회복되는 새 창조가 시작되었다는 사실을 세상에 알리는 강력한 표증이다. 한국 교회는 말씀과 성령 안에서 이 이미지를 만들어 내고 이 사회에 밝히 드러내는 데 실패했다. 세상이 세상의 누추한 본질을 감추고 좋은 이미지를 만들어 낸다면, 교회는 본래의 존귀한 실체에 비할 수 없이 조잡한 불량품 이미지를 생산하고 있다. 세상은 마치 노련한 탤런트처럼 픽션을 사실인 양 완벽하게 연출해 내는 데 반해, 교회는 어리석게도 진짜를 가지고도 가짜처럼 보이게 행하고 있는 것이다.

세상 사람들이 보기에도 한국 교회 이미지는 심히 일그러져 있다. '개독교'라는 참담한 용어가 그들의 눈에 비친 교회의 이미지가 어떠한지를 가장 원색적으로 표현한 것일 게다. 그럼에도 한국 교회는 세상의 비난을 그들의 악함과 기독교에 대한 반감 표출이라는 식으로 간과하거나, 교회가 세상에서 항상 받아 왔던 부당한 오해와 핍박의 한 형태 정도로 편하게 해석해 버린다. 그러나 세상의 지탄과 비난의 근거를 상당 부분 교회가 제공했다는 점에서 그런 옹색한 변명은 더 이상 통하지 않는다. 지금은 그런 비판에 지나치고 억울한 면이 있을지라도 세상 사람들에게 비친 교회의 이미지가 어떠했는지를 냉철하게 점검해 봐야 할 절박한 상황이다.

정치인의 이미지가 회복이 힘들 정도로 훼손되면 그의 정치 생명은 끝난 것이나 다름없다. 기업이 대사회적으로 신뢰를 잃어버리면 재기의 가능성은 희박해진다. 교회도 한 사회에서 신뢰의 기반을 잃어버리면 더 이상 존속할 수 없다. 세상으로부터 개독교 소리를 들을 정도로 대사회적 이미지가 망가진 교회가 오래 버틴 적은 역사에 없다. 한국 사람들이 특별히 다른 민족보다 더 사악하고 기독교에 적대적이어서 개독교라는 욕설을 퍼부어 대고 있는가? 그렇다고는 생각하지 않는다. 우리 민족만큼 기독교에 호의적이었던 민족도 없을 것이다. 그동안 그런 정서적인 토양 속에서 한국 교회가 성장해 왔다. 그러나 외적으로 비대해진 한국 교회가 이 민족이 등을 돌릴 정도로 오만하고 부패해졌다. 한국 교회와 교인들에게 실망하여 돌아선 성난 민중이 교회를 향해 질타하는 음성에서 우리를 엄중하게 꾸짖는 주님의 음성도 들을 수 있어야 하리라.

교회의 이미지를 손상시키는 노방전도

한국 교회의 대사회적 이미지가 근본적으로 쇄신되지 않는 한 진정한 의미에서 세상 속에서의 교회의 사명, 즉 전도와 선교는 불가능하다. 상당히 늦은 감이 있지만 지금부터라도 교회의 본질을 반영하는 이미지 갱신뿐 아니라, 그동안 구태의연하게 행해 온 전도 행태들도 면밀하게 검토해서 아름다운 복음의 이미지를 훼손하는 전도 방식을 시정해 가야 한다.

지혜롭지 못한 노방전도 방식도 재고해 보아야 한다. 2012년 8월 서울도시철도공사가 지하철 이용자를 대상으로 실시한 설문 조사에 따르면 전철 내에서 사람들이 가장 불편해하는 행위로 꼽은 것이 종교 전도였다. 이는 취객보다도 높은 수치였는데 전철 내 전도에 대한 시민 인식이 어떠한지 엿볼 수 있다.

노방전도에 대한 교계의 견해는 엇갈린다. 노방전도는 전도에 거침돌이 되는 전도 방식으로 자제해야 한다는 주장과 복음 전파와 구령의 열정을 위축시켜서는 안 된다는 입장이 팽팽하다. 노방전도가 한국형 전도의 대표적인 사례로 그동안 교회의 외적 성장에 기여한 바를 무시할 수는 없다. 그러나 대부분의 신학 교수가 지적하듯, 전철이나 역 앞에서 부적절하게 행하는 노방전도는 지금 시점에는 맞지 않는 전도방식이다. 풀러 신학교 이학준 교수는 노방전도의 부적실성을 이렇게 진단하였다.

> 전철과 거리 등에서 행하는 '예수 천당, 불신 지옥'이라는 전통적인 전도 방법은 이제 우리 사회의 수준에 적합하지 않으며 오히려 사람들에게 혐오감을 주는 경우가 더 많습니다. 그것은 오늘의 시민사회 일반의 보편적인 상식과 예의에 위배되기 때문입니다. 따라서 이제 한국 교회의 전도 사역은 막연하게 성령이 역사할 것이라는 일방적인 억측보다는, 복음을 접촉하는 자들의 삶과 고민의 현장에 지혜롭게 연결될 수 있는 관계적인 전도 사역으로 변해야 합니다.[2]

거리를 누비며 '예수 천당, 불신 지옥'을 외치던 한국 교회 노방전도의 원조라고 할 수 있는 이가 최권능 목사다. 그의 노방전도는 일제의 종교 탄압으로 신앙의 자유가 억압당하고 교회들이 폐쇄되어 복음을 전파할 수 있는 공적 공간이 제공되지 않는 상황에서 어떻게 해서든 복음을 전해 영혼들을 구원하려는 주체할 수 없는 열정의 분출이었으며, 신앙의 자유를 앗아 간 일제의 군국주의체제에 항거하는 몸짓이기도 했다. 비상한 시기에는 성령도 예외적인 방식으로 역사할 때가 있듯 최 목사의 전도 메시지를 통해서도 예수를 믿게 된 사람들이 있었다.

그러나 지금은 상황이 달라졌다. 길에서밖에는 복음을 전할 수 있는 공적 공간과 통로가 없었던 일제강점기와는 달리, 지금은 복음을 마음껏 전할 수 있는 교회가 동네 편의점보다 무려 네 배 가까이 많다.[*3] 도시에 사는 사람들은 집에서 외출할 때 최소한 몇 개의 교회를 지나치지 않을 수 없도록 교회가 조밀하게 분포하고 있다. 이런 상황에서는 복음을 한 번이라도 접하지 않기가 무척 힘들 것이다. 더욱이 교회마다 매년 여는 전도 초청 잔치에 교인들에게 이끌려 참석해 보지 않은 사람도 드물 것이다. 이런 한국 땅에 살면서 복음을 듣지 못해 지옥에 가는 것도 쉽지 않을 게다. 지금 사람들에게 더 절실히 필요한 것은 그들이 들은 복음을 더욱 설득력 있게 해주는 그리스도인들의 좋은 이미지다. 그러나 안타깝게도 교회와 그리스도인들이 보여 주는 일그러진 이미지는 그들 안에 복음에 대한 환멸과 반감만 심화시키고 있는 실정이다.

그렇다고 이제는 노방전도를 할 필요가 없다는 말이 아니다. 모든 노방전도의 가치와 효력을 부인하는 것도 아니다. 다만 그 방식이 지혜로워야 한다. 노방전도자들의 구령의 열정과 수고를 모르는 바 아니다. 그러나 복음 전파의 열정이 아무리 순수하다고 해도 전도 방식의 어리석음까지 정당화될 수는 없다. 전도에는 열정뿐 아니라 성령의 지혜가 필요하다. 지혜 없이 열정으로만 충만한 전도는 오히려 성령을 거스르며 복음이 전달해야 할 이미지를 훼손할 수 있다. 성령은 간혹 상식을 초월해서 역사하지만, 기본 상식과 예의에도 못 미치는 수준에서는 결코 역사하지 않는다. 성령은 아름다우신 분이다. 아름다우신 주님을 전하는 방식 또한 거기에 걸맞게 온화하고 품위가 있어야 하며, 최소한 그에 반해 우악스럽고 무례하며 광신적이어서는 안 된다. 역 앞이나 전철에서 '예수 천당, 불신 지옥'을 외치는 것은 전도 효과보다는 기독교의 이미지를 훼손시키는 부작용이 더 클 수 있다. 역 앞에서 전도하는 이들 중에는 정신이 온전해 보이지 않는 이들도 있다. 그들이 홍얼거리며 내뱉는 말은 사람들에게 아름다운 소식이 아니라 말할 수 없는 혐오와 짜증을 불러일으키는 소음으로 들릴 뿐이다. 기독교에 대한 사회적인 평판이 좋을 때라면 그래도 참아줄 만하겠지만 기독교에 대한 신뢰가 땅에 떨어진 마당에 그런 전도 행각은 반감을 극대화할 수 있다.

무례한 기독교

그런 전도 방식에서 나타나는 반기독교적인 정신은 무례함이다. 성경은 "너희 속에 있는 소망에 관한 이유를 묻는 자에게는 대답할 것을 항상 준비하되 온유와 두려움으로 하고"라고 했다(벧전 3:15). 전도자들이 성령을 따르는 온유함 없이 전도의 열심에만 사로잡혀 사람들을 무례하게 강압하는 경우가 많다. 역 앞이나 전철 안은 어떤 방해나 억압을 받지 않고 사색하고 활동할 수 있는 시민들의 자유공간인데, 복음을 강제로 주입시키기 위한 확성기 사용은 시민의 권리와 자유를 침해하는 행위이자, 기본적인 시민 의식과 예의 결여라고 봐야 한다.

공공장소는 분주하게 움직이는 사람들이 차분히 복음을 들을 수 있는 공간이 아니다. 그뿐 아니라 그런 공간에서 전파되는 메시지는 복음이 제대로 전달되기는커녕 오히려 심각하게 왜곡된다. '예수 천당, 불신 지옥'이라는 상투적인 구호를 반복해서 외치는 것은 기독교에 대한 수많은 오해와 편견만 증폭시킬 위험이 있다. 그리스도 안에 성취된 놀라운 삼위 하나님의 구속의 경륜과 비밀, 그 은혜의 영광과 풍성함을 '예수 천당, 불신 지옥'이라는 단순 구호 속에 축소시킬 수 없다. 그런 식의 메시지로 복음을 대변하려는 것은 복음을 전하는 것이 아니라 왜곡시키는 것이다.

'예수 천당, 불신 지옥'이라는 메시지는 기독교 신앙을 타계적인 세계와만 연결된 것으로 오해하게 할 수 있다. 동시에 그리스도 안에 이미 현실화된 하나님 나라에 대한 복음의 증언들이 모두 증발되어 버린다. 복음의 조명등은 그리스도 안에 은혜의 풍성함을 비추며 그 어두운 배경으로 복음을 믿지 않는 자에게 심판을 말하고 있을 뿐인데, '예수 천당, 불신 지옥'이라는 단순 대조는 마치 안 믿으면 지옥 간다는 공포의 메시지로 복음의 절반이 채워져 있는 것으로 곡해될 수 있다. 불신 지옥이라는 메시지를 전면에 부각시켜 사람들을 겁박해서 믿게 하려는 시도는 사람들에게 반감과 혐오를 불러일으키는 역효과를 낳을 수 있다.

세상 사람들에 대한 무례함과 맞물린 또 하나의 문제는 타종교에 대한 공격성이다. 몇 년 전 한 교회 청년들이 서울 강남에 있는 봉은사에 들어가 영적 전쟁을 한답시고 땅 밟기 기도와 대적 기도를 한 것이 세간에 알려지면서 사회적으로 큰 물의를 일으켰다. 파문이 확산되자 당사자들이 직접 절에 찾아가 사과하여 사건은 수습되었다. 이런 행위는 기독교를 종교 간 갈등을 촉발하여 사회의 평화와 안녕을 해치는 공공의 적으로 몰리게 할 수 있었다는 점에서 심각한 문제다. 한국 교회는 이런 몰지각한 행동을 유발시킨 동인이 무엇인지, 교회가 어떻게 가르쳤기에 가장 의식이 깨어 있어야 할 청년들이 이처럼 개념 없는 행동을 신앙의 이름으로 할 수 있었는지 면밀하게 점검해야 한다.

'예수 천당, 불신 지옥'이라는 구호처럼 모든 사람을 이분법적으로 분리하여 단순 대조하는 습관이 그리스도인 안에 깊이 배어 있어 기독교 외에 다른 종교는 영적으로 대적해야 할 대상, 사탄의 영역이라고 생각하는 흑백논리가 신앙생활에도 작용해 결국 타종교에 대한 공격성으로 표출되기도 한다. 그런 신앙관을 가진 사람에게는 타종교가 기독교와 평화롭게 공존하는 것을 용납하는 중립적인 공간은 존재하지 않는다. 그러나 타종교를 대적해서 괴멸시켜야 할 기독교의 경쟁 상대로 보기보다 세속 문화의 한 형태로 볼 때 그들의 존재 의미를 인정할 수 있는 인식론적인 여유와 포용성이 생긴다. 타협하거나 양보할 수 없는 진리를 가진 이들이 세상을 향해 선교할 때는 패권주의적인 오만함과 독선적 배타주의가 아니라 온유함과 겸손으로 세상을 섬기려는 종의 자세를 지녀야 한다. 교회가 이 섬김의 자세를 잃어버린 채 절대 진리로 세상을 제압하고 그 위에 군림하려고 할 때 기독교 신앙은 무례한 종교로 변질된다.

전도의 문을 막는 안방 전도

교계에 난무하는 해괴한 행태는 선교와 전도라는 명분을 붙이면 거의 모든 경우 정당화된다. 거룩한 명분으로 둘러대면 비판의 화살을 피하는 성역을 구축하고 그 속에서 안전하게 세상과 육신의 소욕을 채울 수 있다. 그 중 하나가 기독교 방송계에 깊이 침투해 있는 상업주의다. 기독교 방송이 설립 취지대로 복음 전파와 선교 사명에 충실하려면 무엇보다 실추된 기독교 위상과 이미지를 회복시키는 역할을 해야 할 텐데, 오히려 상업주의에 물들어 교회 이미지를 해치는 역기능을 하고 있으니 참으로 답답한 노릇이다. 노방전도가 공공장소에서 기독교의 이미지를 전달한다면, 기독교 방송은 사적 영역인 안방에서까지 복음의 이미지를 드러내는 안방전도의 강력한 매체이다. 일시에 전국의 모든 시청자에게 기독교의 이미지를 확산시킬 수 있다는 점에서 그 위력은 노방전도와 비할 수 없이 막강하다. 하지만 그만큼 기독교의 이미지를 왜곡시킬 수 있는 위험도 크다.

기독교 방송이 유명한 목사들을 동원하여 땅끝까지 복음을 전파하는 선교 사역에 얼마나 효과적인 도구인지를 교인들에게 설득하여 후원을 요청하기 일쑤인데, 그 방송 내용이 과연 복음을 증진시키는 것인지 심히 의심스럽다. 오히려 복음의 빛을 가리며 기독교의 이미지를 크게 훼손시키는 것은 아닌지 우려스러울 때가 매우 많다. 심지어 개신교의 수준이 어느 정도인지를 여실히 드러내는 광고효과도 있는 듯하다. 지식의 일천함과 영성의 바닥을 드러내는 설교, 은혜가 없는 메마른 심령과 영감이 없는 머리에서 쥐어 짜낸 것 같은 설교는 듣는 이들을 괴롭게 한다.

단골 메뉴로 방영되는 설교는 많은 후원금을 내는 대형 교회 목사들의 설교다. 이미 여러 비리로 세상 법정에서 실형까지 선고받았음에도 당당히 세상 죄악을 손가락질하는 뻔뻔한 목사의 역겨운 얼굴이 안방에까지 버젓이 등장한다. 기복 신앙과 번영 신학, 성장 제일주의로 한국 교회의 세속화를 불러오는 데 일역을 담당했던 대형 교회 목사들의 구태의연한 설교들이 영상을 주름잡는다. 거기다가 웃기는 설교가 항상 양념처럼 가미된다. 영적으로 어둡고 혼란한 교계에 절실하게 필요한 예언자적 메시지나 복음의 진수를 담은 설교를 찾아보기 힘들다. 좋은 설교가 간간히 방영되기도 하지만 그보다는 내용이 부실하고 신통치 않은 설교가 더 많고 제발 방송되지 않았으면 좋을 설교들도 부지기수다.

비그리스도인들도 TV 채널을 돌리다 보면 우연찮게 기독교 방송을 접할 때가 있다. 그들이 그런 방송을 보고 기독교에 대해 어떤 인상을 받을까? 기독교 방송은 한국 교회를 보여 주는 일종의 얼굴 역할을 한다. 비성경적이고 경박한 설교는 그들에게 기독교의 이미지를 현저히 왜곡시켜 일그러진 교회의 얼굴을 보여 줄 뿐이다. 그리하여 전도의 매체가 되기보다 전도의 문을 막는 방해꾼이 될 수 있다. 지금까지 기독교 방송이 기독교의 위상을 드높이기보다는 오히려 더 추락시키는 역기능을 해 온 것이 아닌지 깊이 자성해야 한다. 방송을 시청하는 그리스도인들도 기독교 방송사의 상업주의로 인해 기독교의 이미지가 훼손되는 것을 방관만 하지 말고 비판과 시정을 촉구하는 목소리를 높여야 한다. 일반 TV 방송 시청자들도 방송 프로그램을 모니터링하며 조언과 비판을 게을리하지 않는다. 하물며 주님과 교회의 얼굴에 먹칠하는 방송을 보면서도 비판 의식이 마비될 정도로 은혜가 충만하여 모든 것을 묵과하고 태평 자약할 수 있는 그리스도인들은 과연 어떤 사람들인지 이해하기 힘들다.

　기독교 방송이 표방하는 바와 같이 진정으로 전도와 선교에 효과적인 매체가 되려면 기독교 방송에 깊이 스며든 기독교 상업주의를 철저히 배격하고 순수한 복음 방송 매체로 거듭나야 한다. 후원금이 끊어질지라도 이 시대를 향한 하나님의 말씀을 바로 전달하는 설교, 그리스도의 풍성한 은혜와 영광을 온전히 드러내는 모범적인 설교만 선별하여 방영할 때 전도 매체의 역할을 제대로 하게 될 것이다. 설교 방영은 최대한 줄여야 한다. 왜냐하면 현장과 유리된 설교는 상품화되며 개교회 선전과 교인 모으기의 수단으로 이용될 수 있기 때문이다. 기독교 진리를 명쾌하게 풀어 주며 교인들의 의식 수준을 높여 주는 강좌와, 기독교 예술과 음악을 선보이는 문화 마당, 그리고 그리스도의 발자취를 소개하는 등 다채로운 프로그램으로 방송을 새롭게 단장한다면 더할 나위 없이 좋을 것이다. 요사이 CBS에서 방영하는 〈크리스천 NOW〉같이 교회 이슈와 시사 이슈를 다루는 것도 참신한 시도다. 더불어 한국 교회에 긴급한 회개와 각성을 외치는 음성이 울려 퍼지는 방송이 된다면 한국 교회를 일깨우고 훼손된 교회 이미지를 쇄신하는 강력한 부흥의 도구가 될 수 있을 것이다. 그런 사역을 위해서 난립해 있는 기독교 방송들을 가톨릭 방송처럼 단일화하고 선교적 차원에서 범교회적으로 지원하는 노력을 기울일 필요도 있다.

기독교의 이미지를 흐리게 하는 책방 전도

한국 교회 이미지를 훼손하는 데 한몫 거드는 것이 또 있다. 홍수처럼 쏟아져 나오는 기독교 문서들이다. 여기에는 문서 선교를 표방하는 기독교 출판사의 상업주의도 크게 일조한다. 일전에 어떤 목사에게서 자신의 99번째 책을 출간했다는 홍보성 이메일을 받았다. 아직 젊은 목사인데 설교집도 아닌 책을 그렇게 많이 저술하다니 대단한 일이다. 그것도 큰 교회(게다가 이단 시비에 휘말려 있는 교회)를 담임하면서 말이다. 신학교 교수면서도 예순이 다 되도록 고작 두 권의 책밖에 쓰지 못한 나 같은 사람은 그 소식에 기가 팍 죽는다. 그러면서도 과거 미국 웨스트민스터 신학교에서 하비 칸(우리에게는 간하배 선교사로 알려져 있는) 교수에게 들었던 말로 스스로를 위로해 본다.

간하배 교수가 하루는 강의를 하면서 신학교 교수들이 평생에 역작 한두 권만 쓰면 되는데, 처음 낸 책이 호응이 좋으면 그 보다 질이 떨어지는데도 책들을 계속 양산해 독자들의 시간과 재정을 낭비하게 한다고 의미 있는 지적을 했다. 가끔 그의 말을 떠올리며 책을 많이 쓰지 못한 나의 게으름과 실력 없음을 스스로 변명하는 편리한 구실로 삼곤 한다. 하지만 지금도 책을 쓰고 있고, 앞으로도 몇 권의 책을 더 쓰려는 계획을 갖고 있으니 나도 간하배 교수의 비판을 피하기는 힘들 것 같다.

칼뱅이나 바르트 같은 탁월한 지성들이 많은 저술을 남긴 것은 이해할 만하다. 그러나 그럴 수 있는 사람들은 인류 역사 속에 극소수에 불과하다. 뛰어난 지성의 소유자가 아니면서도 자신의 업적을 쌓고 이름을 내 보려는 공명심에 사로잡혀 뱁새가 황새 쫓아가듯 대단한 사상가 흉내를 내며 저술을 남발하는 이들이 우리 주변에 많다. 이것은 한국 교회 일부 저자들이 안고 있는 심각한 병리 현상이다.

한국 교회에는 수십 권의 책을 쓴 저자들이 부지기수다. 자신이 쓴 책이 베스트셀러가 되어 고정 독자층이라도 확보되면, 사람들이 그의 책에 신물을 느낄 때까지 연속해서 책을 낸다. 그런 저자들도 문제지만 그런 저자들을 이용해 약삭빠르게 잇속을 챙기려는 기독교 출판사의 상업주의야말로 한국 교회를 오염시키는 문서 공해를 불러온 주범 중 하나다. 일반 서점에 나가 보면 기독교 서적이라고 내놓기에 낯 뜨거울 정도로 내용이 경박하고 허접한 책들이 쏟아져 나와 있다. 어떤 책은 제목과 목차만 보고 사서 읽다가 곧 속았다는 생각이 들어 집어던지고 싶었던 적이 한두 번이 아니다.

가장 무게 있고 격조 높고 진중해야 할 하나님에 대한 글들이 그 표현과 내용과 논리에 있어서 조잡의 극치를 보인다. 아무리 하나님을 높인다는 수식어로 떡칠을 했을지라도, 그런 책은 사실상 하나님의 이름을 현저히 욕되게 한다. 또한 그것은 교인들의 영성을 혼탁하고 병들게 하며 이 사회에 기독교 수준이 얼마나 천박한지를 여실히 드러내는 행위다. 그런 점에서 일부 기독교 출판사는 한국 사회에서 기독교의 이미지를 심대하게 훼손하는 데 일조하고 있는 것이다.

천국과 지옥을 갔다 오고, 영혼이 육체를 빠져나가 입신을 경험했다는 황당한 얘기가 담긴 책도 신학적 검증 과정 없이 마구 출판되고 있다. 사람들의 호기심을 자극하는 이런 류의 책들은 날개 돋친 듯 팔린다. 성경 말씀을 완전히 무시하고 쓴 방언에 대한 책이 선풍적인 인기를 끌기도 했다. 한국 교회의 영적인 혼란과 어두움의 단면이 출판업계에도 고스란히 나타나고 있는 것이다. 기독교 출판사가 사람들의 영적 무지를 깨우치고 복음의 진리로 인도하는 선구자적인 역할을 해야 함에도 불구하고, 장삿속에 눈이 어두워 사람들을 더 혼란과 미궁에 빠지게 하고 있으니 이에 대한 엄중한 책임을 피할 수 없을 것이다.

어떤 저자들에게는 제발 책 좀 그만 쓰라고 말하고 싶다. 아직 지식도 일천하고 경험도 부족한 젊은 저자가 섣불리 책을 쓰는 것을 보면 왠지 업적 위주의 시류에 편승하는 것 같아 씁쓸하다. 내가 공부했던 미국 칼빈 신학교 교수들은 대개 은퇴 후에 저술 활동을 하였다. 내 논문을 지도했던 안토니 후크마도 이단과 성령 세례에 대한 소책자를 제외하고는 은퇴한 후에야 개혁주의 인간론, 구원론, 종말론에 관한 책을 썼다. 물론 사람마다 차이가 있고 어떤 사람은 일찍부터 두각을 나타내며 왕성한 저술 활동을 할 수도 있다. 그러나 되도록이면 좀더 사고와 신학이 무르익은 후에 책을 쓰는 것이 좋다고 생각한다. 또한 책을 쓰는 진정한 목적이 자신의 명예와 업적을 쌓는 것보다 이 시대의 교회가 꼭 필요로 하는 것을 채우기 위함일 때, 산소와 같이 없어서는 안 될 양질의 책들이 등장하며 문서 공해는 서서히 사라질 것이다.

기독교의 이미지를 해치는 유명인들

그리스도인 중 유명한 사람일수록 그 유명세 때문에 기독교 이미지를 향상시키는 데 공헌할 수도 있고 반대로 심대하게 훼손시키는 데 일조할 수도 있다. 특정 종교 지도자가 그 종교의 이미지를 형성하는 데 지대한 영향을 미치기도 한다. 김수환 추기경 한 사람의 반듯한 인격과 청빈한 삶이 한국 천주교의 대사회적 이미지에 얼마나 큰 영향을 미쳤는가. 그에 비해 유명세를 누렸던 개신교 지도자들의 속되고 탐욕스러운 모습이 한국 교회 이미지에 미친 악영향이 얼마나 막급했는지는 개신교의 참담한 현실이 잘 말해 준다. 명망 높은 대형 교회를 담임했던 목사가 수억 원짜리 스포츠카를 타고 다녀 세간에 화제가 되었던 것과, 소형 승용차를 고집했던 김수환 추기경의 모습은 상극된 이미지를 형성한다.

대형 교회는 단순히 자체 교회만이 아니라 한국 교회를 어느 정도 대표하는 성격을 띤다. 그래서 무명한 작은 교회 목사의 범죄가 미치는 피해는 그 공동체 안에 그치나, 대형 교회를 목회하며 전국적으로 유명세를 떨친 목사가 실족한 경우는 그 여파가 엄청나게 커진다. 일부 대형 교회 목사들은 한국 교회 지도자 행세를 하며 온갖 기득권과 명예와 영광을 누리고서 한국 교회의 이미지는 가장 심대하게 손상시켰다. 침몰해 가는 한국 교회를 구하기 위해 자신의 모든 것을 희생해도 시원찮을 판에 대형 교회를 이루고도 못 다 채운 종교적인 야욕을, 교회를 자식에게 대물림해 주면서까지 만끽하려는 목사는 정신이 제대로 박힌 인간인지 심히 의심스럽다. 앞으로 한국 교회의 간판스타가 되기 원하는 목사들은 거기에 걸맞은 고매한 인격과 순결한 영성을 갖추어 실추된 한국 교회 이미지와 위상을 향상하는 데 기여하는 인물이 되어야 한다.

그러나 그런 자질을 갖춘 목사일수록 자신을 드러내기를 부끄러워하는 낯가림의 영성이 남다르다. 오히려 인격이 덜 된 사람일수록 자신을 드러내고 과시하기 원하며, 육적이고 세속적인 사람일수록 세상의 영광과 인정에 대한 욕구가 더 강하다. 그러니 항상 그런 이들이 한국 교회를 대변하는 간판스타처럼 등단하여 자기 몸에 맞지 않는 옷을 입고 행세하다가 실족하여 자신뿐 아니라 한국 교회 전체가 큰 망신을 당하게 한다. 영적으로 공허한 사람일수록 공명심이 충만하고 인격이 모자란 자일수록 자기 착각과 과시의 광기로 가득하니 그런 현상은 어쩔 수 없으리라. 문제는 그들로 인해 기독교의 이미지가 크게 훼손된다는 점이다. 그런 이들이 기독교를 대표하는 단체의 장 자리를 탐하고 한국 교회의 얼굴마담 역할을 자처하고 나서 자신들의 꼴사나운 모습을 통해 뒤틀린 기독교의 이미지를 퍼트리는 것이다.

한국 교회는 장로 대통령 만들기에 성공했고 정부 고위직을 교인들로 채우는 쾌거를 올렸는데, 그로 인해 한국 교회 이미지는 어떻게 달라졌는가. 한국 교회가 이 사회에 선한 영향력을 미칠 수 있는 유력한 고지를 점령했음에도 그 결과는 실망스럽기 그지없다. 소망교회 인맥으로 정부 핵심 요직에 등용된 기독교 인사들의 비리와 부도덕함이 과거 어느 정부보다 더 심하다는 것이 드러나 한국 교회의 부끄러운 실상이 온 국민 앞에 적나라하게 노출되었다. 그로 인해 그리스도인들이 투기와 불법으로 재산을 증식한 졸부들과 조금도 다를 바 없으며 세상 사람들의 정직성과 도덕성에도 미치지 못하는 저급한 속물들이라는 인식이 급속히 퍼졌다. 장로가 대통령이 되고 교인들이 정부 요직을 맡게 되면 이 사회에서 한국 교회가 흥왕하리라는 일부의 기대가 처참하게 무너질 정도로, 지난 정권을 기점으로 교회에 대한 국민의 악감정은 고조되었고 한국 교회는 급속히 쇠퇴의 내리막길로 곤두박질쳤다.

전도할수록 커지는 역효과

사회에서 유력한 위치를 선점했음에도 교회의 이미지를 호전시키기는커녕 형편없이 꾸겨 놓고 그 자리에서 내려오는 실망스러운 모습들을 보며 한국 교회가 뼈아프게 자성해야 할 점은 무엇인가. 그것은 그동안 한국 교회가 성장 제일주의에 매몰된 채, 교인들을 세상에서 복음을 살아내는 제자로 양육하는 데 실패했다는 사실을 인정하는 것이다. 우리는 세상 속에서 그리스도인의 정신과 가치를 삶으로 구현해 낼 진정한 신앙의 깊이도 경건의 능력도 없이 그리스도인의 유니폼만을 걸친 교인들을 양산해 왔다. 몇 년 전 미국의 윌로우크릭교회가 성장주의로 치달아 온 지난날을 반성하며 "숫자로는 성공했을지 몰라도, 예수 그리스도의 참된 제자를 만드는 일에는 실패했다"[4]고 한 진단이 한국 교회가 처한 상황과도 딱 들어맞는다.

이제는 전도의 패러다임이 근본적으로 바뀌어야 한다. 전도가 성장주의의 도구로 오용될 때는 교인 끌어오기를 통한 외적 성장이나 중요하게 생각하지 복음의 정신에 배치되는 신자들의 모순된 모습으로 하나님의 영광이 가려지고 기독교의 이미지가 손상되는 것은 크게 괘념치 않는다. 목사들은 삶이 어떠하든 복음 자체에 능력이 있다는 식으로 전도를 독려한다. 물론 그 말 자체가 틀리진 않지만, 교인들이 복음에 상반된 삶을 사는데도 전도의 열심만 부추기는 방편으로 그 말을 남용할 때 한국 교회가 빠진 딜레마는 더욱 고착될 뿐이다. 복음의 메시지와 교인들의 삶이 조화롭게 연결되지 않고 오히려 상치된다면 기독교의 이미지는 심각하게 뒤틀리며 전도는 역효과만 가져온다. 교회가 전하는 복음의 메시지와 완전히 상충된 세속성과 천박성을 보이는 교회와 교인들의 모습으로 인해 세상 사람들이 심한 역겨움과 환멸을 느끼며 복음에 귀를 막는 것이다. 교회가 실체와 열매가 없는 공허한 말의 향연장이 되어 버렸고 세상은 그런 말에 질려 버렸다.

신경규 교수의 지적대로, "이러한 상황 속에 있는 한국에서 말로 전하는 복음 전도 방식은 그 효과가 극히 떨어진다. 믿을 수 없는 자들의 말은 더더욱 신뢰할 수 없기 때문이다. 신뢰할 수 없는 자들의 말은 듣기조차 싫은 법이다."[5] 그는 한국 교회가 이 사회에서 신뢰성을 회복하는 것이 무엇보다 시급한 과제라고 주장한다. 그러기 위해서는 한국 교회의 전도가 업그레이드되어야 한다. 성령과 말씀을 따라 빚어지는 아름다운 교회와 그리스도인의 이미지를 세상에 보여 주는 전도로 거듭나야 한다. 사람들이 원하는 것은 공장에서 대량으로 찍어내는 싸구려 상품같이 값싼 복음이 아니라, 장인의 정성과 땀이 배어 있는 수예품 같은 복음의 진품이다. 세상은 말씀의 생기가 스며 있고 하나님의 정신이 깃들여 있는 삶으로 구현된 복음을 접하기 원한다.

그동안 전도가 수적 성장이라는 잘못된 목표를 성취하기 위한 수단으로 남용되었다면 앞으로는 새로운 교회의 목표, 즉 그리스도를 닮은 성장을 지향하는 통로가 되어야 한다. 전도의 궁극적인 목적은 교회의 규모를 늘림으로 교회의 번영과 영광을 도모하는 것이 아니라 하나님의 영광을 드높이는 것이다. 복음과 그 메시지가 구체적으로 실현된 삶이 한데 어우러져 빚어내는 아름다운 이미지를 교회가 보여 주는 것이 우리 시대가 요청하는 가장 효과적인 전도다. 한국 교회 현실에서 이런 이상은 요원해 보인다. 그러나 한국 교회는 멀더라도 이 길을 가야만 한다. 교회가 교회되는 유일한 길이기 때문이다.

일그러진 한국 교회의 얼굴을 만들어 낸 교인들

교회의 존재 목적은 하나님의 영광을 드높이는 선교다. 이 책에서 계속 강조해 온 새로운 교회 성장의 목표는 선교와 맞물려 있다. 왜 교회가 그리스도의 형상을 이루어 가는 성장을 추구해야 하는가. 그로 인해 하나님의 영광이 세상에 드러나는 선교를 하기 위해서다. 교회가 세상과 구별되는 거룩함, 즉 그리스도를 닮아 가는 성장이 없을 때 선교는 불가능해진다. 한국 교회가 그리스도보다 세상을 닮는 성장에 치중한 채, 그리스도의 몸 된 교회의 모습을 잃어버림으로 세상 속에 하나님의 영광은 가려지고 전도와 선교의 문이 닫히는 위기를 맞이한 것이다.

선교의 맥락에서 한국 교회는 교회의 본질과 사명을 재조명하는 작업, 즉 선교 패러다임으로 시급히 전환해야 한다. 교회의 존재 목적과 본질적인 사명은 선교다. 선교는 교회의 여러 기능과 사역 중에 하나가 아니라 그 모든 것을 하나로 아우르는 전 포괄적인 원리이며 궁극적인 지향점이다. 교회의 설교, 가르침, 제자도, 양육은 모두 선교라는 목표를 지향한다. 선교는 교회가 세상 속에 존재하는 근본 목적이며 교회가 기능하는 근본 원리다. 교회는 태생적으로 선교 공동체로서 출발하였다. 하나님이 교회를 세상에서 불러내신 동시에 세상으로 보내셨다. 오순절 성령 강림은 선교 사명을 위해 성령의 능력을 부여받은 종말론적인 공동체를 세상에 출범시킨 사건이다.[*6] 오순절에 제자들에게 주어진 성령 충만은 선교를 수행할 수 있는 능력 부여였다는 차원에서 이해할 수 있다. 성령은 하나님의 백성을 세상 끝까지 뻗어 나가 만물 안에서 만물을 충만하게 하시는 예수 그리스도의 주되심을 증거하는 강력한 추진력이다. 최초의 교회뿐 아니라 역사 속에 존재한 모든 교회는 세상 속에 보냄받은 선교사들의 공동체로 존재했다. 모든 그리스도인은 성령의 능력에 사로잡혀 세상 한복판에 침투하여 사회 모든 영역에서 그리스도의 통치가 실현되게 하기 위해 보냄을 받은 위대한 선교사들이다.

이런 의미에서 모든 교인은 각자가 처한 세상 영역에서 하나님의 영광을 반영하는 이미지를 전달하는 전도자들이다. 한국 교회의 이미지가 처참하게 망가진 이유가 일부 몰지각한 목사들 때문이라고만 볼 수 없다. 그 행동 반경이 종교 영역에 국한되어 있는 목사들보다 세상을 구체적으로 접하는 교인들이 그리스도인의 참된 이미지를 보여 주지 못한 데 직접적인 원인이 있다. 물론 교인들을 세상 속에서 선한 영향력을 미칠 수 있는 이미지의 소유자로 양육하지 못했다는 점에서 교회와 목사들에게 일차적인 책임을 물어야 함은 두말할 나위가 없다.

한국 교회를 지배해 온 성장주의는 교회 확장을 통해 교회 자체의 영광을 드높이는 일에 교인들의 관심과 자원과 에너지를 빨아들여 정작 그들이 해야 할 일에는 그 여력이 남아 있지 않게 하였다. 교인들이 교회 성장의 충성스러운 역군으로 길들여졌지만, 세상 속에서 하나님 나라를 건설하는 제자도에는 아주 낯선 이들이 되어 버린 것이다. 교인들이 교회 안에서의 종교 활동과 봉사에는 아주 익숙하지만 교회에서 한 발짝만 벗어나도 그리스도인으로 어찌 행해야 할지 모를 정도로 그들의 신앙이 교회의 울타리 안에 철저히 갇혀 있다. 주일에 교회에서 예배드리고 종교적인 활동을 하는 것 외에 세상 사람과 근본적으로 다른 것이 없으니, 종교적인 가면 외에는 세상 사람들과 구별되는 이미지를 보여 줄 것이 없는 셈이다.

흩어지는 교회

한국 교회는 모이는 교회로서의 역할에는 훈련이 매우 잘 되어 있다. 이런 전통은 계속 전수해야 한다. 요즘 흩어지는 교회를 지나치게 강조한 나머지 모이는 교회의 중요성은 간과하는 또 다른 극단으로 치우치는 경향이 있다. 교인들을 자꾸 교회로 끌어모으려고만 하지 말고 세상 속에 흩어져 빛과 소금의 역할을 하게 해야 하는 것은 옳지만 모이는 교회와 흩어지는 교회는 결코 분리할 수 없는 교회의 두 측면일 뿐이다. 어느 한 쪽이 무시되고 약화될 때 그 영향은 다른 쪽에 고스란히 전달된다. 모이는 교회에서 성령과 말씀으로 충만해지지 않고 세상에서 하나님의 영광을 나타내는 흩어지는 교회의 역할을 감당할 재간은 없다. 모이는 교회는 세상 속에서 사명을 수행할 수 있는 근원적인 에너지와 동력을 공급받는 영적인 발전소와 같은 기능을 하며, 예배와 교제와 예식과 봉사는 영적인 충전을 받는 다양한 통로다.

교회에 임하는 성령의 충만함은 흩어지는 교회의 역할을 위해 주어지는 능력 부여다. 교인들이 흩어지는 교회의 역할을 저버리고 살 때 영적인 피폐함이 엄습해 올 수밖에 없다. 성령을 거스르는 육신의 소욕과 세속의 원리를 따라 사는 이들이 아무런 회개와 개혁도 없이 형식적이고 가식적으로 드리는 예배에 거룩하신 하나님의 영이 충만히 거할 턱이 없다.

그런 예배에 익숙해진 교인들은 한 주간 복음에 위배되게 산 것을 예배를 드려 줌으로 상쇄하려는 율법주의적인 가면이 점점 강화된다. 그들은 교회 울타리를 벗어나는 순간 그 가면을 벗고 세상 것을 좇는 속물의 얼굴을 드러냈다가 교회로 돌아오면 신속하게 가면 모드로 전환한다. 교회 생활을 오래 할수록 이런 이중성이 조금의 어색함도 없이 자연스럽게 몸에 배는 고도의 위장술로 다른 사람뿐 아니라 자기 자신까지 완벽하게 속아 넘어가게 한다. 성속이원론은 중세의 산물만이 아니라 우리의 부패한 육신이 생래적으로 원하는 신앙의 스타일이다.

성장주의로 경도된 교회의 가르침과 설교가 이런 신앙을 더욱 부추겨 왔다. 그렇게 이중적인 삶을 살라고 가르치는 목사는 없겠지만, 실제 교회의 설교와 지침은 주로 교회 일에 충성하는 데 초점이 맞추어져 있기에 세상 속의 그리스도인의 임무는 등한시할 수밖에 없는 신앙의 구도가 형성된다. 한국 교회는 헌금과 십일조 안 하는 것은 질책하면서 세상에서 사업하고 장사하는 교인들이 부당 이익을 챙기고 불법을 행하는 것은 눈감는다. 그렇게 해서라도 번 돈으로 많이 헌금하는 것을 좋아하고 불의의 삯으로 교회 재정을 불려 왔다. 예배와 새벽기도 참석, 헌금과 봉사 등 종교 활동을 얼마나 착실하고 충성스럽게 하느냐로 경건의 수준을 진단하지, 세상에서 그가 어떤 모습으로 사는지는 고려 대상이 아니다. 교인들의 신앙과 경건이 철저히 교회 안에 유폐되어 있어 종교 영역을 조금만 벗어나도 신앙은 제 기능을 발휘하지 못한다. 교인들이 여전히 중세 시대의 잔재인 성속이원론의 틀에 갇혀 옴짝달싹하지 못하는 것은 한국 교회를 지배해 온 성장주의의 부산물이다.

세상에서는 작동 불능인 신앙

교인들의 신앙이 종교라는 협소한 범주에 갇힌 채 세상의 광활한 영역에서는 작동 불능의 상태가 되었다. 주일에 교회에서 볼 수 있는 놀라운 열심이 세상에서 복음의 메시지를 살아가는 영적 에너지로는 환원되지 못한다. 세상에서의 삶에 아무런 영향을 미치지 못하고 덩그렇게 교회 안에만 남아 있는 무기력한 경건과 성스러움에 교인들이 길들여져 있다. 참된 경건은 세상의 넓은 영역을 재탈환하여 그리스도 안에 복속시키고 삶의 전 영역에서 영적으로 충만한 거룩한 존재로 살아가는 것이다. 이것이 세상 속에서의 성스러움, 또는 요즘 유행하는 용어로 '세속 성자 됨'이라고 할 수 있다.

한국 교회는 기독교 신앙을 종교의 좁은 굴레에서 벗어나 세속의 광범위한 영역에 연결시켜 그 속에 담긴 영적인 의미와 가치를 밝혀 주어야 하며, 세상의 각 분야에서 그리스도의 정신과 가치관을 어떻게 구현할 수 있을지 가르쳐야 한다. 교회의 선교는 개인 영혼 구원에만 국한되지 않고 성령의 능력에 사로잡혀 온 세상을 새롭게 하는 우주적 차원을 포괄하며 만물 안에서 만물을 충만하게 하는 그리스도의 몸으로서의 임무를 수행하는 것이다(엡 1:23). 세상 속 한 치의 영역도 성령의 우주적인 갱신 사역 대상에서 제외되지 않는다. 그러므로 성령의 인도함을 받는 교회는 세상의 모든 영역에 들어가 성령의 생기를 불어넣는 역할에 충실해야 한다. 그리스도인들은 흩어지는 교회로서 사회·문화뿐 아니라 환경과 생태 위기 속에 적절히 대응하는 생태적인 영성 계발에도 힘쓰며, 다양한 시민운동과 단체에도 관심을 갖고 참여할 필요가 있다. 최근 그리스도인들 간에 지식 생태계, 시민 생태계를 조성하자는 움직임이 싹트고 풀뿌리 운동처럼 자라고 있는 것은 매우 고무적이다. 성령을 따라 사는 그리스도인들이 세상 속에서 흩어지는 교회로서 연합하여 다양한 네트워크를 구축해 가는 것은 세상을 변혁시키는 성령의 생기가 운행하는 영적 생태계를 조성하는 일이다.

교회가 선교 지향적으로 전환할 때 그동안 서로 분리되어 있던 모이는 교회와 흩어지는 교회가 다시 하나로 결합되고 각각의 기능이 상호 보완되어 영적 상승 작용을 일으킬 것이다. 모이는 교회는 그 자체가 목적이 되어서는 안 되며 흩어지는 교회로 나아가는 전초기지 역할을 해야 한다. 교인들에게 세상 속에서 수행해야 할 사명의 비전과 지침과 전략을 전달하고, 그 방법론과 전술을 터득하고 훈련하며, 사명 수행을 위한 장비와 자원과 동력을 공급해 주는 것이 모이는 교회의 기능이다. 이것이 모두 교회의 머리이신 예수 그리스도로부터 제공되는 것이며, 예배와 교제는 우리 가운데 성령으로 임재하시는 부활하신 그리스도 현존 속에 우리의 전 존재가 깊이 잠겨 그의 생명으로 충일해지는 은혜의 통로인 셈이다. 교인들은 머리이신 예수 그리스도로부터 흘러나오는 생명수를 세상 구석구석까지 전달하는 은혜의 통로 역할을 한다.

월요일 아침의 강단

한국 교회가 새로워지기 위해서는 모이는 교회뿐 아니라 흩어지는 교회의 강단에 성령의 은혜가 회복되어야 한다. 목사들은 주일에 교회 안에 세워진 강단에 올라가 말씀을 전하지만, 교인들은 주중에 세상 속에 세워진 강단 위에 올라가 그들의 삶으로 복음을 증거해야 한다. 어떻게 보면 평신도들에게 목사들보다 더 힘든 과제가 주어진 셈이다. 누가 이 막중한 사명을 감당할 수 있을까.

 서로가 서로에게 늑대가 되지 않고는 살아남지 못하는 비정한 생존 경쟁의 정글에서 선교사로 산다는 것은 아프리카 정글에서 선교하는 일보다 더 힘든 일인지 모른다. 돈의 신이 지배하고 있는 자본주의사회의 온갖 우상숭배적인 가치관과 문화가 창궐하는 세상 속에서 그리스도인으로서 생존 자체가 힘겨운 고난의 연속이다. 이런 거대한 세상의 장벽에 부딪혀 거듭 좌절하면서 대부분의 교인들은 선교라는 대의를 접고 시대정신과 흐름에 순응하는 소시민적 신앙에 길들여진다. 세상 속에서 그리스도인의 아름다운 이미지를 반영하는 선교적인 삶이란 멋진 이상이고 바람일 수 있지만, 실제로는 실현 불가능한 일이라는 암묵적인 신조가 실제 교리보다 훨씬 더 사람들의 마음을 사로잡는다.

그래서 교인들이 세상을 불신자들에게 넘겨주고 교회 안으로 피신해 들어오는 것이다. 신앙의 열심이 있는 젊은이들마저 살벌한 세상 속에서 그들의 신앙을 살아낼 자신이 없기에 세상에서 도피하여 신학교로 들어오는 경우가 허다하다. 그동안 전도자나 선교사로의 헌신이 현실 도피적인 신앙의 열심에서도 가열되어 왔다는 점을 간과할 수 없다. 해외 선교에 대한 열심은 가히 폭발적이라고 할 수 있는 데 반해, 국내 선교에 대한 관심은 미미하기 짝이 없다. 세계 곳곳에 선교사가 파송되지 않은 곳이 없을 정도로 해외 선교의 열기가 뜨겁지만 국내의 광활한 선교지, 곧 세속의 영역은 싸늘한 무관심 속에 버려진 영적인 불모지와 같은 상태로 남아 있다. 교인과 교회 수가 그렇게 많음에도 이 사회가 극단적인 세속주의와 물질 숭배 문화로 온통 병들어 썩어 가는데, 거기에 대항하는 사회 변혁의 강력한 항체 역할을 못하고 있다. 모이는 교회에서 나타나는 놀랄 만한 종교적인 파토스가 세속에는 아무런 영향을 미치지 못한 채 교회 안에서만 소모되고 마는 것이다.

우리 그리스도인들은 이 세상에 선교를 위해 보냄받은 자라는 사명 의식과 함께 그 사명을 감당할 수 있는 능력이 부여되었다는 사실을 믿어야 한다. 제자들이 오순절에 능력을 받음으로 선교 사역을 감당할 수 있었듯, 교인들도 성령으로 충만해야만 세상에서 사명을 수행할 수 있다. 오순절 성령 강림으로부터 교회의 선교가 출범되었듯 그 후 교회 역사 속에 진행되는 모든 선교 사역은 오순절의 연장이라고 볼 수 있다. 오순절 성령 강림은 구원 역사 속에 다시 되풀이될 수 없는 단회적인 사건임에 분명하지만, 오순절에 임한 성령 충만은 오고 오는 세대의 모든 교회에 선교를 위한 추진력으로 계속 부여되고 있다는 점에서 오순절의 효력은 영속적이다.

그러므로 교인들이 오순절의 지속적인 효력, 즉 성령의 능력에 사로잡혀야만 세상 속에서 선교적인 삶을 구현할 수 있다. 이런 의미에서 모든 그리스도인은 오순절로 돌아가야 한다. 객관적인 역사의 지평에서 오순절은 이미 지난 지 오래되었지만 개인의 신앙 역사 속에서는 아직 오순절을 맞이하지 않은 것처럼, 선교적인 추진력인 성령에 사로잡히지 못한 채 맥없는 삶을 살아가고 있는 교인들이 많은 것은 보냄을 받은 자라는 그리스도인의 정체성을 망각하고 선교적인 사명을 팽개치고 살기 때문이다. 오순절로 복귀한다는 것은 세상에 보냄받은 선교적인 삶과 그 능력으로 돌이킴을 뜻한다.

오순절에 강림한 성령은 부활하신 그리스도가 신자들 안에 임재하시는 통로다. 혈과 육을 가진 예수는 더 이상 우리 곁에 안 계시지만, 이제는 부활하신 주님이 성령을 통하여 우리 안에 다시 사시고 일하신다. 우리 몸을 당신이 거하시고 사시는 거처로 삼고 그의 삶과 생명을 우리를 통하여 재현하신다. 과거 그의 육체가 하나님의 영광을 반영하며 생명수가 넘쳐흐르는 성전이었듯, 우리 몸이 그리스도의 형상을 반영하며 부활의 생명을 흘려보내는 성전 역할을 한다. 주님께서 나를 믿는 자의 배에서 생수의 강이 흘러나오리라 말씀하셨듯(요 7:38), 우리가 세상 속에서 성령의 생수를 넘쳐흐르게 하는 이동 성전이 된 것이다.

이것이 주님의 구속 사역으로 성취하신 새 언약의 열매다. 한 알의 밀이 땅에 떨어져 죽음으로 많은 열매를 맺듯, 성령으로 충만한 예수님이 십자가에 죽으심으로 성령으로 충만한 많은 그리스도인이 탄생했다. 유일한 성전이 었던 그의 몸이 파괴됨으로 하나님이 거하는 많은 이동 성전이 등장하게 된 것이다. 주님이 죽으신 것은 많은 사람 안에 다시 사시기 위함이다. 그의 생명과 형상이 많은 사람 안에 다시 나타나게 하시기 위함이다. 유일한 예수가 죽으심으로 그리스도의 영에 사로잡힌 수많은 '작은 예수들'이 등장하게 된 것이다. 교회의 선교는 성령을 통해 "하나에서 많이"로 확산되는, 많은 사람 안에 태어난 예수의 생명을 세상에 드러내는 운동이다.

세상에서 선교사로 살아갈 수 있는 힘의 근원은 그리스도인들 안에 거하시는 부활하신 그리스도시며, 선교는 그들 안에 약동하며 흘러넘치는 부활 생명의 자연스러운 표출이다. 곧 '작은 예수'로 사는 것이다. 죄와 유혹이 가득한 세상 한복판에서도 세속에 물들지 않고 참된 경건의 아름다움을 발산하는 것은, 그들 안에 세상보다 더 큰 힘이 존재한다는 분명한 방증이다. 곧 세상을 지배하는 죄와 사망의 권세를 이기는 부활의 생명력이 충만하다는 표증이다. 그리스도의 평강과 생명이 충만한 이는 세상 한복판에서도 죄에 오염되기보다 부패한 세상을 그리스도의 생명으로 감염시킨다. 세상 죄의 세력을 압도할 만큼 그 안에 부활의 생명력이 충일하고 강력한 것이다.

이 능력 없이 경건의 모양만 갖춘 신앙은 냉혹한 경쟁 사회의 정글에서 한순간도 버티지 못한다. 교회와 종교 영역에서만 경건의 외양을 꾸며 내며 고상하게 신앙생활하는 것은 성령으로 충만하지 않아도 얼마든지 가능하다. 그러나 생존 자체가 힘겨운 살벌한 세상의 전쟁터에서 부활하신 그리스도의 영께 완전히 사로잡히지 않고는 그리스도인으로서 산다는 것은 전적으로 불가능하다. 거대한 세상 세력 앞에 굴복하지 않고 보냄받은 자로서의 사명을 능히 감당할 수 있는 유일한 비결은, 세상보다 더 크신 이, 하늘과 땅의 모든 권세를 가진 부활의 주님으로 충만해지는 것이다. 그러므로 목사들이 주일 강단에 올라가며 성령의 권능이 함께하기를 간절히 구하듯, 교인들도 월요일 아침에 세상 속에 세워진 강단에 오르면서 부활하신 그리스도의 영으로 충만해지기를 간절히 구해야 한다.

위대한 선교사

한국 교회와 사회의 변화가 월요일 아침 강단의 회복에 달려 있다고 해도 과언이 아니다. 성령으로 충만하여 세상에 세워진 강단에 오르는 평신도는 목사들보다 세상에 더 큰 영향력을 미치는 전도자들이다. 주일 강단에서 성령으로 충만한 목사가 미칠 수 있는 영향력은 교회와 종교 영역 안에 제한되지만, 세상 구석구석까지 성령의 생수를 전달할 수 있는 교인들이야말로 세상에 하나님 나라를 증진시키는 사람들이다. 한국 교회 그리스도인들의 십분의 일이라도 성령으로 충만해진다면, 죽음의 문화와 풍조가 지배하는 이 세상과 교회 속에 성령의 새 물결을 일으켜 시대 흐름을 바꾸어 놓을 수 있을 것이다.

    사회 곳곳마다 빼곡히 늘어서 있는 월요일 아침의 강단에 성령의 불이 임할 때 이 사회에 미치는 영적 파급력은 이루 말할 수 없을 정도로 막대할 것이다. 사회 도처에 세워진 무수한 월요일의 강단에서 세상의 어두움을 밝히고 하늘의 영광을 드러내는 섬광이 번뜩이며, 세속을 변혁시키는 영적 에너지와 빛이 발산될 때 이 사회는 분명 지금과 다를 것이다. 평신도들이 사회 변혁의 가장 강력한 효소다. 이들이 한국 교회와 사회를 살릴 수 있는 위대한 전도자들이다. 그런데 안타깝게도 이 어두운 사회를 밝혀야 할 수많은 강단의 불이 거의 꺼져 있다. 세상에 보냄받은 위대한 선교사들이 자신들의 영광스러운 정체성을 망각하고 성령의 생명수를 세상에 흘려보내는 이동 성전의 사명을 팽개치고 정신없이 세파에 휩쓸리고 있다.

교회 안에서뿐 아니라 세속의 구체적인 상황에서 성령으로 충만한 삶이 어떠해야 하는지 보여 주는 평신도들의 출현이 절실하다. 정치·경제·사회·교육·예술 등 각 분야에서 하나님의 신에 감동되고 말씀의 권능을 힘입어 세속의 거센 세력을 압도하는 모델이 되어 줄 그리스도인이 절실히 필요하다.

성령 충만은 선교의 유일한 추진력으로서 주일 강단을 맡은 목사들에게뿐 아니라 월요일의 강단을 섬기는 교인들에게도 필수불가결한 은혜다. 목사들만의 전유물이 아니라 모든 교인이 누릴 수 있는 특권이다. 오히려 평신도들이 목사들보다 성령으로 충만하기가 더 쉬울 수 있다. 목사들이 성령으로 충만하기를 간절히 원함에도 받기 힘든 까닭은 항상 진실한 동기로만 그 은혜를 구하지는 않기 때문이다. 성령의 능력과 은사를 목회 성공을 위한 동력으로 도구화하려는 은밀한 야망과 설교 사역의 좋은 성과를 거두려는 강박에 쫓기며 성령 충만을 구하기가 쉽다는 사실을 이미 살펴보았다.

그에 비해 교인들에게는 성령 충만을 추구하는 불순한 동기가 상대적으로 적다. 목회나 설교를 잘하기 위해 그 은혜를 구할 일은 없기 때문이다. 반면에 그런 야망이 없으니 갈망과 추구도 없는 것이 문제다. 그러나 세상에 보냄을 받은 사명을 수행하려는 순수한 동기로 이 은혜를 간절히 구한다면, 그런 교인이 성령으로 충만하기란 마치 목마른 자가 물 마시는 것처럼 쉽고 자연스러운 일이다. 목마른 자는 내게로 와서 마시라고 하신 주님의 말씀처럼(요 7:37) 성령은 진정으로 목마른 자에게 무상으로 한량없이 공급되는 생수다.

일상의 영성

성령으로 충만한 삶은 매일 물을 마시거나 호흡을 하는 것처럼 자연스러운 일상적인 체험이다. 바울 사도는 "걷다"라는 표현을 즐겨 사용하여 성령 안에서의 삶을 묘사했다(갈 5:16). 걷는 것이 일상적인 일인 것처럼 성령을 좇아 행하는 삶도, 일상의 평범한 것들 속에서 성령의 임재와 신비에 눈뜨고 그 인도하심과 감동에 민감하게 반응하는 삶이다. 이는 매일 물을 마시는 것과 같이 자연스러운 일이다. 성령의 사람은 예배와 기도에서뿐 아니라 분주한 직장 업무와 잡다한 일들 속에서, 자질구레한 일상의 일들을 하면서도 성령의 임재를 의식한다.

진정한 신앙 인격은 평범한 일에 임하는 우리의 모습에서 드러난다. 삶에서 무의식적으로 흘러나오는 영향력이 주위에 가장 큰 감화력을 미친다. 그런 온유함과 아름다움이 전인격과 삶에 배어 있다는 것은, 일상의 모든 영역까지 성령에 의해 다스림을 받고 있다는 증거다. 이는 성령의 충만한 임재 속에 잠겨 살 때 자연스레 흘러나올 수밖에 없는 영적 산물 즉, 9가지 향기를 띤 성령의 열매다. 이 아름다운 열매를 맺는 이들에게서 성령의 얼굴을 볼 수 있다.

성령으로 충만한 삶은 평범한 것에서 도피하는 것이 아니라 모든 평범한 것들을 성령으로 '세례'하여[7] 거기에 거룩한 의미와 가치를 부여하는 삶이다. 성령의 임재 속에서 일상에서 반복되는 작고 비천한 일들이 하나님의 신비와 거룩함을 세상에 전달하고 반영하는 선교적인 의미와 가치가 있음을 인식해야 할 것이다. 어두운 세상을 밝히는 선교 사역은 사람들을 압도하는 초자연적인 현상이나 거대한 교회 건물과 행사가 아니라, 일상 속에서 성령의 임재 가운데 사는 이들의 밝은 모습들이 사회 도처에 점차 확산될 때 이루어진다.

교인들은 세상 속에 이런 아름다운 그리스도인의 얼굴을 구체적으로 보여 주는 위대한 전도자들이다. 일터, 학교, 가정, 공동체 및 이웃은 우리가 성령의 생수를 흘려보내는 통로 역할을 하라고 주님이 보내신 사역지다. 일상의 모든 일은 주위 사람들에게 영적 영향력을 파급할 수 있는 접촉점으로, 우리에게 기회로 주어졌다. 우리를 접하는 사람들은 어떤 유창한 종교적 웅변보다 하나님을 아는 그리스도의 얼굴빛을 뿜어내는 우리 삶의 모습과 인격을 통해, 가장 강렬하면서도 은밀한 감화를 받는다. 그들이 우리에게서 성령의 얼굴을 볼 때, 우리가 증거하는 복음은 가장 큰 설득력을 발휘한다. 교회를 자발적으로 찾는 대부분의 초신자가 주위 그리스도인으로부터 평소 받았던 선한 감화력 때문에 교회에 왔다는 사실이 이를 입증한다. 한국 교회가 이 영향력을 잃었기에 더 이상 사람을 얻지 못할 뿐 아니라 오히려 잃고 있다. 한국 교회가 실추된 위상과 이미지를 회복하고 사람들을 끌 수 있는 교회로 거듭나기 위해서, 일상의 영성을 계발해야 한다. 그러기 위해서는 무엇보다도 성령 체험이 일상화되어야 한다.

어떻게 이런 삶이 가능한가. 우리는 성령을 찾기 위해 땅끝까지 헤매고 다닐 필요가 없다. 성령은 우리의 마음 문에서 멀리 계시지 않는다. 문 앞에서 우리를 오래전부터 기다리고 계신다. 우리의 누추한 몸과 교회가 삼위 하나님이 우주에서 가장 거하기 원하시는 거처다. 하나님이 그 아들의 핏값을 지불하시고 우리를 성전으로 사셨으니 얼마나 우리 가운데 거하기를 갈망하시겠는가?

성령 충만을 회복하기 위해 십자가보다 멀리 갈 필요가 없다. 과거 하나님이 이스라엘 백성을 광야에서 인도하실 때 모세가 반석을 침으로 샘물이 솟아났듯, 하나님이 반석이신 예수 그리스도를 십자가에서 진노의 막대기로 치심으로 그 십자가에서 성령의 생수가 강같이 흘러나오게 되었다. 주님께서 십자가에서 처절한 갈증을 체험하시고 목마르다고 외치셨기에, 우리를 영원히 목마르지 않게 하는 생수가 한량없이 흘러넘치게 되었다. 주님이 십자가에서 흘리신 피로 성취하신 새 언약의 선물로 성령 충만의 은혜가 주어진 것이다. 오순절에 제자들이 받았던 것처럼 성령 충만은 경건하게 산 사람에 대한 보상이나 상급이 아니라 처절하게 실패한 교회와 교인들에게 주어지는 하나님의 파격적인 선물이다. 실패한 한국 교회의 유일한 희망은 십자가로 맺으신 영원한 사랑의 언약에 매달려 다시 한 번 주님의 자비와 긍휼을 구하는 것이다. 불이 꺼져 버린, 수많은 모이는 교회와 흩어지는 교회의 강단에 다시 성령의 거룩한 불길이 임하기를 간구해야 한다.

토론을 위한 질문

1. 한국 교회는 이 사회에서 어떤 이미지 메이킹을 하는 데 실패했는가?
2. 기독교의 이미지를 훼손하는 노방전도는 어떤 것이 있는가?
3. '예수 천당, 불신 지옥'이라는 전도 메시지의 문제점은 무엇인가?
4. 타종교에 대한 무례함과 공격성은 어떤 사고에서 비롯하는가?
5. 기독교 방송이 기독교의 이미지를 손상시키는 구체적인 사례들을 나눠 보자.
6. 왜 그리스도인들의 신앙이 세상 속에서는 작동하지 못하고 교회 울타리 안에 갇혀 있는가?
7. 모이는 교회와 흩어지는 교회는 어떻게 유기적으로 연결되어 있는가?
8. 월요일 아침의 강단이 감당해야 할 사명은 무엇이며 그 능력은 어디에서 오는가?
9. 성령 체험을 일상화하는 구체적인 훈련을 어떻게 해야 할까?
10. 일상의 자질구레한 일들이 성령 안에서 어떤 가치와 의미가 있는가?

맺음말

지금까지 한국 교회가 직면한 위기의 실체가 무엇이며, 그 위기를 초래한 근본 요인이 무엇인지 진단해 보았다. 어떻게 보면 이 책의 내용은, 건전한 신앙 양심과 의식을 가진 사람이라면 누구나 공감하는 바를 대변한 것일 뿐이다. 한국 교회의 답답한 현실과 문제를 보며 침묵하고 있는 대다수의 심령 안에, 그동안 쌓이고 쌓여 폭발할 정도로 팽배해 있는 울분과 외침과 희망을 서툰 글로 표출해 본 것이다. 나의 작은 바람은, 이 미미하고 보잘것없는 글이 우리 안에 움트고 있던 개혁의 열정과 야성의 불꽃을 촉발시켜, 아름다운 한국 교회의 얼굴을 되찾기 위해 분연히 일어나는 개혁의 무리가 점증하는 것이다.

앞서 간 세대의 과오로부터 뼈아픈 교훈을 배우지 못하는 세대는, 결코 발전할 수 없고 그 전철을 답습함으로 몰락의 길을 재촉할 뿐이다. 지나간 세대가 실패한 그 자리가 바로 한국 교회가 다시 시작해야 할 자리다. 그동안 한국 교회를 주관해 온 성장 제일주의 패러다임의 문제와 한계가 여실히 드러난 지금, 한국 교회가 대안으로 택해야 할 성장의 패러다임은 무엇이며,

성장주의가 초래한 영적 폐허의 밑거름 위에서 다시 그려야 할 교회의 청사진은 어떤 모습인가.

그것은 말씀과 성령을 통하여 그리스도의 장성한 분량의 충만한 데까지 자라는 그리스도의 몸인 동시에 성령이 충만한 성전으로서의 교회다. 동시에 교회를 작동하게 하는 핵심 가치 시스템이 외적 성장 대신 그리스도를 닮는 성장을 최고의 목표로 삼는 패러다임으로 교체되어야 한다. 이스라엘 역사 속에 가장 암울했던 시기에 생명수가 강처럼 흐르는 성전의 환상이 에스겔에게 주어졌듯, 그런 성전이 밑그림으로 그려진 새로운 성전, 즉 성령으로 충만하여 만물을 새롭게 하는 교회의 비전이 바울의 말씀을 통해 오늘 절망의 늪지에서 허우적거리는 한국 교회에 밝히 비쳐 오고 있다.

말씀이 제시한 교회의 영광스러운 비전과 우리의 암울한 현실 사이에 간극이 크다는 사실을 깨달을수록, 힘과 능으로는 안 되고 오직 여호와의 신으로 그 비전을 이룰 수 있음을 절감하며 성령의 생수에 목마르게 된다. 예수의 피로 맺은 영원한 사랑의 언약 안에 돌이킬 수 없을 정도로 타락한 교회를 성령의 영광이 가득한 교회로 회복하는 극적 반전의 희망이 있다. 그러므로 절망이 클수록 새로운 희망과 비전을 붙잡기 위해 필사적이어야 하며, 비전의 실현을 위한 작은 움직임을 결연히 시작해야 한다.

파스칼이 말했듯, "가장 작은 움직임도 전체의 본질에 영향을 미친다. 돌 하나가 바다 전체를 바꿀 수 있다. 이와 같이 은혜에 있어서도 작은 행동이 그로 인해 모든 것들에 영향을 준다."[1] 이 비전을 품고 우리가 할 수 있는 작은 일을 하는 것은 우리의 몫이고, 그런 미미한 몸짓을 통해서 성령의 강한 바람으로 '나비효과'와 같이 엄청난 영적인 파급이 일어나게 하는 것은 전적으로 하나님의 몫이다.

부록. 한국 교회의 설교 비평을 비평하다

한국 교회에 큰 반향을 일으킨 정용섭 목사의 설교 비평에 대해 지금까지 심도 있는 평가나 비평이 이루어지지 않았다. 그를 비판하는 입장에서도 이렇다 할 반박을 내놓지 못했다. 그의 비판의 칼날에 거의 만신창이가 되다시피 한 설교자들마저 아무 반응이 없는 것을 보면 진보주의자의 요설은 상대할 만한 가치조차 없다고 불편한 심기를 위로하며 회피하는 것 같다.

그러나 정 목사의 책이 금서로 폐기 처분되지 않는 한, 자신들에게 오명을 안겨 준 설교 비평은 계속 회자되며 그 글로 인해 많은 교인이 혼란스러워할 것이다. 그럼에도 이런 사태를 나 몰라라 하고 묵과해 버리는 자세는 설교자로서 최소한의 자존심을 지키고 자신의 진정성을 옹호해야 하는 기본 직무를 유기하는 것이나 다름없다. 보수 진영에서는 박영선 목사만이 그 비판에 맞서 적극적인 공세를 취했다.[1] 박 목사는 정 목사가 거의 절대적으로 의존하는 판넨베르크의 사상까지 공부해 가며 정 목사의 비평을 주관하고 있는 신학적 입장의 문제점이 무엇인지 추적하려고 애썼다. 박 목사는 기독교의 진리를 이해하는 기본 체계, 틀이 서로 다르다고 결론을 내렸다. 정통적 신앙관에 기초한 설교를 이질적인 신학, 즉 판넨베르크의 잣대로 평가한 것이 정 목사의 설교 비평이 안고 있는 근본 문제라는 것이다. 박 목사의 지적은 기본적으로는 타당하지만, 정 목사의 설교 비평 저변에 깔린 판넨베르크의 영향 외에 그의 비평에서 전반적으로 나타나는 신학적인 문제가 구체적으로 무엇인지 종합적으로 진단하지는 못해서 아쉽다.

박영선 목사 외에 보수 신학의 입장에 선 몇몇 설교학 교수들도 정 목사의 설교 비평을 비판하였다. 그러나 이들의 평가에서는 박 목사가 지적한 정 목사의 신학적인 문제에 대한 논의조차 찾아볼 수 없다. 정 목사가 성경의 권위를 부인하는 위험한 인물이라거나 설교자들에 대해 무례하기 짝이 없는 인간이라는 둥 피상적인 비평 수준을 벗어나지 못했다. 이것이 어쩌면 이론 신학에 조예가 없는 설교학 교수들의 한계인지 모른다. 지금까지 그 전례를 찾아볼 수 없었던 일, 즉 현대신학으로 무장한 조직신학 전공자라는 별종 설교 비평가가 등장하여 설교학계를 초긴장시키고 있다. 정 목사의 설교 비평을 제대로 평가할 수 있는 이들은 조직신학자들인데, 그같이 설교 비평을 연구하고 분석하는 데 많은 시간과 에너지를 쏟을 만큼 설교에 지대한 관심을 가진 이를 찾기는 쉽지 않다. 이런 이유 때문에 한국 교회에 돌풍을 일으킨 정 목사의 설교 비평이 지금껏 보수 진영으로부터는 제대로 신학적인 평가를 받지 못했다. 이런 상황에서 매주 설교 사역을 하며 평소 한국 교회의 설교에 많은 관심을 가져 온 나는 조직신학 교수로서 정 목사의 설교 비평을 평가해야 한다는 마음의 부담을 느끼게 된 것이다. 그것이 전공과는 거리가 먼 주제를 다루는 학적 일탈을 하게 된 원인이다.

이 장에서는 앞에서 다룬 정용섭 목사의 설교 비평에서 제기된 의문을 중심으로 그의 비평을 주관하는 신학적인 잣대를 추적해 보려고 한다. 정 목사가 한국 교회의 설교를 바르게 지적한 면을 충분히 인정함과 동시에, 수긍할 수 없는 신학적인 입장 차이가 있는지 규명하는 것이 올바른 평가를 위해 꼭 필요하다고 본다. 정 목사가 지적한 한국 교회 설교의 근본 문제는 구태여 그의 신학적인 입장을 투사하지 않아도 얼마든지 간파할 수 있는 것이었는데, 그의 비평에 자신의 신학적인 색채를 지나치게 드러냄으로 정당한 평가마저 들을 가치가 없는 독설로 치부되는 것이 아쉽다. 따라서 그의 비평을 다시 비평하는 것은 그의 평가를 그대로 다 수용할 수 없다는 점을 밝히는 것뿐 아니라, 그의 견해를 싸잡아 배격해서도 안 된다는 사실을 일깨워 주는 의미가 있다. 그래서 그와 신학적인 입장을 달리하는 독자들도 그의 비평을 어디까지 수용해야 하고, 어디서부터는 배격할 수밖에 없는지 분별할 수 있도록 돕는 것이 이 부록의 목적이다.

삐딱한 성경관

정 목사의 성경관에서 나타나는 문제부터 짚어 보자. 정 목사에 의하면 올바른 설교의 관건은 성경 본문을 제대로 해석하느냐에 달려 있다. "해석 없이 설교는 없다!"[2] 그런데 그가 볼 때 한국 교회 강단에서는 성경 텍스트는 침묵한 채 선동과 닦달만 난무한다. 이러한 설교 행태는 2천 년 교회 역사에 나타난 말씀 선포의 패턴에서 탈선한 것이다. 그러므로 초대 교부들로부터 이어져 온 보편적인 성경 해석의 전통으로 돌이켜야 한다는 것이 그의 주장이다.[3] 올바른 지적이다. 하지만 그의 성경 해석이 과연 과거 역사 속에서 신앙의 선진들이 따라 온 보편적인 해석의 전통을 따르는지 매우 의심스럽다.

예를 들어, 정 목사는 노아의 홍수 사건을 역사적 사건이 아니라 신화로 본다. 그렇다면 그것을 실제 사건으로 본 구약 전통과 주님과 사도들의 가르침은 모두 허위가 되는 셈이다(마 24:38; 눅 17:26; 히 11:7; 벧전 3:20; 벧후 2:5). 또한 그는 여호수아가 여리고 성을 점령할 때 성 안 모든 사람을 남녀노소를 불문하고 죽이라고 하신 하나님의 말씀을 하나님이 명령한 것이라고 도저히 생각할 수 없다고 했다. 그는 "여리고 성과 아이 성의 주민들도 하나님의 형상으로 창조된 사람들인데, 그들을 진멸하면서 하나님의 명령 운운한다는 건 언어도단이다. 언어도단을 당연한 것으로 설교하는 행위는 코미디"라고 했다.*4 많은 독자에게는 그의 말이 오히려 이상하게 들릴 것이다. 성경에 분명히 하나님이 명령했다고 기록되어 있는데, 그는 무엇을 근거로 하나님이 말씀하신 것일 수 없다고 단언하는가? 이런 식의 해석이 기독교 역사에 계승되어 온 보편적인 해석 전통을 따르는 것인가? 내가 아는 바로는, 그 어떤 초대 교부나 중세 신학자, 그리고 종교개혁 후의 개혁 신학자도 그런 식으로 성경을 해석하지 않았다. 성경의 권위를 부인하는 극단적인 역사 비평가나 취할 수 있는 견해로 그는 성경을 재단하고 있는 것이다. 그의 비평은 논리가 상당히 빈약하다. 그는 하나님이 어린아이들까지 죽이라고 명령했다는 것은 하나님의 보편적인 속성, 자비와 사랑에 위배된다고 한다. 그렇기에 하나님이 말씀하신 것이라고 볼 수 없다는 것이다. 정 목사는 노아의 홍수도 비슷한 맥락에서 보는 것 같다.*5 사랑의 하나님이 어떻게 무죄한 어린아이들까지 홍수로 멸절시킬 수 있겠느냐는 것이다.

    정 목사의 논리대로라면, 아말렉을 멸절하라는 하나님의 말씀을 비롯하여 구약성경의 많은 부분이 허위로 조작된 셈이다. 그가 성경의 고유의 세계로 들어가야 한다고 거듭해서 주장했듯, 하나님의 구원 역사가 펼쳐지는 과정 속에 나타나는 하나님의 공의와 심판을 그 고유한 관점에서 읽어 낼 수 있어야 한다. 그러나 정 목사는 구약성경에 나타나는 하나님의 심판 행위까지 사랑을 절대화하는 보편적인 윤리의 잣대로 재단해 버리고 만다. 그래서 가나안 족속이 부패했기에 멸하라는 하나님의 말씀을 곧이곧대로 믿는 것은 어리석은 일이라고 한다.[6] 그는 또한 모세가 하나님의 명령을 따라 우상 숭배한 이스라엘 백성 3천 명을 죽인 것을 악을 행한 것으로 보았다.[7] 그래서 "바로와 모세를 비교하여 바로는 부정적인 일을 했으며 모세는 긍정적인 일을 했다고" 말하는 것은 잘못됐다는 것이다. 대부분의 독자는 한 번도 들어 보지 못한 이런 해석에 당황할 것이다. 설교에 있어서 바른 해석의 중요성을 그토록 강조하면서도 도리어 그는 극단적인 역사 비평으로 경도된 해석학적 관점을 성경에 투사하여 텍스트의 왜곡을 초래했다.

인간은 괜찮으니 죄의식을 자극하지 말라?

정 목사의 이런 관점은 그의 독특한 신학 체계와 깊이 연관되어 있다. 그는 기존의 '타락/속량 중심의 영성'에서 '창조/종말 중심의 영성'으로 전환하는 신앙의 코페르니쿠스 혁명을 주창하고 있다고 볼 수 있다. 그는 인간의 타락과 죄의 심각성, 그에 대한 하나님의 진노와 심판을 강조하는 전통적인 설교에 심한 알레르기 반응을 일으킨다. 그는 세상이 전적으로 부패했기에 근본적인 갱신이 필요하다고 보는 '타락/속량 영성'은 성경적이지 않다고 본다. "왜냐하면 하나님의 창조 행위는 인간의 범죄보다 우월하기 때문이다."[8]

그럼에도 한국 교회 대부분의 설교자는 "훨씬 중요하고 본질적인 영성", 즉 '창조/종말 영성'을 놓친 채 죄의 문제를 설교의 핵심에 놓는 오류를 범하고 있다. "그러나 이제는 정신적으로 미숙한 사람이 아니라면 아무도 이런 죄 영성에 귀를 기울이지 않는다."*9 "사람들은 기독교에서 말하는 그런 죄의 식이 없을 뿐 아니라 회개할 필요조차 느끼지 않는데 회개하고 예수 믿으라고 계속 강조한다."*10 이렇게 회개를 촉구하는 설교는 인간의 죄책감을 공격하여 종교적인 권위에 무조건 순복하게 하고 정작 죄의 세력 앞에는 무기력하게 되는 죄 숙명주의에 빠지게 한다. 그래서 "일종의 노예 근성(니체), 또는 집단적 노이로제(프로이트) 현상"*11과 같은 신앙의 형태를 야기한다는 것이다.

　죄에 대한 설교를 극단적인 무신론자들(니체와 프로이트)의 입장에서 단죄하는 것은 매우 충격적이다. 이것은 정 목사의 독창적인 견해라기보다 그의 멘토, 판넨베르크의 글을 참조한 것이다. 「그리스도인의 영성」(Christliche Spiritualität)이라는 책에서 판넨베르크는 전통적인 참회 영성이 니체와 프로이트의 비판에 취약하다는 점을 지적하였다.*12 판넨베르크는 나름 치밀한 논증으로 이 문제를 분석하였는데, 정 목사는 이런 내용은 생략한 채 그의 글을 파편적으로 인용하여 죄에 대한 설교를 비판하는 방편으로 삼았다. 어떤 부분에서는 판넨베르크의 의도를 잘못 전달하였다. 그는 판넨베르크가 "전통적인 참회 영성이 종교개혁자들의 중심 신학과 거리가 멀다"라고 했다고 주장하였다.*13 그리하여 죄를 강조하는 설교는 종교개혁자들의 중심 사상에서 벗어난 것이라는 암시를 강화하려고 했다. 그러나 사실 판넨베르크는 종교개혁자들의 가르침도 참회 영성의 문제를 안고 있다는 점을 지적한 것이다. 그는 대표적인 종교개혁자 루터마저 종교개혁의 중심 신학인 죄로부터의 자유를 일관되게 주창하지 못하고 복음과 율법의 이중 구도 속에 전통적인 참회 영성의 한계를 극복하지 못했다고 보았다.*14 판넨베르크가 그 책에서 칼뱅을 직접적으로 다루지 않았지만 회개를 경건의 핵심으로 본 칼뱅이 판넨베르크의 신랄한 비판의 대상이 되었으리라는 것은 의심의 여지가 없다. 판넨베르크는 이런 종교개혁의 영성에 전반적인 문제 제기를 한 것이다.

그러므로 회개를 강조하는 설교는 종교개혁자들의 가르침을 벗어난 것이 아니라 오히려 그 전통을 따르는 것이다. 죄와 회개를 강조하는 영성은 정 목사가 주장하듯, 교회 역사에서 갑자기 등장한 기독교의 한 분파인 청교도 도덕주의의 소산이 아니다. 죄 영성은 초대교회와 종교개혁의 유구한 전통을 따라 맥맥이 흐르는 기독교의 주류 영성이다. 물론 판넨베르크가 지적한대로, 전통적인 영성이 회개라는 소극적인 측면에 지나치게 편중되는 경향이 있다는 점은 부인할 수 없다. 또한 회개를 개인적이고 윤리적인 차원으로 축소시킨 전통적인 가르침의 한계를 인정하지 않을 수 없다.

그럼에도 회개가 신앙의 필연적인 요소라는 사실에는 변함이 없다. 주님을 믿는 것은 죄에서 돌이킴을 의미한다. 그 믿음은 반드시 세상의 옛 생활 방식에서 하나님 나라의 새로운 삶의 방식으로 전환하는 총체적인 회개를 수반한다. 그러므로 믿음과 회개는 동전의 양면과 같다. 믿음이 자라야 하듯 회개도 성숙해야 한다. 하나님께 가까이 갈수록 죄에서 멀어지며 하나님을 사랑할수록 죄를 혐오하게 된다. 하나님의 통치를 받을수록 세상의 억압에서 자유하게 된다. 죄에 대해 민감한 것은 정신적으로 미숙한 것이 아니고 영적으로 성숙한 것이며 빛 가운데 거하고 있는 증거다. 죄의식을 갖는다는 것은 영적으로 건강하다는 사인이다.

그러나 정 목사는 이런 죄의식의 긍정적인 측면에 대한 언급은 별로 없이 죄의식을 자극하는 설교는 인간의 영혼을 억압하고 병들게 한다는 일방적인 비난으로 일관한다. 그는 한국 교회에 기복 신앙을 부추기는 설교뿐 아니라 죄를 지적하는 설교가 신자들의 영혼을 병들게 하는 양축이라고 주장한다.[*15] 이런 정 목사의 비판을 받아야 할 만한 설교가 한국 교회에 많음을 부인할 수 없다. 그렇다고 해서 성령이 죄를 지적하는 설교를 통해 고치시키는 죄의식의 순기능까지 간과해서는 안 된다. 복음의 두 측면은 인간의 죄와 하나님의 의이며, 복음을 조명하는 성령의 대표적인 사역 또한 인간의 죄와 하나님의 의를 증거하는 것이다. 인간의 전적 타락과 하나님의 전적 은혜라는 무한 간극이 예수 그리스도의 십자가를 통해 신비하게 연결되어, 인간이 최악의 상태에서 하나님의 최상의 은총을 입는다는 놀라운 은혜의 역설이 복음이다. 그러므로 인간의 전적 타락과 비참에 대한 전제 없는 하나님의 전적 은혜에 대한 복음은 성립될 수 없다.

정 목사가 주창하는 창조/종말의 영성은 인간 타락의 심각성을 완화시킴으로 구원의 탁월성 또한 훼손시킬 위험이 다분하다. 그는 인간이 악하다 또는 세상이 썩었다는 설교자의 말을 접할 때마다 발끈하며 과도할 정도로 예민한 반응을 보인다. 그가 생각하는 좋은 설교자의 자격을 거의 다 갖춘 목사라 하더라도 이 점에서 꼬투리가 잡히면 여지없이 그의 심사 기준에서 실격당한다. 앞에서도 살펴보았듯, 로이드 존스 목사의 설교가 다른 면에서는 그의 마음에 쏙 들어도 이 부분에서 거슬리니 그와 결별을 선언하였다. 여기서 우리는 죄에 대한 그의 독특한 견해가 그의 설교 비평을 주관하는 중대한 요인으로 작용한다는 점을 엿보게 된다. 전통적인 타락/속량 영성에 기초한 설교들은 상당한 감점을 감수해야만 했다. 죄를 지적하고 회개를 촉구하는 설교를 자주하는 이들은 공격적이거나, 바리새적인 윤리주의 또는 청교도적 결벽증에 사로잡힌 목사라는 딱지까지 얻는다. 정 목사는 죄를 지적하는 설교뿐 아니라 윤리적인 설교에 대해서도 강한 반감을 가지는데, 이러한 태도는 죄에 대한 그의 견해와 밀접하게 연결되어 있다고 본다.

정 목사는 과연 인간의 타락을 심각하게 생각하는 것일까? 그는 인간이 전적으로 타락했다거나 죄가 숙명적이라는 견해는 비성경적이라고 일축해 버린다. 그러면 인간이 어느 정도 타락했다는 것인가? 그는 타락한 현실 앞에 분노하는 설교자를 향해 자신은 "그런 세상을 타락했다고 생각하지 않고, 단지 우리가 감당해야 할 현실일 뿐이라고 생각한다"고 말한다.[16] 그는 이 세상을 아직 하나님의 선한 창조의 은총 아래 있는 것으로 본다. 인간의 죄는 이 "은총의 빛 아래서만 소극적인 의미를 가질 뿐이지 우리의 운명을 좌지우지하지 못한다. 죄는 작은 부정이며, 은총은 큰 긍정이다."[17] "왜냐하면 하나님의 창조 행위는 인간의 범죄보다 우월하기 때문이다."[18]

정 목사는 인간의 죄로 인해 첫 창조가 심각하게 와해되고 오염되었으며 첫 창조의 은총을 상실했다는 전통적인 견해를 배격한다. 타락/구원 영성이 인간의 타락으로 인한 첫 창조의 불연속성을 강조한다면, 그가 옹호하는 창조/종말 영성은 첫 창조의 연속성에 초점을 맞춘다. 정 목사의 주장에 따르면, 창조는 이미 완료된 사건이 아니라 아직도 종말의 완성을 향해 진행되고 있다. "하나님의 창조가 처음의 창조로 끝나는 게 아니라 계속적인 창조와 종말의 창조로 이어진다는 사실을, 따라서 창조는 완료형이 아니라 진행형이며, 결국 종말론적이라는 사실을 심각하게 받아들이는 설교자가 얼마나 될까?"[19] 이런 창조/종말의 패러다임에서는 계속되는 창조의 은총의 빛 아래서 인간 타락의 심각성은 현저하게 완화되며 구속의 특별 은총의 절대적 필요성 또한 상대적으로 위축된다. 그래서 설교자들이 회개하고 구원받으라고 그렇게까지 열을 올리며 사람들을 닦달할 필요가 없다. "사람들은 기독교에서 말하는 그런 죄의식이 없을 뿐 아니라 회개할 필요조차 느끼지 않는"다는 것이다.[20] 여기서 정 목사는 사람들이 그런 죄의식을 느끼지 못하는 것이 현대인의 문제라기보다는 오히려 당연한 일이라고 보는 듯하다. 전적 타락의 교리는 잘못된 것이고 실제 인간의 상태는 그렇지 않으니 그런 죄의식을 가질 수 없는 것은 당연한 귀결이다. 그럼에도 설교자들이 죄를 공격하여 죄의식을 자극하는 것은 사람들을 집단적인 노이로제에 빠지게 하는 결과를 초래한다는 것이다.

제발 교인들을 변화시키려고 하지 마라?

정 목사가 자주 '세상과 인간은 변화되지 않는다. 그러니 그들을 변화시키려고 안달하지 말고 제발 그들을 내버려 두라'고 말하는 것도 단순한 수사에 그치는 것이 아니라 그 저변에는 그의 죄에 대한 견해가 깔려 있다고 볼 수 있다. 그의 말을 직접 들어 보자. "이 기회를 빌려 젊은 설교자에게 한마디 하고 싶다. 설교자는 신자들을 변화시킬 생각을 아예 하지 않는 게 낫다. 신자들은 변하지 않는다. 아니 사람들은 변하지 않는다. 옥[한흠] 목사는 왜 그리스도인이 세상 사람들과 다르지 않을까 하고 안타깝게 생각하지만, 나는 그게 당연하다고 생각한다."[21] 정 목사의 이런 주장에는 상당한 복선이 깔려 있다. 이 말은 인간이 너무 강퍅하고 세상이 악해서 변화는 현실적으로 불가능하다는 것인지, 아니면 인간은 그다지 심하게 망가지지 않았으니 반드시 변해야 할 것도 별로 없다는 뜻인지 명확하지가 않다. 설교자들에게 교인들을 변화시키려고 용쓰지 말라는 말은 교인들이 구태여 변화될 필요가 없다는 것인지, 하나님만이 하실 수 있는 일을 대신하려고 나서지 말고 하나님께 맡기라는 뜻인지 도무지 종잡을 수가 없다.

    어떤 대목에서 정 목사는 하나님만이 인간을 변화시킬 수 있다고 말한다. "피조물에 불과한 우리가 어찌 청중을 변화시킬 수 있단 말인가. 하나님만이 하나님의 방식으로 그들을 변화시킬 수 있다는 게 바로 기독교 신앙의 초석이 아닌가."*22 여기서 보면 그는 올바른 복음의 트랙 위에 서 있는 것 같다. 그렇다면 그는 하나님의 구속의 은혜로 우리가 변화될 수 있으며 변화되어야 한다고 말하는 것인가? 이 점에 있어서는 다시 애매한 태도를 취한다. "궁극적인 차원에서 믿음과 삶의 변화는 직접적으로 상관되지 않는다. 구원 은총은 실제적인 삶의 변화와 상관없이 하나님의 배타적인 사건이다. 그렇다면 왜 예수를 믿으며 설교하는가, 세상을 변화시키지 못한다면 교회의 존재 의미가 무엇이냐 하고 묻지 마시라. 그걸 모른다면 아예 처음부터 기초신학을 다시 공부해야 한다."*23 그게 무언지 나도 확실하지 않은데 아무래도 기초신학을 다시 공부해야 할 모양이다.

여기서 정 목사의 인간론과 긴밀하게 연결된 그의 구원론이 서서히 그 윤곽을 드러낸다. 그의 주장에 따르면, 구원의 은혜는 사람들을 실제적으로 변화시키지는 않는다. "성서와 신학이 말하는 그리스도인의 존재론적 변화는 칭의론에 집중된다. 실제로는 의롭지 않지만 예수 그리스도의 의가 전가되어 의롭다고 인정받을 뿐이다."*24 정 목사는 성화도 칭의와 같은 차원에서 존재론적인 변화로 이해해야 한다고 본다. 이 부분에서 그는 칼 바르트의 성화론에 의존하는데,*25 그리스도 안에서 이미 모든 사람이 존재론적으로(de jure) 성화되었다는 바르트의 견해는 판넨베르크까지 신랄하게 비판할 정도로 성경에서 벗어난 이론이다.*26 그는 성화가 우리의 노력으로 성취되는 것이 아니라고 누차 강조한다. 성화에 우리의 구체적인 노력이 필요하다는 가르침은 칭의와 성화를 철저히 이원론적으로 분리하는 오류라고 비판한다.*27

물론 칭의와 성화는 그리스도 안에서 긴밀하게 연결되어 있다. 칼뱅이 말했듯, 단일하면서도 이중적인 은혜다. 하지만 칭의는 신분적인 변화인데 반해 성화는 실제적인 변화라는 점에서 둘은 구별된다. 성화도 칭의와 같이 그리스도와의 연합을 통하여 즉각적으로 이루어지는 측면이 있다. 이 즉각적인(또는 근본적인) 성화는 인간의 노력이 아니라 전적으로 은혜와 믿음으로 말미암아 성취된 것이다. 신자는 그리스도 안에서 이미 죄의 폭정에서 해방되어 은혜의 지배를 받는 거룩한 이가 되었다. 그러나 그는 아직도 성숙해야 하며 성령의 인도하심을 따라 점진적으로 성화되어야 한다. 이 과정에서는 신자의 책임이 따른다. 성령을 따라 살기 위한 구체적인 경건의 노력과 훈련이 요구된다. 그래서 신약성경에는 이런 성화의 권면으로 가득하다. 정 목사가 성경에서 어떻게 이런 분명한 가르침을 놓쳤을까. 칭의와 성화의 연결성과 구별성에 대한 이해는 종교개혁의 가장 기본적인 신학인데 이에 대한 정 목사의 이해가 아쉽다.

변화 없는 구원

정 목사는 구원의 은혜를 존재론적인 변화로만 축소시킨 채 실제적인 변화로서의 성화의 측면은 간과하였다. 그는 삶의 변화는 구원의 핵심이 아니라 종속변수라고 주장한다. 그렇기에 그토록 극찬을 아끼지 않았던 김영봉 목사의 설교에서도 삶의 변화를 강력하게 요청하는 데 대해서는 불만족스러워한다. 비록 김 목사가 강조한 "변화가 도덕적인 데 머무는 게 아니라 영적인 차원을 가리킬지라도" "삶의 변화가 기독교 신앙에서 그렇게 절대적으로 중요한 것인지에 대해 약간 의문이 든다. 예수가 전한 '임박한 하나님 나라'는 변화된 삶으로의 요청이라기보다는 무조건적인 수용과 초청이 아니겠는가"라고 정 목사는 반문한다."[28] 그러면서 그는 자주 예수님은 사람들을 죄 있는 모습 그대로 받아 주셨는데, 왜 우리는 그들에게 변화를 요구하느냐고 따진다. 아주 상식적인 문제를 들고 나오니 좀 당황스럽다. 주님이 죄 있는 모습 그대로 우리를 받아 주시는 것은 사실이지만, 일단 받으신 후에는 옛 모습 그대로 내버려두지는 않는다.

정 목사는 설교자들에게 사람의 변화보다 하나님의 신비에 집중하라고 말한다.[29] 삶의 변화는 윤리적인 차원이지만 하나님의 신비는 성령론적인 차원이라는 것이다. 그러나 이런 주장은 윤리와 성령, 삶의 변화와 은혜 체험을 이원론적으로 분리하는 우를 범하는 것이다. 정 목사는 "생명의 충일이라는 하나님 경험"은 설교자들과 교인들에게 꼭 필요한 체험이라고 말한다.[30] 생명으로 충일하는 체험의 구체적인 내용과 열매는 무엇인가? 그것은 하나님의 존재론적 신비의 심층으로 들어가는 것이며, 거룩한 이와의 조우, 즉 일종의 신비 체험이다. 정 목사는 이 체험을 종교 의식을 분석한 슐라이어마허의 자유주의 전통을 따라, 그리고 에크하르트의 신비주의 개념을 빌려 묘사하려고 했다. 이 영적 경험이 "슐라이에르마허의 '절대 의존 감정' 또는 루돌프 오토의 거룩한 두려움(누미노제) 경험과 연관된다"고 본다.[31]

하나님의 신비 체험을 통해 나타나는 열매는 무엇인가? 여기서도 그는 일관되게 행위나 도덕적인 변화가 아니라 존재론적인 변화라는 점을 강조한다. 그것은 우리에게 그리스도의 의가 전가되어, 있는 그대로의 우리 모습이 하나님께 의인으로 받아들여지는 은혜로운 사건이다. 정 목사는 성화를 칭의와 구별되는 실제적인 변화라는 개념이 아니라 칭의와 거의 비슷한 의미로 이해한다. 결국 그가 말하는 존재론적인 변화는 의롭다고 인정받는 신분적인 변화일 뿐 인간의 본성과 삶이 실제적으로 변화되는 것을 의미하지 않는다. 하나님의 신비, 생명의 영에 사로잡히면 어떤 변화가 일어날 것같이 말하기는 하지만 그 실체가 무엇인지는 매우 모호하다. 정 목사 자신마저 그에 대한 뚜렷한 확신이 없는 것 같다.

정 목사의 글에서는 성령 체험의 구체적인 내용과 열매에 대한 진술이 신비주의의 연막 속에 가려 선명하게 드러나지 않는다. 고작해야 절대 의존 감이나 거룩한 떨림과 두려움, 또는 신비주의자들이 말하는 형용할 수 없는 신인 합일의 체험 정도로 표현한다. 그러나 그 신비 체험으로 어떤 실제적인 변화가 일어나는지에 대해서는 말이 없다. 왜 정 목사는 성령 체험의 구체적인 내용과 열매를 말하지 못하는 것일까? 성경에 충실한 설교를 해야 한다고 역설하지만, 정작 그는 성경이 증거하는 성령의 갱신 사역을 구속사의 맥락과 삼위일체적인 관점에서 제대로 파악하여 설파하지 못한다. 설교에 있어서 조직신학이 얼마나 중요한지를 강조하는 그의 주장이 무색해진다.

신구약성경이 증언하고 있는 성령의 핵심 사역은 무엇인가? 편의상 성경에서 펼쳐지는 삼위 하나님의 구원 역사를 "새 언약"이라는 관점에서 이해할 수 있다. 구약이 새 언약에 대한 약속이라면 신약은 새 언약의 성취라는 구도로 맞물려 있다. 예수님의 사역은 그 약속의 성취를 가능하게 한 새 언약의 중보 사역이다. 구약에서 역사한 성령은 주로 이 약속이 성취되는 메시아 사역을 예언하는 기능을 한다. 물론 구약에서의 성령은 우선적으로 만물을 창조하고 보존하는 창조의 영으로 소개된다. 그러나 구약에서도 성령은 인간의 죄로 와해된 창조의 질서를 회복하는 새 창조의 영으로 이해된다. 에스겔은 이스라엘의 남은 자들에게 성령이 임함으로 그들에게 새 마음과 새 영을 창조할 것을 약속하였다(겔 36:26-28). 성령은 불순종하는 육신의 굳은 마음을 제하고 하나님의 법에 순종하는 부드러운 마음을 창조하심으로써 하나님의 법을 그들의 마음에 심어 주리라는 새 언약을 실현하신다(렘 31:31-

33). 성령은 이스라엘 백성에게 하나님의 통치를 거부하는 완고한 마음을 근본적으로 변혁시키는 새 언약을 부여하여 하나님의 왕국을 이스라엘 안에 부분적으로 실현시켜 가며, 궁극적으로는 그리스도 안에서 성취될 하나님 나라를 예비하고 대망하게 한다. 그래서 예언자들은 이스라엘 백성이 부분적으로 맛본 새 언약의 은혜가 더 풍성하게 임하며, 그들에게 제한적으로 주어졌던 성령의 은사와 특권이 하나님 백성에게 무제한적으로 주어질 은혜의 시대가 도래할 것을 예언하였다.

오순절에 임한 성령의 은사는 바로 이 구약의 예언이 성취된 것이라는 점을 베드로 사도는 분명히 천명하였다(행 2:16-21). 바울 사도 역시 성령을 이런 구약적인 배경을 통해 이해하였다. 성령을 우선적으로 구약의 예언이 성취된 새 언약의 영인 동시에 새 창조의 영으로 이해한 것이다. 이런 바울의 관점은 그의 구원론과 성화론에 깊숙이 녹아 있다. 바울에게 성령의 구원 사역은 단순히 그리스도의 의를 객관적으로 전가하여 우리를 의인으로 칭함 받게 하는 데 그치지 않고, 우리 안에 그리스도의 생명이 주입되게 하여 그리스도의 형상으로 놀랍게 변형시키는 것이다. 성령의 내주는 부활하신 그리스도가 성령을 통해 우리 안에 다시 사심이며 그 생명과 형상을 우리를 통해 재현하심을 의미한다. 그러므로 성령의 임재 체험은 반드시 이런 변화의 열매를 산출한다. 구약에서부터 성령은 인간의 불순종의 마음을 제거하고 하나님의 법이 새겨진 새 마음과 새 영을 창조하는 새 언약과 새 창조의 영이었으며, 오순절에 임한 성령은 이 일에 탁월하고 풍성한 은혜로 역사하신다. 그러므로 우리를 구원하시는 성령의 은혜는 우리의 본성과 마음, 성품과 삶까지 새롭게 하여 우리를 그리스도의 형상에 참여한 새사람으로 변화시킨다. 새 창조의 영인 성령은 우리를 새로운 피조물이 되게 하신다.

그래서 신약성경은 성령에 사로잡힌 삶의 결과는 영적·윤리적인 갱신을 포함한 전인적인 변화로 나타난다고 증거한다. 물론 성령 체험의 핵심은 삼위 하나님 체험이다. 성령 체험을 통해 우리는 삼위 하나님의 임재의 신비로 들어가며 삼위 하나님과의 연합과 교제를 누린다. 동시에 성령의 임재 속에서 삼위 하나님의 구원 사역의 열매가 우리 안에 적용되어 우리를 그리스도의 형상으로 새롭게 하시려는 구원의 목적이 이루어진다. 성령 안에서 우리가 체험하는 삼위 하나님의 임재는 우리를 자유롭게 하며, 새롭게 하고, 능력을 부여하시는 하나님의 임재다. 그러므로 삼위 하나님의 임재를 체험하는 것과 그 임재 속에서 전인적인 갱신을 체험하는 것은 하나로 맞물려 있다. 정 목사처럼 하나님의 임재 체험을 인간의 갱신과 이분법적으로 분리해서 다룰 때 하나님 체험의 실체는 신비주의의 진공 속에 증발해 버릴 위험이 크다.

초월주의적인 성령 이해

바울 사도는 성령 안에서 새사람으로 변화되는 것을 끊임없이 강조하였다. 바울은 성령을 따라 행하라고(갈 5:16) 권면하였고 성령을 따르는 삶의 결과로 성령의 열매가 나타난다고 했다(갈 5:22-23). 성령의 열매 목록에 묘사된 성품으로 변화되는 것이 그리스도의 형상을 이루어 가는 것이다. 그러므로 성령의 임재 속에 살아감으로 성령의 열매를 맺는 것은 삼위 하나님의 구원의 목적이 우리 안에 이루어지는 것과 긴밀하게 연관된다. 이런 맥락에서 성령의 열매에 관한 본문을 강해한 김지철 목사의 설교는 별로 흠잡을 데가 없음에도 정 목사는 불편한 심기를 드러낸다. 김 목사의 다른 설교는 높이 평가했으면서도 유독 열매에 대한 시리즈 설교는 못마땅하게 여긴다. 여기에도 그의 신학적인 견해가 작용했다. 정 목사는 성령의 열매까지도 윤리적인 문제로 보며 그것을 강조하는 것은 성경의 중심에서 벗어난 것이라고 주장한다.[32] 특별히 그는 성령의 열매를 맺기 위해 인간의 노력과 훈련이 필요하다는 생각을 배격한다. 사랑의 열매는 훈련을 통해서 획득할 수 없다는 것이다. "사랑을 연습하는 것은 기본적으로 교양의 차원이지만 사랑의 능력에 사로잡히는 것은 존재론의 차원, 즉 성령론의 차원[이다]."[33]

이 부분에서 그의 성령 이해의 아쉬운 점이 무엇인지 드러난다. 정 목사는 성령의 역사와 인간의 역할을 이분법적으로만 이해하고 둘 사이의 유기적인 연결성은 제대로 파악하지 못하였다. 성령은 하나님의 사랑을 우리 마음에 부어 주어 그 사랑의 능력에 사로잡히게 한다는 말은 맞다. 하지만 성령이 아무리 사랑으로 우리 마음을 충만하게 할지라도 그 사랑을 구체적으로 표현하는 주체는 우리 자신이다. 은혜롭고 온유하며 사려 깊은 말로 사랑을 표현하고 희생적인 섬김과 봉사로 사랑을 실천하는 것은 모두 우리 몫이다. 성령이 결코 우리의 역할을 대신할 수 없다. 성령에 의해 우리 혀가 저절로 제어되어 온유하고 겸손하게 말하게 되지 않는다. 성령의 내적 감동과 인도하심을 따라 그렇게 말하려는 부단한 경건의 연습이 필요하다. 우리는 대개 성령의 내적인 역사하심을 따라 생각하고 말하고 행동하는 것에 익숙해지기까지 시행착오를 겪는다. 그러나 성령을 따라 살기 위해 이런 경건의 훈련은 필수불가결하다. 우리 안에 계신 성령을 거스르는 몸의 소욕에 굴복하지 않고 몸의 지체를 쳐서 복종시킴으로 우리 몸을 성령이 충만히 거하고 자유롭게 활동하는 성전으로 보존하고 사용하는 것은 전적으로 우리가 담당해야 할 역할이지 성령이 대신해 줄 수 없는 일이다.

정 목사는 사람은 훈련을 통해서는 절대 변하지 않는다고 말한다. "변한 사람이 있다면 그는 훈련을 받았기 때문이 아니라 전적으로 새로운 세계와 만났기 때문[이다]."[*34] 성령의 은혜에 사로잡히지 않고는 아무리 훈련을 해도 사람이 근본적으로 변하지 않는 것은 틀림없는 사실이다. 그러나 역으로 생명의 영이 충일할지라도 성령을 따라 행하는 훈련이 없이는 아무 변화도 일어나지 않을 것이다. 김지철 목사가 사랑하는 법을 배워야 한다고 말하는 것이나 옥한흠 목사가 제자 훈련을 강조한 것은 성령 밖에서 기울이는 윤리적인 노력이 아니라 성령을 따르는 삶에서의 우리 역할에 주목한 것일 게다.

한국 교회에 그리스도 안에 풍성한 생명과 성령의 능력을 밝히 제시하지 못하고 도덕적으로 각색된 율법적인 메시지로 교인들을 닦달하며 고문하는 설교가 만연한 것은 사실이다. 하지만 그에 대한 반작용으로 정 목사처럼 성령의 은혜만을 배타적으로 앞세운 채 인간의 윤리적인 책임을 도외시하는 것 또한 다른 극단으로 치우치는 것이다. 은혜와 윤리, 성령의 주권적인 역사와 신자의 책임을 그 긴밀한 상호 연관성 속에서 조화롭게 이해하고 균형 있게 강조하는 설교가 회복되어야 한다.

정 목사는 성령의 역사를 지나치게 초월주의적인 관점으로만 이해함으로써 성령의 은혜와 인간의 역할과 책임이 상호 배타적인 것으로 이원화되는 오류를 극복하지 못했다. 성령이 인간의 역할을 초월하여 주권적으로 역사하실 때가 있지만, 성화 과정에서 성령은 주로 우리 안에서, 우리를 통해서, 우리와 함께 역사하신다. 그러므로 성령이 우리 안에서 이루시는 것을 밖으로 이루어 가야 할 책임은 우리에게 있다. 우리 안에 내주하는 성령의 역사는 우리의 역할을 통해 구체적인 형태를 띠기 때문이다. 우리는 성령과의 신비롭고 유기적인 연합 속에서 함께 행하고 일한다. 성령은 우리를 배제하고 일하시는 것이 아니라 우리의 의지와 노력을 통해서 역사하신다. "하나님의 은혜는 신자의 책임을 면제해 주는 것이 아니라 오히려 신자가 그 책임을 온전히 감당할 수 있게 한다. 하나님의 은혜만을 의존하는 믿음은 아무것도 하지 않는 정적주의 신앙이 아니라 은혜를 힘입어 능동적으로 책임을 수행해 가는 역동적인 신앙이다. 그러나 이러한 신자의 노력은 '은혜를 향한' 행위가 아니라 '은혜로 인한' 행위이다."[*35]

그럼에도 실제 삶에서는 하나님의 은혜와 우리의 책임의 관계를 조화롭게 유지하기가 이론처럼 쉽지 않다. 우리 머릿속의 교리보다 우리 심리 저변에 깊이 뿌리내리고 있는 율법주의적인 성향이 우리 삶에 더 은밀한 영향을 미침으로 하나님의 은혜를 전적으로 의존함보다 우리의 열심과 노력으로 성화를 이루어 가려는 경우가 많다. 이런 율법적인 노력이 우리를 새롭게 하는 성령의 역동적인 역사를 방해하는 거침돌이 된다. 정 목사가 이런 우려 때문에 윤리적인 노력을 신랄하게 비판했는지도 모른다. 그런 의미에서 인간의 역할을 축소하고 성령께 철저히 의존해야 한다고 했다면 그것은 올바른 지적이다. 육신의 힘을 빼고 성령의 능력에 전폭적으로 기대는 것이 자만심으로 똘똘 뭉쳐 있는 우리에게는 가장 힘든 일일 것이다. 우리가 의지했던 마지막 보루가 무너지고 자신 안에 더 이상 의지할 것 없이 철저히 연약한 자로서 하나님만을 바라보는 자리로 내려갈 때 비로소 성령이 우리 안에서 자유롭고 강력하게 역사하시기 시작한다.

설교자의 소극적인 역할

그런 의미에서 설교자가 성령이 하실 일을 대신하려는 교만과 헛된 수고를 그치라고 외치는 정 목사의 충언은 모든 설교자가 귀담아들어야 한다. 정 목사는 왜 설교자들이 구원과 은혜를 성령의 자유로운 역사하심에 맡기지 못하고 성령의 고유한 영역을 침범하려고 하느냐고 힐문한다. 설교자들이 교인들을 감동시키고 은혜를 받게 하려는 지나친 강박에 사로잡혀 있기에 성령께 느긋하게 맡기지 못하고 자신이 교인들을 변화시키는 성령의 역할을 대신하려고 한다. 여기서부터 교인들의 감정을 인위적으로 조작하여 선동하고 사람들의 죄를 공격하여 그들을 압박하고 닦달하는 설교를 하게 된다는 것이다. 설교자들은 정 목사가 지적한 이런 문제를 직시하고 자신의 설교 사역을 냉철하게 돌아보아야 한다. 성경에 충실하지 못하고 영적인 감화력과 깊이가 없는 설교일수록 영적 피상성과 공허함을 감추고 대체하기 위해 선동과 닦달을 일삼게 된다는 정 목사의 주장은 우리에게 일침을 가한다. 설교자의 과도한 열정과 감정적 호소가 청중을 감화하는 잔잔한 성령의 역사를 방해하고 육적으로 고조된 감정을 성령의 감동이라고 착각하게 만들 수 있다는 점 또한 가슴에 깊이 새겨야 한다.

우리는 성령이 자유롭게 일하실 수 있도록 그의 길을 막아선 자리에서 한 걸음 뒤로 비켜서야 하며 우리의 역할을 축소해야 한다. 쉽게 말하면 우리의 힘을 빼고 성령께 완전히 굴복해야 한다. 성령께 사로잡힐수록 나는 작아지고 가려지며 성령의 역사하심과 그 은혜만 선명하게 드러난다. 그러므로 설교자의 역할은 성령의 영광스러운 임재 앞에 자신의 낯을 가리는 수줍은 사역이라고 할 수 있다. 정 목사는 이것을 소극적인 설교라고 표현했다. 그는 "깊은 영성의 세계에 들어갈수록 인간의 열정은 축소되고 거룩한 영의 활동이 무한히 확대된다"고 본다. "왜냐하면 생명의 영인 성령의 지배를 받음으로 발현하게 되는 영성은 자기 스스로 빛을 내는 게 아니라 성령의 빛을 반사하거나, 아니면 그 뒤에 숨는 영적 작용이기 때문이다."*36

이런 올바른 지적에도 불구하고 그의 주장 저변에 깔린 성령론의 한계는 설교에 대한 성령의 역할을 균형 잡힌 시각에서 보지 못하게 한다. 한국 교회의 설교에 선동과 닦달이 난무한 까닭이 설교자가 성령의 역할까지 해치우려는 과도한 적극성 때문이라면, 정 목사가 말하는 성령 설교는 설교자의 몫까지 성령께 떠맡기는 지나친 소극성이 문제라고 볼 수 있다. 이 부분에서도 정 목사의 초월적인 성령 이해가 설교자와 성령의 유기적인 연합과 협력 관계를 제대로 포착하지 못하게 한다. 성령은 교인들을 설득하고 깨우치며 각성하게 하고 결단하게 하려는 설교자의 노력과 열심을 배제하고 일하시는 것이 아니라 오히려 그것을 통해서 유기적으로 역사하신다. 설교자가 마치 하나님이 말씀하시는 것처럼 교인들에게 호소하고 권면하며 책망하고 경고하게 하신다. 이 과정에서 설교자는 하나님의 영광과 복음의 열정에 사로잡히고 영혼들에 대한 긍휼과 안타까운 마음으로 뜨거운 파토스를 표출할 수도 있다. 이런 감정적인 분출이 지나칠 때 성령의 감화력을 대체할 수 있기에 설교자에게는 자기 절제가 반드시 필요하다.

하지만 성령을 통해 고취되는 설교자의 열심, 열렬한 호소와 강력한 도전까지 모두 선동과 닦달의 차원으로 싸잡아 비판하는 것은 잘못이다. 정 목사는 김남준 목사가 설교 중에 우는 것을 보고 놀랐다고 했다. "울 만한 장면이 아닌데도 불구하고 울었다는 사실을 보면, 김 목사는 텍스트에 충실하기보다는 자신의 주관적 종교 체험에 치우침으로써 감정적으로 '오버'한 것 같다"는 것이다.*37 대중 앞에 선 설교자에게 감정의 절제가 필요하다는 사실에는 공감하지만, 그런 모습을 감상주의에 치우친 것으로만 보는 데는 선뜻 동의가 되지 않는다. 정 목사는 교인들이 눈물을 흘리며 회개하는 것까지 심리적인 작용에 불과하다고 일축한다.[38] 그가 하나님의 임재 체험을 슐라이어마허의 종교적인 감성(절대적인 의존감)과 루돌프 오토의 거룩한 두려움(누미노제) 경험과도 연관시켜 이해하려고 하면서, 이런 감정에 대해서는 그토록 부정적이라는 것이 좀 이해가 되지 않는다.

과도한 감정에 휘둘리는 열광주의를 배격해야 하지만 감정을 경원시하는 지성주의의 오만함 또한 경계해야 한다. 감동된 마음과 합리적인 사고는 참된 영성 안에서 결코 모순되지 않는다. 다양한 종교 체험을 분석한 실용주의 철학의 대가 윌리엄 제임스는 성자들의 공통된 특징은 그들에게 눈물의 은사가 있었다는 사실이라고 말했다.[39] 눈물이 있다는 점은 우리의 완고한 마음이 녹아져 하나님의 은혜의 지배 아래 있다는 하나의 증거일 수 있다. 이는 성령의 임재에 사로잡힌 사람에게 나타나는 현상이기도 하다. 예레미야 예언자나 바울 사도도 눈물의 사람이었던 것으로 알려져 있다. 바울은 에베소서에서 모든 겸손과 눈물로 행했고 교인들에게 자주 눈물로 호소했다(행 20:19).

설교자의 직무 유기

설교자는 성령이 자신을 통해 말씀하시고 자유롭게 역사하실 수 있게 하는 소극적인 역할에 충실해야 한다. 그러나 이것은 설교자가 담당해야 할 몫까지도 성령께 떠넘기는 태만함이나 직무 유기를 결코 의미하지 않는다. 정 목사는 교인들이 자신의 설교가 졸린다고 해도 별로 서운치 않고 괘념치 않는다고 한다. 그러나 지루하고 잘 소통이 되지 않는 설교로 교인들을 상습적으로 졸게 하는 것은 설교자의 직무 태만이며 일종의 범죄다. 그런 설교자는 성령이 교인들을 일깨우고 감동시키는 설교를 할 수 있도록 깊이 자성하고 성령의 충만한 임재가 자신과 회중에 함께하기를 간절히 구해야 할 것이다.

정 목사는 "청중에 대한 지나친 관심을 거두어들여야 한다"고 말한다. "청중의 영혼 구원이 염려되는가? 염려를 거두라. 그것은 성령의 배타적인 사역이다."*40 그러나 이런 주장은 설교자에게 함께하는 성령의 인격적이고 내재적인 사역을 제대로 이해하지 못한 데서 비롯된 것이다. 우리가 성령으로 충만하면 성령과 우리 영이 상호 침투하고 상호 내재함으로 말미암아 성령의 소원과 갈망과 염려가 우리 마음에도 전이되는 영적인 교류와 인격적인 연합이 일어난다. 성령으로 충만한 설교자는 하나님을 향한 열정과 영혼에 대한 염려에 사로잡힐 수밖에 없다. 설교자는 자신이 교인들을 감동시키고 은혜받게 하려는 육신의 과욕을 버려야 하지만 성령의 역사하심으로 교인들에게 그런 은혜의 사건이 일어나기를 바라는 거룩한 소원을 가져야 한다. 설교를 통해 교인들을 변화시키려는 강박에 쫓겨서는 안 되지만, 그들이 변화되기를 바라는 선한 열망이 그의 설교 사역을 주관해야 한다. 성령은 단순히 설교 내용만이 아니라 설교자의 이런 열정과 간절한 기도, 성령께 굴복된 인격과 삶이 한데 어우러진 전인적인 영성을 통해 역사하신다. 똑같은 내용의 설교도 누가 하느냐에 따라 청중에게 미치는 영적 감화력은 엄청난 차이가 날 수 있다. 성령만이 교인들을 변화시키실 수 있지만 성령은 설교자를 효과적인 도구로 사용하여 그 일을 성취하신다.

설교의 주목적은 설교자 자신과 교인들의 변화이며 그리스도의 몸 된 교회의 성숙이다. 이를 위해 주님은 설교자를 세우시고 말씀의 은사와 성령의 권능을 교회에 부여하셨다. 정 목사는 삶의 변화는 기독교 영성의 핵심이 아니라 부수적인 부분이어서 설교자는 교인들의 변화보다 하나님의 신비에 집중해야 한다고 주장한다. 그렇다면 우리가 초점을 맞추어야 할 하나님에 대한 케리그마의 내용이 무엇인가? 성경에 계시된 하나님은 초월의 영역 속에 계신 존재가 아니라 인간의 구원과 갱신을 위해 일하시는 하나님이시며, 그 구원 사역의 목적은 그리스도의 형상을 회복한 새사람의 공동체를 세우고 그 교회를 통해 만물을 새롭게 하는 것이다. 그러므로 개인과 공동체의 변화와 성숙은 구원의 종속변수가 아니라 바로 핵심이다. 성령의 주된 사역 또한 우리를 새롭게 하여 그리스도의 형상으로 변화되게 하는 성화다. 그래서 전통적으로 성령을 성화의 영이라고 한 것이다. 변화에 주된 목적을 둔 설교는 삼위 하나님의 구원의 목적과 기쁘신 뜻을 따르며 성령의 소원과 능력에 사로잡힌 설교가 되는 것이다.

 그동안 삼위 하나님의 구원의 목적과 뜻이 아니라 인간의 종교적인 야망, 즉 교회 성장과 목회 성공을 위해 설교를 도구화한 것이 한국 교회 타락의 근원이라고 할 수 있다. 하나님의 말씀을 그 욕망을 이루기 위한 도구로 조작하고 왜곡시키며, 성령까지 이 뜻을 이루기 위해 마음대로 부리려고 했다. 말씀과 성령이 작동하지 않는 영적인 공백을 선동과 닦달로 가득 채워 말씀의 열정과 성령의 감동에 사로잡힌 것처럼 교묘히 눈가림해 온 것이다. 이렇게 해서 이룬 교회 성장은 진정한 변화와는 거리가 멀 뿐 아니라 오히려 변화를 희생한 대가로 얻은 쓴 열매라고 할 수 있다. 설교는 인간의 욕망을 성취하는 도구가 아니라 삼위 하나님의 뜻을 이루는 방편이다. 앞으로 한국 교회가 새로워지려면 교회의 외적 성장이 아니라, 교회가 교회되며 신자가 참된 신자되는 변화에 역점을 둔 설교 사역이 회복되어야 한다. 이런 설교만이 말씀에 충실하며 성령에 사로잡힌 설교가 될 수 있다.

신비의 안개 속으로 사라진 하나님 나라의 복음

말씀과 성령에 이끌리는 설교에 대한 이해가 다른 까닭이 근본적인 신학 차이 때문이라는 사실이 확실해졌다. 타락/속량보다 창조/종말의 관점에서 삼위 하나님의 구원 역사를 반추하는 정 목사의 입장은 선한 창조의 은총의 빛 아래서 타락의 어두움은 소멸되며 인간이 전적으로 타락했다는 심각성이 완화되니 절대적인 갱신의 필요성도 사라진다. 구원은 실제적인 변화를 반드시 초래하기보다는 현 존재에 대한 하나님의 긍정과 수용에 불과하다. 타락으로 인한 불연속성과 균열은 획기적인 구원과 갱신으로 회복되기보다 계속되는 창조의 은총으로 점차 해소되는 셈이다. 그의 창조 중심의 신학에서 타락과 속량은 하나님의 구속사에서 부수적인 것으로 작용할 뿐이다. 심각하게 타락하지 않은 사람들을 향해 회개를 강력하게 촉구하는 것은 그들 안에 쓸데없는 죄의식을 자극하여 그들을 억압하는 것이며, 변해야 할 절대적인 필요성이 없는 이들을 향해 획기적인 변화를 요구하는 것은 본질에서 벗어난 일이 된다.

    정 목사의 신학에서는 창조뿐 아니라 종말 중심의 패러다임이 타락의 심각성과 구원의 절대성을 약화시키는 데 결정적인 역할을 한다. 판넨베르크의 종말론적인 신학에 전적으로 의존하는 그의 입장에서는 궁극적으로 도래하는 종말의 빛 가운데 타락의 실상과 구원의 실체가 재조명되며 상대화될 수 있다. 종말론적으로 완성될 하나님 나라가 모든 것을 확정적으로 진단하고 판단할 수 있는 최종 권위를 가진 것이다. 그때까지는 그 어떤 것도 유보적이며 잠정적인 특성에서 완전히 벗어날 수 없다. 그 누구도 이미 확정된 구원과 완성된 절대 진리를 주장할 수 없다. 성경에 기록된 윤리적인 명령은 절대적인 규범이 아니라 유보적이고 상대적인 것이다. 그래서 정 목사는 성경을 신앙생활의 규범으로 취급하는 이들을 한심하게 본다."[41] 동성애를 정죄한 바울의 가르침도 모든 시대에 적용되어야 할 절대적인 정언명령이 아니라 그 시대에만 주어진 상황윤리의 관점에서 이해한다. 정 목사가 특별히 윤리적 설교를 질색하는 것도 이런 이유 때문일 것이다.

정 목사의 주장에 따르면, "기독교의 도그마 역시 이런 잠정성에서 벗어나는 건 아니다."[42] 지옥 형벌에 대한 교리도 이미 결정된 진리가 아니라고 한다. 그는 만인구원설의 가능성까지 슬쩍 내비친다. 그래서 사람들의 구원 여부를 미리 예단하여 확정적으로 선언할 수 없다는 것이다. 이런 종말의 빛 가운데 이해하지 않으면 기독교의 구원론은 절대적인 구원의 확신을 주장하는 독단과 패권주의로 치우치게 된다. 그렇기에 그는 구원에 대해 소극적으로 설교할 수밖에 없다고 한다. "하나님의 심판과 구원은 내가 간섭할 수 없을 뿐만 아니라 예단할 수 없다는 사실을 어렴풋이 감지하고 있는 사람이 어떻게 구원과 멸망을 교통정리하듯 설교할 수 있겠는가. 그렇다면 왜 예수 믿으며, 뭐하러 설교하는가, 한민족 복음화와 세계 선교는 어쩌자는 건가, 하고 묻지 마시라. 그건 다른 차원의 문제다. 내가 소극적이어야만 생명의 영인 성령이 적극적이라는 사실을 필자는 예수에게서 배웠다. 나는 마이스터 에크하르트 같은 신비주의자와 더불어 하나님의 큰 긍정에 내 현재와 미래를, 내 운명을 맡기련다."[43]

정 목사의 이런 주장은 그의 신학적인 입장과 유기적으로 연결되어 있다. 그가 소극적일 수밖에 없는 이유는 이렇다. "존재의 신비인 하나님 앞에 직면하면 할수록 현기증이 심해지는 영혼의 병을 앓는 사람이 어떻게 적극적으로 설교할 수 있겠는가."[44] 그의 말대로 그런 소극성은 하나님의 엄위하신 임재의 신비 앞에 피조물이 가질 수밖에 없는 겸비한 자세일 것이다. 그러나 그것만이 이유는 아니다. 더 근원적인 요인은 그의 신학적인 확신에 있다. 정 목사의 신학에서는 창조/종말의 구조 속에서 더 이상 타락과 구원은 숙명적이거나 확정적인 성격을 띠지 못한다. 인간의 전적 타락을 믿지 않는 사람이 어떻게 그 비참한 상태에서 돌이키라는 회개를 촉구할 수 있겠는가. 인간의 근본적인 혁신이 절대적으로 필요하다는 확신이 없는 이가 어떻게 변화를 강력하게 요구하는 설교를 할 수 있겠는가. 종말론적으로 성취될 하나님 나라가 도래할 때까지 모든 진리는 잠정성을 띠고 있으니 어떻게 구원과 심판을 확정된 진리인 양 담대하게 전할 수 있겠는가. 정 목사가 그의 신학적인 확신에 충실하다면 그의 말대로 소극적으로 설교할 수밖에 없다.

정 목사는 계속 설교자는 종말론적으로 도래할 하나님 나라와 이미 성취된 하나님 나라에 주목해야 한다고 외친다. 그러나 그가 말하는 하나님 나라가 무엇인지 모호하다. 그는 임박한 하나님 나라로 회개해야 한다는데 그 나라의 실체에 대한 언급이 없다. 그 나라에 들어가는 데 요구되는 회개가 무엇이며 그것을 가능하게 하는 하나님의 은혜, 즉 성령의 중생과 갱신의 은혜가 어떤 것이며, 성령이 어떻게 새 언약을 우리 안에 실현하여 하나님의 통치를 이루어 가는가에 대한 간단한 설명조차 들을 수 없다. 그리스도 안에서 이미 선취되어 성령의 임재 가운데 우리가 누릴 수 있는 하나님 나라의 현실은 구체적으로 무엇이며, 우리에게 주어진 하나님 나라의 특권과 은총은 무엇이고 하나님 나라의 백성으로서 따라야 할 새로운 삶의 방식이 무엇인지에 대한 분명한 지침이 없다. 그 나라의 실체도, 윤리와 축복도 하나님의 존재론적인 신비 속에 모두 증발해 버렸다.

성경에 증거된 하나님 나라의 복음이 가지고 있는 이중적인 특성, 즉 은혜의 서술과 명령, 특권과 의무, 은혜와 책임, 성령과 윤리의 조화가 심각하게 와해되어 버렸다. 정 목사는 설교자들에게 계속 종말론적으로 열리는 놀라운 세계로 들어가야 하며 이런 경험이 없는 이들에게는 성경이 결코 말을 거는 일이 없을 것이라고 말한다. 그러나 막상 그가 말하는 놀라운 세계, 그리고 그 체험의 내용이 무엇인가. 우리가 들을 수 있는 것은 고작 신비라는 말뿐이다. 그래서 그는 "그 세계가 얼마나 놀라운지 요한계시록 기자는 묵시로 말할 수밖에 없었다"고 말한다.[45] 그 체험 또한 "성서 사건과의 존재론적 만남이며, 거룩한 두려움인 '누미노제'의 경험이기도 하다"라고 애매하게 말할 뿐이다.

여기서 정 목사는 그다지 적절하지 못한 개념을 도입하여 그 체험을 서술하려고 하였다. 루돌프 오토가 말하는 거룩한 임재 체험은 성경이 말하는 성령의 임재로부터 오는 그리스도인의 독특한 체험이라기보다는 오히려 모든 인간에게 특별한 순간에 엄습해 올 수 있는 보편적인 신 의식을 의미한다. 오토에 의하면, 모든 인간 안에는 비록 흐릿해졌지만 모종의 신적 임재를 감지할 수 있는 영적 감각이 살아 있다. 이런 영적 의식은 다른 종교인들에게도 존재하는 보편적인 현상이다. 오토는 그리스도의 십자가를 통해서만 확보될 수 있는 성령의 특별한 임재 없이도 그런 거룩한 두려움을 체험할 수 있는 가능성은 얼마든지 열려 있다고 주장한다. 오토가 말하는 '누미노제'는 성경이 말하는 성령의 임재 체험이라기보다는 다른 종교에서도 보편적으로 가능한 범신론적 종교 체험일 수 있다.[46]

정 목사가 설교자들을 향해 성경의 놀라운 세계를 경험해야 한다고 외치면서도 그 경험을 성경적으로 설명해 주지 못하는 이유는 무엇일까. 그것은 그가 성경에서 열리는 하나님 나라의 영적인 현실이 종말론적으로 완성될 계시의 빛을 기다리고 있는 동안은 아직 은폐의 방식으로 성경에 담지되어 있다고 보기 때문 아닌가. 이미 실현된 종말의 실체는 아직 잠정적이고 유보적이라 계속 새로운 방식으로 해석되어야 한다고 보기에 확정적으로 서술하기를 꺼리고 신비주의 표현 방식을 선호하는 것 아닌가 하는 생각이 든다. 아니면 성령의 갱신 사역에 대한 성경적이고 신학적인 식견이 부족하여 확신 있게 말하지 못하는 논리적 옹색함을 화려하고 현란한 글솜씨와 신비주의의 모호한 표현으로 감추려는 몸짓인지도 모른다.

그가 말하는 하나님의 존재의 신비와 그 나라는 독자들에게 아득하게만 느껴지고 미몽의 세계로 점점 빠져들어 가는 것 같기만 하다. 정 목사가 주문하는 종말론적인 하나님 나라와 그 신비에 집중하는 설교는 결국 이 땅의 곤고하고 각박한 현실과 너무도 동떨어진 뜬구름 잡는 얘기가 될 수 있다. 치열한 삶의 한복판에서 보대끼며 사는 이들에게는 공허하고 현학적인 말의 유희로 들릴 수 있다. 그런 설교야말로 정 목사가 비판한 가현설적 설교, 즉 현실에 존재하지 않는 이들을 향해 전파되는 공허한 메아리가 될 수 있다. 한국 교회에 만연한 기복적인 설교는 최소한 냉혹한 현실 속에서 치열하게 생존을 위해 몸부림치는 필부들에게 일시적인 위안과 소망이라도 안겨 주는 치유의 기능이라도 한다면, 정 목사가 말하는 격조 높은 설교는 그들에게는 현실적으로 전혀 도움이 되지 않고 여유롭게 고준 담론이나 즐기는 이들의 귀나 만족시켜 줄지 모른다.

판넨베르크와 신비주의의 희한한 조화

정 목사의 설교 비평이 한국 교회 설교의 근본 문제를 지적하는 데는 기여했지만, 성경적인 대안을 제시하는 데는 심각한 한계가 있다. 그가 제안한 성령론적인 설교는 성경에 충실하지 못할 뿐 아니라 한국 교회 상황에도 적실하지 못하다. 하나님 나라로 돌이키는 회개와 영적 갱신이 긴급하게 요구되는 한국 교회에 그가 제시한 대안은 진정한 회개와 변화를 촉구하기에는 역부족이다.

정 목사는 성경이 증거하는 성령의 갱신 사역에 대한 구속사적인 이해가 부족하며, 성령의 임재에 사로잡히는 체험이 무엇인지를 신비의 차원으로 취급해 버렸다. 설교자들에게 성경이 가리키는 놀라운 영적 세계로 들어가는 체험이 필수적이라고 계속 역설하지만, 그 영적 세계가 무엇인지를 성경적·신학적으로 설명하지 못하고 에크하르트 같은 신비주의자의 비성경적이고 혼란스러운 개념으로 모호하게 표현함으로 독자들을 더 미궁에 빠지게 한다. 정 목사는 하나님의 임재를 체험하는 것에 대해 에크하르트 같은 신비주의자보다 훨씬 더 성경적이고 복음적으로 우리를 안내해 줄 탁월한 영성가들의 글을 접해 보지 못한 것 같다.

정 목사는 설교자들을 향하여 하나님 나라로의 회개를 촉구하지만 무엇을 회개해야 하며 정작 돌이켜야 할 하나님 나라가 무엇인지에 대해서도 분명하게 말하지 못한다. 그가 말하는 하나님 나라는 종말론적으로 다가오는 놀라운 세계라는 것 외에는 독자들이 별로 들을 수 있는 것이 없다. 아직도 완성되지 않은 종말론의 측면에 지나치게 편중되어 이미 실현된 종말론에 대한 신학적인 선언은 매우 빈약하다. 그리스도 안에 선취되고 종말론적으로 완성될 하나님 나라의 구체적인 실체가 신비주의의 혼돈 속에서 상당 부분 해체되어 버렸다. 여기서 미래의 존재론적인 우위성을 강조하는 판넨베르크의 종말론적인 신학과 신비주의 사상이 희한하게 결합하여 성경과 기독교 진리를 이해하는 데 결정적인 역할을 한다. 이는 정 목사가 하나님의 존재론적인 신비는 은폐의 방식으로 나타나기에 모든 논리적인 설명을 초월한 신비의 영역으로 남겨 두어야 한다는 생각에 사로잡혀 있기 때문인지 모른다.

결국 특정 신학에 대한 과도한 의존이 성경 진리를 객관적으로 이해하는 데 치명적인 거침돌로 작용한 것이다. 이것이 바로 설교자에게 미칠 수 있는 조직신학의 역기능이다. 정 목사는 설교에 있어서 조직신학이 얼마나 중요한지를 강조한 동시에 조직신학이 얼마나 위험할 수 있는지도 스스로 입증해 준 셈이다. 조직신학적인 사고는 설교에 있어서 필수불가결하다는 그의 지론은 백번 옳다. 그러나 모든 조직신학은 미완성품이며 성경의 빛 가운데 재조명해서 계속 보완해 가야 한다. 조직신학은 성경을 체계적으로 통관하는 데 안내서 역할을 하는 동시에, 우리의 성경 해석을 은밀하게 주관하는 전제와 선입견으로 작동함으로 말미암아 성경 진리를 객관적으로 파악하는 데 치명적인 걸림돌이 될 수도 있다.

그러므로 자신의 해석을 은밀히 주관하는 신학적 전제가 무엇인지를 냉철하게 직시해야 하며 성경을 통해 부단히 점검해 보아야 한다. 그러기 위해 설교자는 성경 진리를 구속사의 맥락에서 조명하는 성경 신학에 깊은 조예가 있어야 하고 교회사에 등장하는 다양한 신학적 전통들을 비교 분석하여 그 장단점을 성경적으로 분별할 수 있는 통찰력이 있어야 한다. 더불어 이 모든 신학적 여정을 인도하시는 진리의 영이신 성령의 조명이 필요하다. 성령은 판넨베르크같이 탁월한 학자에 비해 신학 지식이 일천한 사람이라도 성경의 빛 가운데 그 신학이 안고 있는 한계와 문제점을 볼 수 있는 혜안을 허락하심으로 특정한 신학에 속박되어 객관적인 판단력을 잃지 않도록 도우신다.

이런 신학적인 폭과 깊이가 결여될 때 우리는 자신도 모르게 특정한 신학 전통이 우리를 사로잡는 마력에 끌려 그 신학의 틀 속에 꼼짝없이 갇히게 된다. 그 신학이 논리적으로 정교하고 탁월할수록 지적인 사람들을 매료시키는 힘은 막강해진다. 안타깝게도 정 목사에게서 이런 문제를 보게 된다. 판넨베르크의 신학을 판단할 능력이 자신에게는 전무하다고 솔직히 인정했듯, 정 목사는 판넨베르크의 사상을 무비판적으로 수용하여 성경을 이해하고 진리를 판단하는 데 거의 절대적인 척도로 삼았다.

아쉬운 비평

그에 반해 다른 신학적인 전통, 특별히 종교개혁의 전통을 따라 발전된 정통주의 신학과 청교도 신학에 대한 그의 이해는 매우 빈약해 보인다. 정 목사는 종교개혁의 기초 교리인 성화조차 파악하지 못하고 있는 듯하다. 거기서부터 모든 것이 꼬이기 시작한 것이다. 그의 설교 비평에서 거의 빠지지 않고 등장하는 청교도 전통에 대한 언급과 비판은 지나치게 단선적이다. 청교도들의 도덕적 순결주의는 배타적이고 금욕적이며 폭력적이라고[47] 비판하며, 한국 교회의 도덕적인 설교가 이런 청교도적 결벽주의에 많은 영향을 받은 것으로 단정한다. 그래서 청교도 전통을 따르는 국내 설교자들뿐 아니라 조나단 에드워즈, 존 오웬, 스펄전, 로이드 존스 같은 저명한 국외 설교자들까지 매우 부당하게 취급한다.

  정 목사는 그들의 대표적인 저서, 존 오웬의 「성도와 하나님과의 교제」(생명의말씀사)와 「개혁주의 성령론」(여수룬), 조나단 에드워즈의 「신앙과 정서」(지평서원)라도 읽어 보았을까? 그런 책들에 담긴 깊은 영성과 풍성한 신학적인 통찰을 접해 본 사람이라면 그렇게 경솔하게 청교도들을 비판하지는 못했을 것이다. 독일의 신학자 헬무트 틸리케가 목사들에게 서재의 모든 책을 다 팔아서라도 사라고 간곡히 권한 스펄전의 설교를 정 목사는 혹 읽어 보았는지 모르겠다. 청교도 전통의 설교를 탐탁지 않게 생각할지라도 설교 비평을 위해서는 설교자의 황제라고 불리는 스펄전의 설교에는 어느 정도 일가견이 있어야 하는 것 아닌가. 나는 바르트의 교의학 전집과 함께 구입한 스펄전의 메트로폴리탄 설교전집을 거의 30년째 읽고 있지만 아직도 마르지 않는 샘처럼 흐르는 은혜의 생수를 맛보고 있다. 내가 로이드 존스를 알고 그의 책을 탐독한 지 30년이 되었는데, 정 목사는 로이드 존스의 설교를 비평하기 전까지 그의 존재조차 몰랐다니, 그저 놀라울 따름이다.

지금 한국 교회에는 진보와 보수 사이에 소통이 불가능할 정도로 무한 간극이 벌어져 있다. 보수주의자들 못지않게 진보주의자들도 외골수이며 고집불통이다. 서로가 보기에는 똑같이 독선적이고 배타적이며 오만과 편견으로 가득하다. 사태가 이렇게 악화된 까닭은 서로의 입장을 이해하려는 노력이 없을 뿐 아니라, 서로에 대해 너무 무지하기 때문이다. 정 목사의 책에서도 이런 사실이 드러난다. 그가 자신의 신학적 견해를 지나치게 투사하지 않고 좀더 객관적인 입장에서 비평했다면 그의 탁월한 분석과 통찰이 더 빛을 발하여 한국 교회의 설교 갱신에 기여했을 것이다. 그러나 정 목사가 보수 신학에 대한 편견을 갖고 비판함으로 긍정적인 기여까지 신학적인 갈등 구조 속에 파묻혀 버릴 수 있다는 점이 아쉬움으로 남는다. 앞으로는 비록 자신의 신학적인 입장을 양보하지 않을지라도 자신과 다른 견해에 대해 귀를 기울이고 배우려는 겸허한 그리스도인의 자세로 한국 교회 안에 고질화된 신학적 반목의 골을 조금이라도 메우기 위해 서로가 노력하면 좋겠다.

토론을 위한 질문

1. 정 목사의 설교 비평의 장점은 무엇인가?
2. 그의 비평을 주관하는 신학적인 입장은 전통적인 신학과는 어떤 면에서 다른가?
3. 죄의식을 고조시키는 설교는 다 잘못된 것인가?
4. 설교자들은 교인들을 변화시키려고 하지 말아야 하는가?
5. 성령과 설교자의 역할이 상호 배타적이기만 한가?
6. 성경이 증거하고 있는 가장 중요한 성령의 갱신 사역은 무엇인가?
7. 성경이 증거하고 있는 하나님의 임재 체험은 신비주의자들이 말하는 형용할 수 없는 신비 체험일 뿐인가?
8. 성령 안에 현실화된 하나님 나라의 구체적인 내용은 무엇인가?
9. 정 목사의 예를 통해 조직신학의 순기능과 역기능에 대해 생각해 보자.
10. 정 목사의 설교 비평의 아쉬운 점은 무엇인가?

주

머리말

- 1. 최윤식, 「2020-2040 한국 교회 미래 지도」(서울: 생명의말씀사, 2013), p. 18.

1. 한국 교회가 실패한 자리가 다시 시작해야 할 자리

- 1. 김응교, "샤머니즘·백화점·정치꾼의 우상들", 「기독교사상」 2010년 12월호, p. 220.
- 2. 이계선, 「대형 교회가 망해야 한국 교회가 산다」(서울: 들소리, 2009). pp. 174-178.
- 3. 김은실, "홍정길 목사 '나의 목회는 실패'", 「뉴스앤조이」 2013. 9. 16.
- 4. www.facebook.com/syngjang.rhee.
- 5. 신광은, 「메가처치 논박」(부천: 정연, 2009); "대형 교회, 그 신화를 넘어서!", 생명평화마당 교회위원회 정기 포럼.
- 6. 이병왕, "한국 교회, '대형 교회 이데올로기'를 넘어라", 「뉴스앤넷」 2013. 4. 17.
- 7. 같은 기사.
- 8. 같은 기사.
- 9. 같은 기사.
- 10. 신광은, 「메가처치 논박」, p. 48.

2. 무너진 곳에서 다시 시작하는 건설

- 1. 임안섭, "역병처럼 번지는 목회 세습", 「뉴스앤조이」 2013. 7. 3.
- 2. ○○○, "시기가 왜 무서운 죄인가?", 「조선일보」 2012. 9. 1. p. 22.
- 3. Gordon D. Fee, *Paul, the Spirit, and the People of God* (Peabody: Hendrickson, 1996), p. 18.

- 4. 정락인, 조혜지, "교회가 돈의 지배를 받다",「시사저널」2013. 7. 17.
- 5. 최윤식,「2020-2040 한국 교회 미래 지도」, p. 70.
- 6. 같은 책, p. 301.
- 7. 앞에서도 언급했듯, 에베소서에서 바울 사도는 구약의 성전 메타포를 빌려 삼위 하나님이 충만히 거하며 성령의 생명수가 강처럼 흘러가 만물을 새롭게 하며 충만하게 하는 성전의 비전을 제시하였다. 구약의 성전이 바울이 작성한 새로운 성전의 청사진에 밑그림을 제공하는 셈이다. 우리는 구약의 성막과 성전에서 지금 교회가 세워져 가야 할 성전의 모형적인 패턴을 발견할 수 있다. 구약의 성막과 성전에 하나님의 임재를 상징하는 구름이 가득했던 것처럼 새로운 성전인 교회에 하나님의 영광스러운 임재, 성령이 충만해야 한다(엡 5:18). 이 구름으로 상징된 쉐키나 글로리(Shekinah Glory)는 성막과 성전의 지성소 안에 있는 언약궤 위에 임했다. 마찬가지로 성령은 새로운 성전인 교회 안에 있는 새 언약궤 위에 임한다. 구약에서 약속한 새 언약이 예수 그리스도의 중보 사역으로 성취된 바탕 위에 성령이 주어진 것이다. 성령은 우리 마음 판에 하나님의 법을 새기며, 하나님이 친히 우리 가운데 거하시겠다고 하신 새 언약을 교회 안에 실현하는 새 언약의 영으로 오셨다. 그러므로 성령이 교회 안에 충만히 거할 수 있는 유일한 근거는 새 언약을 성취하신 예수 그리스도의 대속 사역이다. 구약 성막의 지성소에 비치되었던 3가지 성구, 언약궤와 속죄소와 그룹들의 상징적인 의미가 새로운 성전인 오늘날의 교회에도 적용된다고 볼 수 있다. 지성소 안의 그룹들은 하나님이 성막에 임하고 있다는 극적인 상징이며, 속죄소는 대제사장이 일 년에 한 번씩 들어가 수송아지와 염소의 피를 뿌려 백성의 죄를 속하는 제사를 드리는 곳이다. 구약의 성막과 성전에 그룹들로 상징된 하나님의 임재와 언약과 속죄 제사가 긴밀하게 연결되어 있듯, 교회에 성령의 임재와 예수 그리스도의 속죄 제사로 성취된 새 언약이 하나로 맞물려 하나님의 영광이 가득한 새로운 성전이 출현하게 된 것이다.
- 8. 김근주,「특강 예레미야」(서울: IVP, 2013).
- 9. 사람들이 대형 교회를 선호하는 많은 이유 중에 몇 가지만 지적하자면, 먼저 아

무에게도 간섭받지 않고 편하고 안일하게 교회 생활할 수 있는 익명성이 보장된다는 점을 들 수 있다. 이는 목사의 감독과 지도하에 제자도의 삶을 배우고 훈련해 가야 하는 교회 존재의 의미 자체를 부정하는 것이다. 이런 이들은 형식적으로 교회에 출석하지만 진정한 교회 생활을 하지 않고 있는 이들이며 사실 교회가 없는 이들이나 다름없다. 대형 교회가 교회를 세우신 주님의 뜻을 거스르는 변종 그리스도인들을 만들어 내는 곳이 될 수 있다. 또한 사업이나 정치를 하는 이들은 다양한 부류의 사람들과 인맥을 쌓을 수 있고, 젊은이들은 배우자감이 많아서 나비가 꿀을 찾듯이 모여드는 것이다. 더불어 '스타 목사'를 선망하고 추앙하는 영적인 미숙함과 대형 교회의 일원이 되는 것이 대형 교회의 성공과 명성에 자신도 참여하는 것 같은 허영심이 작용한다. 이런 세속적 요인이 복잡하게 얽혀 대형 교회의 영적인 분위기를 그리스도의 몸보다 시장 바닥을 더 닮아 가게 한다.

- 10. 교회2.0목회자운동 신학생 수련회, "내가 꿈꾸는 건강한 작은 교회!", 2013. 8. 19-21.
- 11. 손봉호, "분립 개척과 우리 교회 우상", 「개혁신앙」 창간호, p. 77.
- 12. 같은 잡지, p. 79.

3. 교회의 새로운 청사진
- 1. 다음 글을 참조하기 바란다. 박영돈, "성령의 불세례를 받았는가?", 「일그러진 성령의 얼굴」(서울: IVP, 2011), pp. 191-217.
- 2. 김회권, "사제주의를 어떻게 극복할 것인가?", 강영안 외, 「한국 교회, 개혁의 길을 묻다」(서울: 새물결플러스, 2013), p. 263.
- 3. 김회권, "하나님 나라의 긴급성", 김세윤·김회권·정현구, 「하나님 나라 복음」(서울: 새물결플러스, 2013), p. 17.

4. 목사가 문제이자 해답이다
- 1. 양희송, 「다시 프로테스탄트」(서울: 복있는사람, 2012), pp. 87-110.

- 2. 같은 책, pp. 93-94, 양희송 대표가 책에서 잘 지적한 점을 요약해서 옮겼다.
- 3. 전통적으로 사도와 예언자와 복음 전파자는 초대교회를 세우는 특수 임무를 수행하기 위한 직분으로서 사도 시대의 종료와 함께 사라진 것으로 본다. 개혁신학자들 중에는 복음 전파자는 지금도 존재하며 오늘날 선교사나 빌리 그레이엄 같은 순회 전도자들이 그와 유사한 역할을 한다고 보기도 한다. 개혁신학자들이 모두 동의하는 것은 목사와 교사는 주님이 재림하실 때까지 항구적으로 주어지는 직분이라는 점이다. 목사와 교사를 하나의 직분, 즉 교사의 직무를 수행하는 목사로 보기도 하고, 서로 구별되는 직분으로 간주하여 지금의 신학 교수 같은 이들이 교사의 범주에 속한다고 보기도 한다.
- 4. John Owen, *The Work of the Spirit, Works of John Owen, v.4* (Edinburgh: Banner of Truth, 1967), p. 491.
- 5. 오웬은 목회자에게 반드시 필요한 은사를 세 가지로 보았다. 첫 번째 은사는 그리스도 안에 계시된 하나님의 신비와 복음의 비밀에 대한 '지혜 또는 지식, 이해'이다(같은 책, p. 509). 목사가 하나님의 구원 경륜을 선포하며 믿음과 순종의 길을 밝혀 교인들이 하나님을 바르게 섬기도록 가르치기 위해서는 성경에 기록된 하나님의 계시를 올바르게 이해할 뿐 아니라 교리적 진리에 대한 체계적인 지식이 있어야 하며 영적인 일에 대한 분별력과 그리스도 안의 하나님의 사랑과 은혜와 뜻에 대한 깊은 통찰력을 갖추어야 한다. 다음으로, 목사에게 요구되는 은사는 성경 말씀을 올바르게 다루고 적용할 수 있는 능력이다. 이는 성경 말씀에 능통할 뿐 아니라 그 말씀을 적용해야 하는 대상에 대한 지식이 포함된다. 곧 청중의 영적 상태가 어떠한지, 하나님이 그들 안에서 어떻게 역사하는지를 알아야 하며 교인들을 괴롭히는 시험의 특성과 영적인 질병이 무엇인지 올바르게 이해해야 한다. 마지막으로, 구변의 은사(the gift of utterance)가 필요하다. 이것은 단순히 말의 유창함이나 웅변 기술을 의미하지 않는다. 이 은사는 담대함과 확신에 찬 마음에서부터 우러나와 신중하게 표현되고 권위가 실린 말을 할 수 있는 능력이다. 위에 언급한 세 가지 은사는 성령이 효과적인 말씀 사역을 위해 목사에게 부여하는 가

장 중요한 은사다.
- 6. 같은 책, pp. 501-502.
- 7. 같은 책, p. 508.
- 8. John Owen, *On the Nature and Causes of Apostasy, and the Punishment of Apostates, the Works of John Owen, v.7*(Edinburgh: Banner of Truth, 1965), pp. 18-31.
- 9. 같은 책, *v.4*, pp. 429-431.
- 10. 같은 책, *v.7*, p. 24.
- 11. 최소란, "잘 먹고 잘 입고 잘 살아 부끄럽다", 「뉴스앤조이」 2005. 4. 8.
- 12. 김선주, 「한국 교회의 일곱 가지 죄악」(서울: 삼인, 2009), pp. 223-224.

5. 한국 교회 설교, 이래도 되는가

- 1. 전 목사라는 자가 한 말은 다음과 같다. "이 성도가 내 성도 됐는지 알아보려면 두 가지 방법이 있다. 옛날에 쓰던 방법 중 하나는 젊은 여 집사에게 "빤스 내려라, 한 번 자고 싶다" 해 보고 그대로 하면 내 성도요, 거절하면 똥이다. 또 하나는 인감증명을 끊어 오라고 해서 아무 말 없이 가져오면 내 성도요, 어디 쓰려는지 물어보면 아니다." 최재호, "청교도영성훈련원 엽기 외설 강연 물의", 「뉴스앤조이」 2005. 1. 21.
- 2. 정용섭, 「설교란 무엇인가」(서울: 홍성사, 2011), p. 54.
- 3. 정용섭, 「설교의 절망과 희망」(서울: 대한기독교서회, 2008), p. 30.
- 4. 같은 책, p. 29.
- 5. 정용섭, 「속 빈 설교 꽉찬 설교」(서울: 대한기독교서회, 2006), p. 115.
- 6. 같은 책, p. 109.
- 7. 정용섭, 「설교의 절망과 희망」, p. 69.
- 8. 같은 책, p. 69. 그 좋은 예로 김 목사가 2007년 6월 24일에 했던 '기도하던 곳으로 돌아온 여자'라는 설교를 소개한다.

- 9. 같은 책, p. 80.
- 10. 같은 책, p. 79.
- 11. 정용섭, 「설교와 선동 사이에서」(서울: 대한기독교서회, 2007), p. 131.
- 12. 같은 책, p. 145.
- 13. 정용섭, 「속 빈 설교 꽉찬 설교」, p. 91.
- 14. 정용섭, 「설교와 선동 사이에서」, p. 216.
- 15. 같은 책, p. 202.
- 16. 같은 책, p. 215.
- 17. 같은 책, p. 205.
- 18. 정용섭, 「속 빈 설교 꽉찬 설교」, p. 199.
- 19. 같은 책, p. 199.
- 20. 같은 책, p. 200.
- 21. 같은 책, p. 202.
- 22. 같은 책, p. 203.
- 23. 같은 책, p. 214.
- 24. 같은 책, p. 206.
- 25. 같은 책, p. 210.
- 26. 같은 책, p. 207.
- 27. 같은 책, p. 217.
- 28. 정용섭, 「설교의 절망과 희망」, p. 166.
- 29. 정용섭, 「속 빈 설교 꽉찬 설교」, p. 52.
- 30. 정용섭, 「설교의 절망과 희망」, p. 166.
- 31. 같은 책, p. 164.
- 32. 같은 책, p. 168.
- 33. 같은 책, p. 169.
- 34. 같은 책, p. 176.

- 35. 정용섭, 「설교와 선동 사이에서」, p. 321.
- 36. 같은 책, p. 317.
- 37. 같은 책, p. 324.
- 38. 같은 책, p. 322.
- 39. 같은 책, p. 324.
- 40. 정용섭, 「설교의 절망과 희망」, p. 97.
- 41. 같은 책.
- 42. 같은 책, p. 260.
- 43. 같은 책, p. 261.
- 44. 같은 책, p. 266.
- 45. 같은 책, pp. 267-268.
- 46. 정용섭, 「속 빈 설교 꽉찬 설교」, p. 301.
- 47. 그의 비평을 주관하는 신학적인 입장의 문제가 무엇인지 알기 원하는 독자들은 부록을 참조하기 바란다.

6. 아름다운 성령의 얼굴이 나타나는 설교

- 1. John Calvin, *Institutes of the Christian Religion 2*(Philadelphia: Westminster, 1960), IV, 14. 8; I. 9. 1-3; *Calvin's Commentaries on I Corinthians*, 3:6 이 대목에서 칼뱅은 설교가 오직 성령의 사역에 의해서만 듣는 이의 가슴에 새 언약의 효력이 적용되어 거듭나며 새롭게 되는 역사가 일어난다고 했다.
- 2. 조나단 에드워즈, 「영적 감정을 분별하라」(서울: 생명의말씀사, 2001), p. 140.
- 3. 김진호, 「시민 K, 교회를 나가다」(서울: 현암사, 2012), p. 143.
- 4. 잭 하일즈, 「성령님을 만나세요」(서울: 두란노, 1996), p. 306.
- 5. C. H. Spurgeon, "My little shilling book The Bible and Newspaper", *Lectures to My Students*, Third series 1894(Passmore and Alabaster: Zondervan, 1979), p. 54.

- 6. A. M. Ramsey and Leon-Joseph Suenens, *The Future of the Christian Church* (London: S. C. M., 1971), p. 14.
- 7. Oswald Chambers, *The Complete Works of Oswald Chambers*, "Disciples Indeed" (Grand Rapids: Discovery House, 2000), p. 404.
- 8. C. H. Spurgeon, *An All-Round Ministry* (Edinburgh: Banner of Truth, 1960), p. 236.
- 9. John Stott, *Between Two Worlds* (Grand Rapids: Eerdmans, 1982), p. 181.

7. 월요일 아침의 강단
- 1. 브라이언 왈쉬, 실비아 키이즈마트, 「제국과 천국」(서울: IVP, 2011), p. 44.
- 2. 이학준, 「한국 교회, 패러다임을 바꿔야 산다」(서울: 새물결플러스, 2011), pp. 54-55.
- 3. 한국에 편의점은 2만 개가 좀 넘고 교회는 8만 개에 가깝다.
- 4. Greg Hawkins & Cally Parkinson, *Reveal: Where Are You?* (South Barnington: Willow Creek Association, 2007)
- 5. 신경규, "한국 교회의 공격적 선교", 강영안 외, 「한국 교회, 개혁의 길을 묻다」, p. 383.
- 6. Carl F. Henry, *God, Revelation and Authority*: vol. 4 *God who Stands and Stays* (Waco: Word Books, 1983), p. 384.
- 7. William E. Hulme, *The Dynamics of Sanctification* (Minneapolis: Ausburg Fortness, 1966), p. 104.

맺음말
- 1. Peter Kreeft, *Christianity for Modern Pagans: Pascal's Pensees* (San Francisco: Ignatius Press), p. 321.

부록. 한국 교회의 설교 비평을 비평하다

- 1. 정용섭, 「설교의 절망과 희망」, pp. 289-317.
- 2. 정용섭, 「설교란 무엇인가」, p. 115.
- 3. 같은 책, p. 117.
- 4. 같은 책, p. 107.
- 5. 같은 책, p. 259.
- 6. 정용섭, 「설교의 절망과 희망」, p. 55.
- 7. 정용섭, 「속 빈 설교 꽉찬 설교」, p. 328.
- 8. 정용섭, 「설교의 절망과 희망」, p. 56.
- 9. 같은 책, p. 57.
- 10. 정용섭, 「설교란 무엇인가」, p. 125.
- 11. 정용섭, 「속 빈 설교 꽉찬 설교」, p. 323.
- 12. Wolfhart Pannenberg, *Christian Spirituality* (Philadelphia: Westminster, 1983), pp. 13-30.
- 13. 정용섭, 「설교의 절망과 희망」, p. 57.
- 14. Pannenberg, *Christian Spirituality*, pp. 22-30.
- 15. 정용섭, 「설교와 선동 사이에서」, p. 46.
- 16. 정용섭, 「설교의 절망과 희망」, p. 221.
- 17. 정용섭, 「설교와 선동 사이에서」, p. 335.
- 18. 정용섭, 「설교의 절망과 희망」, p. 56.
- 19. 정용섭, 「설교와 선동 사이에서」, p. 182.
- 20. 정용섭, 「설교란 무엇인가」, p. 125.
- 21. 정용섭, 「설교의 절망과 희망」, p. 176.
- 22. 같은 책, p. 177.
- 23. 같은 책, p. 177.
- 24. 같은 책, p. 201.

- 25. 정용섭,「속 빈 설교 꽉찬 설교」, p. 141.
- 26. Wolfhart Pannenberg, *Systematic Theology*, vol. 2(Grand Rapids: Eerdmans, 1994), pp. 431-432. pp. 413-414.
- 27. 정용섭,「속 빈 설교 꽉찬 설교」, p. 140.
- 28. 정용섭,「설교의 절망과 희망」, p. 101.
- 29. 정용섭,「설교와 선동 사이에서」, p. 74.
- 30. 정용섭,「설교의 절망과 희망」, pp. 190-191.
- 31. 같은 책, p. 190.
- 32. 정용섭,「설교와 선동 사이에서」, pp. 74-75.
- 33. 같은 책, p. 73.
- 34. 정용섭,「설교의 절망과 희망」, p. 176.
- 35. 박영돈,「성령 충만, 실패한 이들을 위한 은혜」(서울: SFC 출판사, 2008), pp. 211-212.
- 36. 정용섭,「속 빈 설교 꽉찬 설교」, p. 268.
- 37. 같은 책, pp. 66-67.
- 38. 같은 책, p. 71.
- 39. William James, *The Varieties of Religious Experiences*(New York: Macmillan, 1961), p. 217.
- 40. 정용섭,「설교란 무엇인가」, p. 42.
- 41. 정용섭,「설교와 선동 사이에서」, p. 279.
- 42. 같은 책, p. 261.
- 43. 같은 책, p. 335.
- 44. 같은 책, p. 335.
- 45. 정용섭,「설교란 무엇인가」, p. 54.
- 46. 참조, 박영돈,「성령 충만, 실패한 이들을 위한 은혜」, pp. 127-128. "슐라이에르마허와 오토의 견해의 문제점은 그들이 말하는 하나님의 의식이 인간 안에 생

래적으로 심겨진 종교의식에서 산출된 것인지 아니면 위로부터 주어진 성령의 산물인지의 구분이 모호하다는 것이다. 이 점에서 자유주의를 대표하는 슐라이에르마허와 신정통주의를 주도한 칼 바르트(Karl Barth)는 첨예하게 대립하게 된 것이다. 바르트는 이런 문제를 지적하며, 참된 하나님의 의식은 인간 안에서 "아래로부터" 솟구쳐 올라오는 것이 아니라 "위로부터" 임하는 하나님의 말씀과 성령에 의해 산출되는 것이라고 주장했다. 그는 하나님을 의식할 수 있는 영적 인식의 능력이 인간의 영혼 안에 어떠한 형태로든 존재한다는 사상을 철저히 배격했다. 바르트에게 있어서 인간의 영이 위로 뻗쳐 하나님을 향해 도약한다는 것은 전적으로 불가능하며, 하나님과의 만남은 오직 인간을 향해 성령이 내려오심으로 가능한 것이다."

47. 정용섭, 「설교와 선동 사이에서」, p. 257.

일그러진 한국 교회의 얼굴

초판 발행_ 2013년 11월 18일
초판 4쇄_ 2014년 6월 10일

지은이_ 박영돈
펴낸이_ 신현기

발행처_ 한국기독학생회출판부
등록번호_ 제313-2001-198호(1978.6.1)
주소_ 121-838 서울 마포구 동교로 156-10
대표 전화_ (02)337-2257 팩스_ (02)337-2258
영업 전화_ (02)338-2282 팩스_ 080-915-1515
직영서점 산책_ (02)3141-5321
홈페이지_ http://www.ivp.co.kr 이메일_ ivp@ivp.co.kr
ISBN 978-89-328-1311-0

ⓒ 한국기독학생회출판부 2013

책값은 뒤표지에 있습니다.
무단 전재와 복제를 금합니다.